COLLECTION DIRIGÉE PAR DOMINIQUE DEMERS

La collection Explorations invite au voyage.
Au pays de l'enfance, des livres et des médias.
Notre paquebot traversera des mers de mots, d'images,
de signes et de sens. La mer est un vaste livre;
les plumes des navires. Et vous?
Des pirates, des forbans, des prospecteurs,
des aventuriers, des découvreurs...

Dominique Demers

Du Petit Poucet au Dernier des Raisins

DE LA MÊME AUTEURE

La Bibliothèque des enfants,
  Montréal, Éditions du Jour, 1990.
Valentine Picotée,
  Montréal, Les éditions de la courte échelle, 1991.
Toto la Brute,
  Montréal, Les éditions de la courte échelle, 1992.
Un hiver de tourmente,
  Montréal, Les éditions de la courte échelle, 1992.
Les grands sapins ne meurent pas,
  Montréal, Les éditions Québec/Amérique Jeunesse, 1993.
Ils dansent dans la tempête,
  Montréal, Les éditions Québec/Amérique Jeunesse, 1994.

Du Petit Poucet au Dernier des raisins

INTRODUCTION À LA LITTÉRATURE JEUNESSE

DOMINIQUE DEMERS
AVEC LA COLLABORATION DE PAUL BLETON

ILLUSTRATIONS INTÉRIEURES:
ANNE VILLENEUVE

QUÉBEC/AMÉRIQUE JEUNESSE

1380 A, rue de Coulomb
Boucherville, Québec J4B 7J4
(514) 655-6084

TÉLÉ-UNIVERSITÉ

2600, boul. Laurier, Tour de la Cité, 7ᵉ étage
Case postale 10700
Sainte-Foy, Québec G1V 4V9

Données de catalogage avant publication (Canada)

Demers, Dominique

Du Petit Poucet au Dernier des raisins : introduction à la littérature jeunesse

(Collection Explorations)
Comprend des réf. bibliogr. et un index.
Publi. en collab. avec : Télé-université.
ISBN 2-89037-666-4 — ISBN 2-7624-0658-7 (Télé-université)
1. Littérature de jeunesse. 2. Littérature de jeunesse — Histoire et critique.
I.Bleton, Paul. II. Titre. III. Collection.

PN1009.A1D45 1994   809' .89282   C94-940195-1

Ce livre sert de manuel d'apprentissage pour le cours LIT 4002 de la Télé-université.

Dépôt légal:
1er trimestre 1994
Bibliothèque nationale du Québec
Bibliothèque nationale du Canada

Diffusion :
Éditions françaises
1411, rue Ampère
Boucherville (Québec)
J4B 5W2
1-800-361-9635
(514) 641-4893 - télécopieur

Direction pédagogique : Paul Bleton.
Conception et rédaction : Dominique Demers.
Éditions : Québec/Amérique Jeunesse.
Révision linguistique : Diane Martin.
Direction de production : Chantal Vaillancourt.
Direction artistique : Caroline Fortin.
Illustration de couverture : Béatrice Leclerc.
Illustrations intérieures : Anne Villeneuve.
Montage : Anie Massey.

Note : dans ce document, le générique masculin est utilisé sans aucune discrimination et uniquement dans le but d'alléger le texte.

Encore manuscrit, ce livre a bénéficié des commentaires de trois lectrices finement critiques : Anne-Marie Aubin, professeure de littérature au Cégep de Saint-Hyacinthe et directrice littéraire chez Québec/Amérique Jeunesse, Marcelle Caron, professionnelle à l'encadrement à la Télé-université, et Yolande Lavigueur, rédactrice en chef de *Livrélus*, ex-rédactrice en chef de *Livres* (revue publiée par l'ACQ et *Protégez-vous*).

Qu'elles soient remerciées pour leurs suggestions.

TABLE DES MATIÈRES

⬤

CHAPITRE 4
LA RENAISSANCE DE LA LITTÉRATURE JEUNESSE

PARTIE 2

Le récit en littérature d'enfance et de jeunesse

CHAPITRE 5
LA RECETTE D'UN RÉCIT

PARTIE 3

Les livres miroirs de l'enfance

CHAPITRE 9
ENQUÊTE SUR LE HÉROS

CHAPITRE 10
MOINS INNOCENTS QU'ON PENSE

CHAPITRE 11
JIJI AU PAYS DE PICHOU

CHAPITRE 12
FRANÇOIS GOUGEON, LE DERNIER DES RAISINS

QUELQUES SUGGESTIONS DE LECTURE

BIBLIOGRAPHIE

PARTIE 1

Panorama de la littérature jeunesse

Chapitre 1

DES LIVRES POUR QUI?...
ET POURQUOI?

QU'EN SAVEZ-VOUS?

La littérature d'enfance et de jeunesse est-elle un genre, un champ ou un format d'édition? Combien de livres pour enfants sont publiés chaque année au Québec? Et en France? Que savez-vous de la littérature jeunesse? Devriez-vous vraiment suivre ce cours plutôt qu'une session de yoga ou une série de conférences sur la dégustation des vins? Répondez au mini-test qui suit pour mieux juger...

MINI-TEST

Encerclez la lettre correspondant à la bonne réponse ou complétez l'énoncé.

1. LA LITTÉRATURE JEUNESSE EST :

A   une littérature merveilleuse destinée aux enfants qui ne savent pas encore lire;

B   un genre paralittéraire comme la science-fiction;

C   un ensemble de contes et de bandes dessinées assez faciles à lire;

D   un champ littéraire défini par l'âge des lecteurs;

E   une grenouille verte et rouge.

2. POUR BIEN COMPRENDRE LA LITTÉRATURE JEUNESSE, IL FAUT ÉTABLIR UNE CLASSIFICATION. LA PLUS SIMPLE EST LA SUIVANTE :

A   il existe en littérature jeunesse deux genres principaux : l'album et le roman;

B   la littérature jeunesse regroupe tous les genres connus en littérature pour adultes;

C   la littérature jeunesse est un genre en soi;

D   je donne ma langue au chien.

3. AU QUÉBEC, L'ÉDITION POUR LA JEUNESSE REPRÉSENTE ENVIRON ____ TITRES PAR ANNÉE.

A   50;

B   250;

C   500;

D   aucun intérêt.

4. LE TIRAGE MOYEN D'UN LIVRE QUÉBÉCOIS POUR ADULTES EST DE 1 000 EXEMPLAIRES. CELUI DU LIVRE JEUNESSE EST DE :

A   3 000 exemplaires;

B   500 exemplaires;

C   2 ou 3 selon la saison;

D   1 000 exemplaires.

5. LE LIVRE JEUNESSE REPRÉSENTE ____ DE LA PRODUCTION QUÉBÉCOISE ANNUELLE.

A   14,28 %;

B   35 %;

C   83 %;

D   0,088888 %.

6. VRAI OU FAUX ?

A   La production littéraire pour la jeunesse se divise en trois catégories d'âge : zéro-six ans, sept-douze ans, treize-seize ans : _____

B   Les « bébés-livres » s'adressent aux zéro-six ans : _____

C   Il existe des livres spécifiquement pour les enfants de 9 à 18 mois : _____

D   Ma grand-mère est une sorcière : _____

E   Un bon livre peut plaire aussi bien à un enfant qu'à un adolescent ou à un adulte : _____

7. *LURELU* EST :

A   une revue québécoise sur la littérature jeunesse québécoise;

B   une revue québécoise sur la littérature jeunesse de langue française d'ici et d'ailleurs;

C   une revue bilingue sur la littérature jeunesse du Canada;

D   une revue cochonne.

8. JE N'ÉCRIS PAS VRAIMENT POUR LES ENFANTS, MAIS JE FUS UN DES PREMIERS UNIVERSITAIRES FRANÇAIS À M'INTÉRESSER À LA LITTÉRATURE POUR ENFANTS. SPÉCIALISTE DE PERRAULT, J'AI AUSSI ÉCRIT LE *GUIDE DE LITTÉRATURE POUR LA JEUNESSE*. MON NOM EST :

A   Isabelle Jan;

B   Marc Soriano;

C   la fée Carabosse;

D   Denise Escarpit;

E   Jean Perrot.

9. EN PLUS D'ÉCRIRE DES LIVRES À SUCCÈS DESTINÉS AUX ADULTES, TOUS LES AUTEURS QUI SUIVENT — SAUF UN — ÉCRIVENT AUSSI POUR LES JEUNES. QUEL AUTEUR NE DEVRAIT PAS FAIRE PARTIE DE CETTE LISTE?

A   Yves Beauchemin *(Le Matou)*;

B   Umberto Eco *(Le Nom de la rose)*;

C   Daniel Pennac *(Comme un roman)*;

D   Yves Thériault *(Agaguk)*;

E   Dany Laferrière *(Comment faire l'amour avec un Nègre sans se fatiguer)*.

10. JE NE SUIS PAS MARATHONIENNE, MAIS J'ACCOMPLIS DES EXPLOITS. EN 1984, J'AI REMPORTÉ LE PRIX DU CONSEIL DES ARTS... DEUX FOIS!

A   Marie-Louise Gay;

B   la septième femme de Barbe-Bleue;

C   Ginette Anfousse;

D   Stéphane Poulin;

E   Christiane Duchesne.

11. JE SUIS L'AUTEUR(E) DU CÉLÈBRE CONTE *LA BELLE ET LA BÊTE* :

A   Charles Perrault;

B   Marie d'Aulnoy;

C   Jeanne-Marie Leprince de Beaumont;

D   Valentine Picotée;

E   Jacob et Wilhelm Grimm.

12. LE ROMAN *HEY, DOLLFACE* DE DEBORAH HAUTZIG (TRADUIT SOUS LE TITRE *VALÉRIE ET CHLOÉ*) ABORDE UN THÈME DÉLICAT : L'HOMOSEXUALITÉ FÉMININE. EN QUELLE ANNÉE A-T-IL ÉTÉ PUBLIÉ?

A   1990;

B   1978;

C   2 000 ans avant les brontosaures;

D   1984.

13. VRAI OU FAUX ?

D   Tous les adolescents peuvent aimer la lecture; il suffit qu'ils trouvent ou qu'on leur propose les livres qui leur conviennent : _____

B   Les livres dont vous êtes le héros sont surtout des jeux, ils ne représentent pas une vraie lecture :_____

C   Trop de livres pour enfants ou adolescents parlent de l'enfance et de l'adolescence au lieu de parler aux enfants et aux adolescents : _____

D   Un bon roman pour adolescents parle des adolescents aux adolescents : _____

À la correction maintenant! Comparez vos réponses avec le corrigé qui suit en vous accordant un point par bonne réponse.

13	7-A	9	1-D
A-vrai	8-B	A-vrai	2-B
B-faux	9-E	B-faux	3-B
C-vrai	10-A	C-vrai	4-A
D-faux	11-C	D-faux	5-B
	12-B	E-vrai	

NOTE ☐ **/20**

POUR INTERPRÉTER VOTRE NOTE,
LISEZ LA NOTICE CORRESPONDANTE :

◯ DE 0 À 5 : ouille! ouille! vous devriez apprendre beaucoup, beaucoup de choses dans ce cours;

◯ DE 6 À 10 : ouille! vous devriez apprendre beaucoup de choses dans ce cours;

◯ DE 11 À 15 : hum! pas mal... mais il ne faudrait pas que les points vous montent à la tête;

◯ DE 16 À 20 : bravo! pétez-vous les bretelles, mais préparez-vous quand même à quelques surprises.

AU TRAVAIL MAINTENANT!

PREMIER PORTRAIT

1. LA LITTÉRATURE JEUNESSE EST UN CHAMP LITTÉRAIRE DÉFINI PAR L'ÂGE DES LECTEURS

C'est pour cela qu'on parle traditionnellement de littérature « pour enfants ». L'âge du lecteur cible est vraiment le seul dénominateur commun à l'ensemble de ces livres. Essayez — juste pour voir — de définir cette littérature à partir d'un autre critère. On pourrait dire, par exemple, que les livres pour enfants contiennent des images. Le hic, c'est que la bande dessinée pour adultes en contient aussi. En outre, bon nombre de livres pour enfants ne sont pas illustrés. On ne peut pas davantage parler de littérature merveilleuse : à diverses époques, la littérature jeunesse a accueilli des fées et des animaux parlants, mais ces personnages ont presque déserté le corpus contemporain. La lisibilité n'est pas un meilleur critère. Bien sûr, les albums *pour* enfants mais destinés à être lus *par* un adulte et les petits romans pour lecteurs débutants proposent un vocabulaire assez simple, mais de nombreux romans pour adolescents sont écrits dans un style plus recherché que la plupart des best-sellers pour adultes.

La littérature jeunesse est une littérature produite par des adultes (les rares exceptions confirment la règle) mais destinée à des enfants ou à des adolescents. Cela peut sembler banal, mais c'est d'une importance capitale. Nous verrons que cette littérature, née timidement à la fin du dix-septième siècle, reflète tout à la fois, bien qu'à des degrés divers selon les époques, une vision d'adulte et une vision d'enfant. C'est une littérature de compromis! Dans les textes très moralisateurs, la vision de l'adulte triomphe, mais lorsqu'on s'amuse des frasques d'un petit héros espiègle, par exemple, l'enfant dame le pion à l'adulte.

Il n'empêche que, entre l'auteur adulte et l'enfant ou l'adolescent lecteur, une foule d'adultes jouent les intermédiaires : éditeurs, distributeurs, libraires, critiques, bibliothécaires, enseignants... Tous ces adultes servent de pont (ou de clôture) entre l'auteur adulte et l'enfant lecteur. On pose souvent la question : les jeunes aiment-ils lire? La réponse dépend des livres eux-mêmes, bien sûr, mais aussi de tous ces intermédiaires qui sélectionnent, acheminent, proscrivent et prescrivent.

On parle tour à tour de « littérature enfantine », de « littérature de jeunesse », de « littérature d'enfance et de jeunesse », de « litté-

rature jeunesse », de « littérature pour la jeunesse »... Quelques spécialistes estiment qu'il faut clairement distinguer la « littérature
jeunesse » et la « littérature pour la jeunesse », mais nous ne nous
embarrasserons pas de ces différences. Dans la pratique, la plupart
des appellations sont utilisées indifféremment. Toutefois, les termes
« enfant », « enfance » ou « enfantine » renvoient de façon générale
à des livres pour les plus jeunes; en conséquence, pour évoquer en
même temps les livres destinés aux plus jeunes et ceux qui sont
destinés aux adolescents, on utilisera plus volontiers le terme « littérature jeunesse » que « littérature enfantine ».

2. LA LITTÉRATURE JEUNESSE REGROUPE TOUS LES GENRES LITTÉRAIRES CONNUS EN LITTÉRATURE POUR ADULTES

Mais ce ne fut pas toujours le cas! La production a évolué en se
diversifiant. Dans le Québec du début du siècle, presque tous les
livres pour enfants appartenaient à un des genres suivants :
l'hagiographie (histoire de la vie d'un saint), le roman historique
ou les contes et légendes. Aujourd'hui, de nombreux genres sont
représentés : récits d'espionnage, d'aventures, de science-fiction,
d'épouvante, de mœurs; ou, encore, récits fantastique, policier,
sentimental ou historique...

Au Québec comme ailleurs, les hagiographies sont plutôt rares
de nos jours, mais la littérature jeunesse propose tous les genres —
ou presque — à tous les âges — ou presque. Il existe un récit
policier pour les enfants à partir de quatre ans dans lequel les
enquêteurs sont de gentilles souris et le vilain, un gros rat gris (*Qui
est le coupable?* éditions Gallimard, 1986). Pour ceux qui préfèrent
les histoires de cœur, *Mon petit lapin est amoureux* (éditions
L'école des loisirs, 1989) raconte aux tout-petits le coup de foudre
de Jean Radis pour Line, une jolie lapine...

Bien des gens confondent littérature jeunesse et contes.
Quels contes avez-vous écrits? demande-t-on souvent aux auteurs
pour la jeunesse. Les contes oraux sont la seule littérature qu'ont
connue bien des générations d'enfants. La littérature jeunesse est
peut-être née au dix-septième siècle, mais elle a mis du temps à se
démocratiser. Les premiers livres s'adressaient aux fils des rois,
puis aux enfants de la bourgeoisie. Les contes, eux, visaient tout
le monde. Aujourd'hui encore, la plupart des adultes n'ont jamais
reçu un roman jeunesse en cadeau d'anniversaire et, à l'école, ils
ont découvert le roman avec Balzac et Flaubert.

La littérature jeunesse ne peut être un genre puisqu'elle réunit tous ces genres. C'est plutôt un champ, un vaste territoire que l'on peut rediviser de maintes façons, en catégories d'âge ou en genres littéraires, par exemple. On pourrait aussi le partager en deux : d'un côté les récits illustrés et de l'autre ceux qui ne le sont pas. On appelle « albums » les récits abondamment illustrés où l'image joue un rôle aussi important que le texte. L'album s'adresse généralement aux enfants de moins de dix ans. Le texte de l'album peut être lu par l'enfant ou raconté par un adulte pendant que l'enfant explore les images.

L'essor de la littérature jeunesse est assez récent et, étrangement, malgré la baisse de la natalité, la production littéraire pour les jeunes n'a jamais été aussi abondante et diversifiée. Moins il y a d'enfants, plus ils sont choyés? Au cours du dernier siècle, une véritable industrie de l'enfance s'est développée. Les livres ne sont qu'une facette du phénomène. Les films, pièces de théâtre, jeux, jouets, meubles et vêtements conçus spécifiquement pour enfants connaissent une popularité sans précédent. Peut-on parler d'un culte de l'enfance? D'une fin de millénaire où l'enfant est roi? À moins que ce marché de l'enfance ne serve surtout à donner bonne conscience à une société d'adultes qui a de moins en moins de temps et d'espace pour ses enfants...

3. AU QUÉBEC, L'ÉDITION POUR LA JEUNESSE REPRÉSENTE ENVIRON 250 TITRES PAR ANNÉE

Pas si mal, surtout si l'on considère qu'en 1970 l'ensemble des éditeurs québécois avaient publié... deux livres pour les jeunes. Aujourd'hui, une quarantaine de maisons d'édition québécoises proposent des livres pour la jeunesse, la plupart en marge du secteur adulte. Moins d'une dizaine d'éditeurs se spécialisent dans la littérature jeunesse. Depuis le milieu des années quatre-vingt, le roman occupe une place particulièrement importante au Québec. En 1991, une quarantaine de collections québécoises étaient consacrées au roman pour la jeunesse. Le roman québécois a véritablement acquis une immense popularité auprès des enfants et des adolescents, mais l'album a plus de mal à lutter contre la concurrence étrangère — aussi les éditeurs en publient-ils moins, les albums étant plus coûteux à produire.

Et en France? Devinez... Quelque 4 000 titres par année, 250 éditeurs et 350 collections! Mais attention : de ce nombre, moins de la moitié sont des nouveautés. Les livres pour la jeunesse ont une durée de vie plus longue que la littérature pour adultes. Le public se renouvelant continuellement, on réédite et réimprime souvent. Au Québec, environ 10 % des 250 titres annuels sont des traductions, mais en France, les traductions, de l'américain surtout, représentent plus de 50 % de la production.

4. LE TIRAGE MOYEN D'UN LIVRE JEUNESSE QUÉBÉCOIS EST DE 3 000 EXEMPLAIRES

Alors là! Pour bien saisir l'importance de ce chiffre, il faut situer le livre jeunesse québécois dans l'ensemble de la production éditoriale. Saviez-vous qu'un auteur québécois « pour adultes » qui a vendu 1 000 exemplaires de son roman s'estime chanceux? Peu d'auteurs sont millionnaires... Le tirage initial d'un roman pour adultes est d'environ un millier d'exemplaires, mais les éditeurs ne réussissent souvent à en écouler que deux ou trois centaines. Des succès comme celui des *Filles de Caleb* — plus d'un million d'exemplaires vendus, au Québec seulement, pour les deux tomes réunis — sont rares.

Non seulement le tirage moyen des livres pour la jeunesse est-il plus élevé, mais les réimpressions sont plus nombreuses et les best-sellers plus fréquents. En 1978, Ginette Anfousse lançait deux petits personnages : Jiji et Pichou. Douze albums plus tard, plus d'un quart de million d'exemplaires de cette série avaient été vendus. *Le Dernier des raisins*, de Raymond Plante, a ouvert la voie à une vague de best-sellers pour adolescents chez de nombreux éditeurs québécois. Parue en 1986, l'histoire de François Gougeon, un adolescent plus laid que beau, timide, gauche et boutonneux, est maintenant traduite en cinq langues et 24 000 exemplaires se sont envolés en quelques mois. Le Québec n'est pas différent des autres pays. En France aussi, les livres jeunesse sont ce qui se vend le mieux. Le tirage moyen d'un livre pour enfants ou adolescents y est d'environ 10 000 exemplaires.

5. LE LIVRE JEUNESSE REPRÉSENTE 35 % DE LA PRODUCTION QUÉBÉCOISE ANNUELLE

Plus d'un livre sur trois publié au Québec s'adresse aux enfants ou aux adolescents! C'est donc un peu fou d'affirmer que les jeunes ne lisent pas. Si c'était le cas, les éditeurs québécois ne publieraient pas 250 titres par année. Plusieurs éditeurs se plaignent même d'un manque de bons auteurs. Dans certaines collections, l'offre n'arrive pas à répondre à la demande. Mais attention : popularité et visibilité ne vont pas nécessairement de pair. Consultez le cahier littéraire des grands journaux pour voir... Combien d'espace accorde-t-on à la littérature jeunesse? Sûrement pas 35 %!

En France, où la production éditoriale pour la jeunesse représente environ 17 % de l'ensemble des titres publiés — moins d'un livre sur cinq —, plusieurs enquêtes ont démontré que les jeunes lisent plus que les adultes. Mieux, ils lisent surtout par plaisir. Au Québec, les enquêtes sont moins nombreuses mais les statistiques éditoriales sont éloquentes. Et selon une enquête récente du ministère de l'Éducation, la majorité des élèves du secondaire lisent plus d'une heure par semaine et un élève sur quatre, plus de trois heures par semaine.

6. LA PRODUCTION LITTÉRAIRE POUR LA JEUNESSE SE DIVISE EN CATÉGORIES D'ÂGE

L'essor de la littérature jeunesse dans la plupart des pays occidentaux, au cours des dernières décennies, a entraîné une segmentation du marché en catégories d'âge de plus en plus étroites et étanches. On ne publie plus simplement un livre pour enfants ou pour adolescents mais un livre pour les deux-trois ans, les cinq-sept ans ou les douze-quatorze ans. Pourquoi? La plupart des éditeurs tentent ainsi de mieux répondre aux goûts des jeunes tout en tenant compte de leurs habiletés de lecture. Par exemple, non seulement les thèmes mais la typographie, la longueur des phrases et des paragraphes ainsi que la complexité du vocabulaire varient en fonction de l'âge du lecteur cible. Mais les éditeurs se servent aussi des catégories d'âge pour mieux vendre leurs livres en simplifiant la sélection. Imaginez un peu... Vous cherchez un livre pour votre neveu de huit ans et voilà que vous lisez, en quatrième de couverture d'un petit roman : « une lecture idéale pour les sept à neuf ans ». Ça tombe pile, hein?

Les catégories d'âge sont surtout utiles à titre comparatif : elles indiquent que tel livre s'adresse de façon générale à un lecteur plus âgé que tel autre. Le choix des catégories d'âge est d'ailleurs très arbitraire. Les éditeurs ne s'entendent pas entre eux et il arrive qu'un livre ciblé pour les trois-six ans soit plutôt conseillé aux cinqhuit ans lors d'une réédition. Sans doute faut-il surtout retenir que les enfants sont tous très différents. Dans une même classe de troisième année, certains liront des livres de 20 pages et d'autres, des livres de 120 pages. Les uns préféreront les histoires d'aventure, d'autres les documentaires ou la science-fiction. D'une certaine façon, c'est presque aussi fou de demander à un libraire de vous conseiller le meilleur livre pour votre neveu de huit ans que pour votre oncle de soixante-trois ans.

En littérature jeunesse, les collections se définissent surtout par l'âge des lecteurs auxquels elles s'adressent. Au cours de la dernière décennie, le champ de la littérature jeunesse s'est étendu pour englober les tout-petits et les jeunes adultes. Au Québec, les premières collections de « bébés-livres » sont apparues au début des années quatre-vingt. Ces livres, conçus pour des enfants de neuf à trente-six mois, sont normalement petits, résistants, cartonnés, plastifiés et faciles à manipuler. Ils peuvent être lus... ou mâchouillés. En France, des collections comme Page Blanche aux éditions Gallimard s'adressent désormais aux jeunes adultes... ou aux « vieux adolescents ». Ici aussi, les éditeurs s'intéressent maintenant aux « grands adolescents ». La maison Héritage a ainsi lancé la collection Échos ados + pour les jeunes à partir de quinze ans.

Au cours des années quatre-vingt, un éditeur européen a conçu une collection pour les bébés de neuf à dix-huit mois! Aurait-il pu expliquer en quoi les goûts et les habitudes de lecture d'un bambin de seize mois différaient de ceux d'un bambin de vingt mois? Les catégories peuvent devenir aberrantes... D'ailleurs, la plupart des critiques reconnaissent qu'un bon livre pour les jeunes se laisse difficilement enfermer dans une catégorie d'âge étroite. Les meilleurs petits romans pour les sept-dix ans réussissent à émouvoir, captiver ou amuser les plus grands et les plus beaux albums « grandissent » avec les enfants. Ces textes, d'abord racontés par un adulte, peuvent encore séduire le jeune lecteur des années plus tard.

Les grands classiques pour la jeunesse ont su séduire enfants et adultes. Daniel Defoe, l'auteur de *Robinson Crusoé*, ne s'adressait pas aux enfants et Charles Perrault voulait rejoindre petits et grands. Aujourd'hui encore, les jeunes s'emparent spontanément de certains romans destinés aux adultes. En 1986, le livre préféré des adolescents québécois, selon le palmarès de Communication-Jeunesse, était un roman de 528 pages, *Le Chant du coq*, le tome 1 de la série *Les Filles de Caleb*, d'Arlette Cousture.

Une bonne façon de mettre un peu d'ordre dans ce fouillis de catégories d'âge consiste à répartir le champ en trois vastes sections, correspondant grosso modo aux catégories d'âge suivantes : les moins de sept ans, les sept à douze ans et les treize ans et plus. Le premier groupe est composé d'enfants pas encore autonomes en lecture, le deuxième, de jeunes lecteurs particulièrement friands de littérature écrite à leur intention, et le troisième, de lecteurs adolescents en route vers la littérature pour adultes.

7. *LURELU* EST UNE REVUE QUÉBÉCOISE SUR LA LITTÉRATURE JEUNESSE QUÉBÉCOISE

« La seule revue exclusivement consacrée à la littérature québécoise pour la jeunesse », peut-on lire sur la page couverture. Et c'est vrai. Fondée en 1978, *Lurelu* paraît trois fois par année. On y trouve des dossiers, des entrevues, des recensions critiques, des idées d'animation et des informations sur l'actualité littéraire. Un autre magazine, *Des livres et des jeunes*, fondé en 1978, paraît aussi trois fois par année et s'intéresse à la littérature jeunesse publiée en français aussi bien au Canada qu'en France. *CCL Canadian Children's Literature/Littérature canadienne pour la jeunesse* est une revue universitaire trimestrielle et bilingue, composée de dossiers et de recensions sur la littérature jeunesse canadienne. Le mensuel *Quill & Quire* s'adresse aux libraires, bibliothécaires et enseignants et recense les œuvres importantes parues en anglais au Canada. Une demi-douzaine de pages sont consacrées à la littérature jeunesse.

Aux États-Unis, *Booklist* publie, 22 fois par année, une vingtaine de pages de recensions de livres pour les jeunes alors que *Horn Book*, qui paraît six fois par année, publie aussi des dossiers. En France, *La Revue des livres pour enfants* offre six numéros thématiques par année, dont une sélection annuelle des meilleurs livres. *Nous voulons lire!* paraît cinq fois par année et propose aussi une sélection annuelle de plusieurs centaines de titres. *Griffon* présente surtout des dossiers et des bibliographies thématiques en plus de critiques d'ouvrages pour la jeunesse.

La plupart des grands journaux offrent, plus ou moins régulièrement, des critiques de parutions récentes. Saviez-vous qu'en novembre, tous les ans, le cahier des livres du *New York Times* contient un supplément d'une trentaine de pages consacré exclusivement à la littérature pour enfants? D'autres journaux font de même.

Plusieurs organismes et institutions travaillent à la promotion du livre et de la lecture auprès des jeunes. Le Conseil des Arts du

Canada subventionne un programme de rencontres d'auteurs et d'illustrateurs dans les bibliothèques municipales et l'Union des écrivaines et écrivains québécois organise des tournées dans les écoles. À tous les printemps, à l'occasion du Festival national du livre, des rencontres d'auteurs et d'illustrateurs ainsi que diverses activités d'animation sont organisées aux quatre coins du Québec.

Communication-Jeunesse a été fondé en 1971 alors que la littérature jeunesse québécoise était en voie de disparition. L'organisme réunit des enseignants, des bibliothécaires, des auteurs, des illustrateurs, des éditeurs, des parents, des libraires, des animateurs, des techniciens en documentation et des conseillers pédagogiques. Lieu d'information, de promotion et d'échange, Communication-Jeunesse publie une sélection annuelle des meilleurs livres pour enfants et adolescents, une liste complète des livres parus pour la jeunesse (en collaboration avec les Services documentaires multimédias), des fiches sur les auteurs et les créateurs et divers outils pour l'animation du livre. Communication-Jeunesse organise aussi deux grands concours annuels : la livromagie et la livromanie. Enfants et adolescents sont invités à lire les parutions récentes pour choisir leurs livres préférés. Le palmarès constitué annuellement par Communication-Jeunesse est un outil de sélection unique reflétant non pas le choix des critiques, enseignants ou bibliothécaires, mais bien celui des jeunes eux-mêmes. En 1992-1993, 55 000 jeunes lecteurs ont lu 570 000 livres dans le cadre de ces deux concours.

Chaque région a aussi son Salon du livre avec un volet pour enfants et adolescents. Une dizaine de salons du livre ont lieu tous les ans, des Îles-de-la-Madeleine au Lac-Saint-Jean en passant par la Gaspésie et la Côte-Nord.

8. MARC SORIANO, AUTEUR DU *GUIDE DE LITTÉRATURE POUR LA JEUNESSE*, FUT UN DES PREMIERS UNIVERSITAIRES À S'INTÉRESSER AUX LIVRES POUR ENFANTS

Aujourd'hui, la plupart des grandes universités offrent des cours sur la littérature jeunesse à l'intérieur de programmes en éducation, bibliothéconomie et littérature — l'Université du Québec à Montréal a même lancé, en 1985, un certificat de 30 crédits en littérature jeunesse — mais, pendant longtemps, les livres pour enfants ont été perçus comme de jolies petites choses un peu insignifiantes. Au Québec, Louise Lemieux (*Pleins feux sur la littérature jeunesse au Canada français*, 1972) et Claude Potvin (*La*

Littérature de jeunesse au Canada français, 1972) se sont intéressés à l'histoire de notre littérature pour enfants. Depuis peu, la collection Explorations, chez Québec/Amérique Jeunesse, propose aux enseignants, bibliothécaires, libraires, animateurs et parents de découvrir et d'approfondir diverses facettes de la littérature jeunesse.

En France, Marc Soriano, professeur d'université et spécialiste de Perrault, fait figure de pionnier avec son *Guide de la littérature enfantine*, paru en 1959 (réédité sous le titre *Guide de littérature pour la jeunesse* en 1975) et présenté sous forme de dictionnaire : sous la lettre « A », cinq pages sur Hans Christian Andersen et sous la lettre « I », une dizaine de pages sur l'idenfication du jeune lecteur aux héros des livres pour la jeunesse.

Avant lui, Paul Hazard avait publié, en 1932, un livre important que l'on cite encore un peu partout dans le monde : *Les Livres, les Enfants et les Hommes*. Beaucoup moins riche en informations, cet ouvrage provocant suscite encore des discussions. À titre d'exemple, voici ce qu'écrit Paul Hazard sur les habitudes de lecture des adultes qui sont — malheureusement à son avis — beaucoup moins intransigeants que les enfants :

> « Nous avons toujours scrupule, nous autres les hommes, à jeter un livre au panier, sous prétexte qu'il nous ennuie. Si nous supprimions tout ce qui nous ennuie, que deviendrait notre vie? Nous avons pris l'habitude, et nous sommes si bien résignés qu'il nous semble qu'un peu d'ennui est nécessaire à l'admiration véritable. Et nous continuons avec courage, attendant la page réconfortante, allant nous reprocher jusqu'à nos bâillements. Mais les enfants sont sans pitié. » (Hazard, p. 63)

Un autre classique, réédité plusieurs fois, *La Littérature enfantine* d'Isabelle Jan, propose une vue d'ensemble. Depuis, de nombreux spécialistes, Denise Escarpit, Jean Perrot, Jacqueline Held et plusieurs autres ont poursuivi la démarche de recherche.

L'Angleterre a longtemps été le chef de file dans les domaines de la création et de la recherche en littérature jeunesse, mais les États-Unis lui ont volé la vedette. Selon Paul Hazard, les Américains vouent depuis longtemps un véritable culte à l'enfance. En 1929, les éditeurs américains réussissaient déjà à publier pas moins de 931 nouveaux livres pour enfants en un an. Une foule d'ouvrages intéressants sur les littératures jeunesse anglaise et américaine ont été écrits par Gillian Avery, Francelia Butler, Alison Lurie, John Rowe Townsend et plusieurs autres.

Pour mieux connaître la littérature jeunesse canadienne-anglaise, il faut lire absolument *The New Republic of Childhood* (1990) de Sheila Egoff et Judith Saltman. En outre, l'ouvrage récent le plus important est probablement celui de Ganna Ottevaere-van Praag, paru en 1987 : *La Littérature pour la jeunesse en Europe occidentale (1750-1925)*. Une belle brique de 500 pages décrivant la naissance et l'évolution de la littérature jeunesse en France, en Angleterre, en Italie, en Allemagne et dans les Pays-Bas.

9. YVES BEAUCHEMIN, UMBERTO ECO, DANIEL PENNAC ET YVES THÉRIAULT ONT ÉCRIT POUR LES JEUNES

Et ils ne sont pas les seuls. L'importance grandissante du marché du livre pour la jeunesse, ainsi que la reconnaissance graduelle de ces livres à titre d'œuvres littéraires, encourage des auteurs bien connus des adultes à écrire pour les plus jeunes. *Une histoire à faire japper*, le premier roman jeunesse d'Yves Beauchemin, auteur du best-seller *Le Matou*, est un peu une commande de son fils, qui en avait assez de voir son père écrire « juste pour les grands ». C'est d'ailleurs le fils qui a choisi les personnages — ses meilleurs copains —, laissant à son père le soin d'inventer l'intrigue. Umberto Eco, auteur du célèbre roman *Le Nom de la rose*, a écrit des contes modernes pour enfants, et Daniel Pennac, des romans d'aventures pour les jeunes. Quant à Yves Thériault, il est l'auteur d'une vingtaine de livres pour les jeunes. Saviez-vous que les journalistes québécois Pierre Foglia et George-Hébert Germain ont écrit pour les enfants? Les écrivains français Marguerite Yourcenar, J.M.G. Le Clézio et Michel Tournier aussi.

10. MARIE-LOUISE GAY A REMPORTÉ DEUX FOIS LE PRIX DU CONSEIL DES ARTS EN 1984

Presque un record Guinness : la plus haute distinction littéraire accordée au Canada en doublé. Cette année-là, l'illustratrice québécoise Marie-Louise Gay avait remporté le prix de la meilleure illustration pour un livre paru en français (*Drôle d'école*, éditions Ovale) ainsi que pour un livre paru en anglais (*Lizzy's Lion*, éditions Stoddart). Les deux jury ne s'étaient évidemment pas consultés. Ce prix, rebaptisé prix du Gouverneur général depuis, est accordé tous les ans à deux illustrateurs et à deux auteurs pour des livres parus dans chacune des deux langues. Aux États-Unis, la médaille

Newbery récompense annuellement l'auteur du livre pour la jeunesse le plus remarqué et la médaille Caldecott va à l'illustrateur qui s'est le plus distingué. Le prix Hans Christian Andersen est sans doute le plus convoité. Décerné tous les deux ans, il récompense un illustrateur et un auteur, et tous les pays peuvent participer.

Au Québec, de nombreux prix visent à promouvoir l'excellence en littérature jeunesse : le prix Alvine-Bélisle, le prix Christie, le prix Monique Corriveau, le Grand prix Montréal/Brive du livre pour adolescents, le prix Québec/Wallonie-Bruxelles... En panne de lecture? Les livres primés, au Québec et ailleurs, constituent d'excellentes suggestions de lecture. Vous travaillez avec des enfants ou des adolescents? Jouez le jeu avec eux! Lisez les œuvres des quatre ou cinq finalistes annuels aux prix du Gouverneur général et délibérez. Quelques semaines après l'annonce des finalistes, vous connaîtrez le lauréat officiel. Comparez vos résultats.

11. JEANNE-MARIE LEPRINCE DE BEAUMONT EST L'AUTEURE DU CONTE *LA BELLE ET LA BÊTE*

Parue en 1757, *La Belle et la Bête* est l'œuvre la plus célèbre de Mme Leprince de Beaumont qui, étrangement, préférait offrir d'autres genres de récits aux enfants. À l'époque, Perrault avait déjà publié son recueil des *Contes de ma mère l'Oye*, en 1697, et les frères Grimm, qui allaient présenter leur série de contes populaires en 1812, n'étaient pas encore nés. Perrault a adapté des contes de la tradition orale et les frères Grimm ont transcrit des contes populaires allemands, mais c'est dans son imagination que Mme Leprince de Beaumont a puisé les personnages de *La Belle et la Bête*. Perrault nous a légué, entre autres, *Le Petit Chaperon rouge* et *Cendrillon*; les frères Grimm, *Hänsel et Gretel* et *Blanche-Neige et les Sept Nains*. Quant à Marie d'Aulnoy, surtout connue pour *L'Oiseau bleu*, elle a écrit, entre 1696 et 1699, huit volumes de contes merveilleux plutôt mondains et précieux et moins appréciés des enfants.

12. EN 1978, DEBORAH HAUTZIG ABORDAIT LE THÈME DÉLICAT DE L'HOMOSEXUALITÉ FÉMININE DANS SON ROMAN *HEY, DOLLFACE*

Bien des gens croient encore que les livres pour les jeunes racontent tous à peu près la même histoire : un gentil petit lapin désobéit à sa maman, se repent, admet ses fautes, est pardonné, et tout finit bien. La littérature jeunesse a beaucoup changé. Les romans pour adolescents parlent de drogue, de suicide et de prostitution, alors que dans les albums pour enfants on aborde des thèmes comme la mort, la violence et la détresse. Dans différents pays, et surtout aux États-Unis, des auteurs ont brisé la glace, défoncé des portes, au cours des dernières décennies.

En 1969, John Donovan abordait le désir homosexuel entre deux garçons dans *I'll Get There, It Better Be Worth The Trip* et, en 1977, Judy Blume décrivait les premières expériences sexuelles de deux adolescentes dans *Forever*. L'année suivante, Deborah Hautzig explorait le désir homosexuel d'une fillette dans *Hey, Dollface (Valérie et Chloé)*. Les romans de Robert Cormier ont également fait couler beaucoup d'encre. Son plus célèbre, *The Chocolate War (La Guerre des chocolats)*, paru en 1974, décrit le climat de terreur et la violence sauvage qui règnent dans un collège américain où une bande de jeunes fait la loi avec la complicité d'un directeur sans scrupule.

Au Québec, *Le Dernier des raisins* n'est pas passé inaperçu. Non seulement le héros était-il différent et ses relations avec les adultes de son entourage pourries, mais c'était la première fois qu'on discutait aussi ouvertement de sexualité dans un roman pour adolescents québécois. Depuis, de nombreux auteurs ont décrit les désirs et les pratiques sexuelles de leurs jeunes personnages, ce qui n'empêcha pas *La Première Fois*, (tomes 1 et 2), de faire quelques vagues en 1991. Ces recueils réunissent seize textes d'auteurs distincts racontant, en termes souvent très explicites, leur première expérience sexuelle.

Tous les tabous ont-ils vraiment sauté? Sans doute pas. Chaque époque a ses interdits. Pendant longtemps, les auteurs pour la jeunesse n'ont pas osé parler de la mort et de la sexualité. Dans dix ou vingt ans, ceux qui analyseront la littérature jeunesse des années quatre-vingt découvriront sûrement de nombreux silences étonnants.

13. TOUS LES ADOLESCENTS PEUVENT AIMER LA LECTURE : IL SUFFIT QU'ILS TROUVENT OU QU'ON LEUR PROPOSE LES LIVRES QUI LEUR CONVIENNENT

Cet énoncé peut sembler une lapalissade, mais il est lourd de sous-entendus très importants. Le plaisir de lire est un peu comme un coup de foudre. Il faut réunir les bons partenaires. Parents, enseignants et bibliothécaires ont tendance à conseiller aux jeunes les livres qu'ils ont eux-mêmes aimés au même âge. Une anecdote : à ma première visite à la bibliothèque avec mes élèves, alors que j'étais une jeune enseignante au secondaire, un adolescent vaguement ennuyé m'a annoncé un peu brutalement qu'il détestait la lecture. Mon âme missionnaire n'a fait qu'un bond. J'étais certaine de pouvoir convertir ce malheureux. Après quelques secondes de réflexion, je me suis élancée vers les rayons pour revenir, très fière, avec *Le Grand Meaulnes* d'Alain Fournier. Deux semaines plus tard, je m'attendais à des remerciements chaleureux. N'avais-je pas proposé une œuvre magistrale à un pauvre élève ignorant? L'élève en question m'a tendu le roman en affirmant d'un air dégoûté qu'il n'avait pas dépassé le cap des trente premières pages. « C'est ben que trop plate! » avait-il expliqué.

Il avait bien raison! Non pas que l'œuvre de Fournier soit terne — bien au contraire — mais elle ne s'adressait visiblement pas à mon élève. Le problème, c'est que j'étais partie de mes propres intérêts et expériences de lecture au lieu de partir de lui. À recommencer, quinze ans plus tard, je lui suggérerais peut-être *Les Autos-sauvages* de Christian Grenier, un recueil de nouvelles de science-fiction autour du thème de l'automobile. Ou *Le Sorcier de la Montagne de Feu*, le grand classique des « livres dont vous êtes le héros », signé Steve Jackson et Ian Livingstone. Non seulement ces ouvrages explorent-ils des univers plus près des fantasmes de mon ex-élève que des miens, mais il ne s'agit pas d'œuvres monolithiques de 200 pages. Le recueil de nouvelles présente de courtes histoires où la boucle est bouclée en une quinzaine de pages. Quant au texte des livres dont vous êtes le héros, il est divisé en quelque 400 courts paragraphes numérotés.

Il n'y a pas de vraies et de fausses lectures, ou de bonnes et de mauvaises, mais des tas de lecteurs avec des sensibilités bien différentes. Ce qui ne veut pas dire que les romans d'amour de la série Haute Tension (une version jeunesse des célèbres Harlequin) offrent les mêmes richesses qu'un roman d'aventures sentimentales comme *Cassiopée ou l'été polonais* de Michèle Marineau, prix du Gouverneur général en 1988. De nombreux enseignants bannissent les romans d'amour en série et les adolescentes en concluent que leurs goûts de lecture sont aussi près de ceux de leur enseignant que Vénus de Mars. Ces mêmes adolescentes auraient pu s'amuser avec leur professeur à découvrir la recette des romans d'amour de type Harlequin pour lire ensuite avec encore plus de plaisir *Cassiopée ou l'été polonais,* dont l'intrigue est beaucoup moins prévisible.

Un bon livre pour les jeunes parle aux jeunes. L'écrivain pour la jeunesse ne doit pas seulement livrer une œuvre forte comme tout écrivain, il doit aussi rejoindre la sensibilité de ce lecteur particulier, d'un autre âge, auquel il s'adresse. Mais un bon roman pour adolescents ne parle pas nécessairement de l'adolescence, pas plus qu'un bon album pour enfants ne propose obligatoirement un héros du même âge que le lecteur cible. Depuis la fin des années cinquante, la littérature jeunesse a tendance à trop vouloir servir de miroir aux jeunes. Ils aiment, bien sûr, se retrouver dans un livre, mais ils ont aussi envie de se dépasser et d'explorer d'autres univers. Les fillettes de dix et onze ans qui ont dévoré *Les Filles de Caleb* se sont attachées à une jeune adulte, Émilie, vivant au début du siècle.

Capsules

● *Savez-vous ce qu'a écrit Michel Tournier dans sa préface à* Vendredi ou la vie sauvage *(éditions Flammarion, 1971), la version jeunesse de son roman* Vendredi ou les limbes du Pacifique?

« J'écris pour tout le monde, mais je n'y parviens pas toujours. Quand je suis au meilleur de ma forme, plein de talent et d'allant, ce que j'écris est si bon, si limpide, si bref que tout le monde peut me lire, même les enfants. Alors, je me rapproche de mes modèles qui s'appellent La Fontaine, Perrault, Andersen, Kipling ou Saint-Exupéry. Quand je réussis moins bien, seuls des adultes, ou même certains adultes (les " intellectuels ") peuvent me lire. »

● *Savez-vous comment une enseignante, personnage de roman, définit un bon livre?*

« (L)a vie, c'est un truc long et difficile. Et les histoires et les livres, ça aide. Il y en a qui aident pour la vie elle-même, d'autres qui aident juste à faire une petite pause. Les meilleurs aident aux deux à la fois. » (Anne Fine. *L'Amoureux de ma mère*, éditions L'école des loisirs, 1990, p. 252 [traduction de *Goggle-Eyes*, 1989]).

● *Connaissez-vous les récipiendaires des prix du Conseil des Arts/Gouverneur général pour des œuvres en littérature jeunesse de langue française?*

1993 : *texte* : Michèle Marineau, *La Route de Chlifa*, éditions Québec/Amérique
 illustrations : Stéphane Jorisch, *Le Monde selon Jean de...* éditions Doutre et Vandal

1992 : *texte* : Christiane Duchesne, *Victor*, éditions Québec/Amérique
 illustrations : Gilles Tibo, *Simon et la Ville de carton*, éditions Livres Toundra

1991 : *texte* : François Gravel, *Deux heures et demie avant Jasmine*, éditions Boréal
 illustrations : Sheldon Cohen, *Le Champion*, éditions Livres Toundra

1990 : *texte* : Christiane Duchesne, *La Vraie Histoire du chien de Clara Vic*, éditions Québec/Amérique
 illustrations : Pierre Pratt, *Les Fantaisies de l'oncle Henri*, éditions Annick Press

Capsules

1989 : *texte* : Charles Montpetit, *Le Temps mort*, éditions Paulines
illustrations : Stéphane Poulin, *Benjamin et la Saga des oreillers*,
éditions Annick Press

1988 : *texte* : Michèle Marineau, *Cassiopée ou l'été polonais*,
éditions Québec/Amérique
illustrations : Philippe Béha, *Les Jeux de Pic-mots*,
éditions Graficor

1987 : *texte* : David Schinkel et Yves Beauchesne, *Le Don*,
éditions Pierre Tisseyre
illustrations : Darcia Labrosse, *Venir au monde*,
éditions La courte échelle

1986 : *texte* : Raymond Plante, *Le Dernier des raisins*,
éditions Québec/Amérique
illustrations : Stéphane Poulin, *Album de famille*,
éditions Michel Quintin

1985 : *texte* : Robert Soulières, *Casse-tête chinois*, éditions Pierre
Tisseyre
illustrations : Roger Paré, *L'Alphabet*, éditions La courte échelle

1984 : *texte* : Daniel Sernine, *Le Cercle violet*, éditions Pierre Tisseyre
illustrations : Marie-Louise Gay, *Drôle d'école*, éditions Ovale

1983 : *texte* : Denis Côté, *Hockeyeurs cybernétiques*, éditions Paulines
illustrations : Philippe Béha, *Petit Ours*, éditions Ovale

1982 : *texte* : Ginette Anfousse, *Fabien 1 et 2*, éditions Leméac
illustrations : Darcia Labrosse, *Agnès et le Singulier Bestiaire*,
éditions Pierre Tisseyre

1981 : *texte* : Suzanne Martel, *Nos amis robots*, éditions Héritage

1980 : *texte* : Bertrand Gauthier, *Hébert Luée*, éditions La courte échelle

1979 : *illustrations* : Roger Paré, *Une fenêtre dans ma tête*,
éditions La courte échelle

1978 : *illustrations* : Ginette Anfousse, *La Varicelle* et *La Chicane*,
éditions La courte échelle

Pour en savoir plus

Dupont-Escarpit, Denise. « La littérature de jeunesse en France »,
La Littérature de jeunesse I Présence Francophone,
n° 38, 1991, p. 53-83.

Pasquet, Jacques. « De l'adolescence à l'âge de raison »,
Lurelu, vol. 12, n° 2, automne 1989, p. 2-7.

Poulin, Manon. « L'édition québécoise pour la jeunesse se porte bien »,
La Littérature de jeunesse I Présence Francophone, n° 38, 1991, p. 33-49.

Ponctuation

GRANDS CLASSIQUES

Vous aimez les tests? En voici un, conçu spécifiquement pour vérifier vos connaissances sur les grands classiques de la littérature de jeunesse.

VOICI UNE LISTE DE NOMS D'AUTEURS ET UNE LISTE DE TITRES. RENDEZ À CÉSAR... ACCOLEZ UN TITRE À CHAQUE NOM D'AUTEUR.

Andersen, Hans Christian	*Les Malheurs de Sophie*
Blyton, Enid	*L'Île au trésor*
Defoe, Daniel	*Le Livre de la jungle*
Barrie, James Matthew	*Les Aventures de Tom Sawyer*
Brunhoff, Jean de	*Contes de ma mère l'Oye*
Carroll, Lewis	*Le Clan des sept*
Collodi, Carlo	*Cinq semaines en ballon*
Cooper, James Fenimore	*Bambi*
Dickens, Charles	*La Belle et la Bête*
Kipling, Rudyard	*Le Merveilleux Voyage de Nils*
Lagerlöf, Selma	*Holgersson à travers la Suède*
Leprince de Beaumont, Jeanne-Marie	*Peter Pan*
Perrault, Charles	*Alice au pays des merveilles*
Salten, Félix	*Mary Poppins*
Ségur, Comtesse de	*Le Vilain Petit Canard*
Stevenson, Robert Louis Balfour	*Oliver Twist*
Travers, Pamela	*Pinocchio*
Twain, Mark	*Le Dernier des Mohicans*
Verne, Jules	*Le Roi Babar*
	Robinson Crusoé

Andersen, Hans Christian : *Le Vilain Petit Canard*
Blyton, Enid : *Le Clan des sept*
Defoe, Daniel : *Robinson Crusoé*
Barrie, James Matthew : *Peter Pan*
Brunhoff, Jean de : *Le Roi Babar*
Carroll, Lewis : *Alice au pays des merveilles*
Collodi, Carlo : *Pinocchio*
Cooper, James Fenimore : *Le Dernier des Mohicans*
Dickens, Charles : *Oliver Twist*
Kipling, Rudyard : *Le Livre de la jungle*
Lagerlöf, Selma : *Le Merveilleux Voyage de Nils Holgersson à travers la Suède*
Leprince de Beaumont, Jeanne-Marie : *La Belle et la Bête*
Perrault, Charles : *Contes de ma mère l'Oye*
Salten, Félix : *Bambi*
Ségur, Comtesse de : *Les Malheurs de Sophie*
Stevenson, Robert Louis Balfour : *L'Île au trésor*
Travers, Pamela : *Mary Poppins*
Twain, Mark : *Les Aventures de Tom Sawyer*
Verne, Jules : *Cinq semaines en ballon*

VOS RÉPONSES ÉTAIENT-ELLES LES BONNES?

Conclusion

Chapitre 2

D'HIER À AUJOURD'HUI : LITTÉRATURE LUDIQUE OU DIDACTIQUE?

QUEL ÂGE ONT-ILS?

Les livres pour enfants et adolescents ont beaucoup changé. Mais comment? Et pourquoi? Qu'écrivait-on à l'intention des enfants il y a cinquante ou deux cents ans?

—————————————●—————————————

Voici quelques extraits de livres québécois pour la jeunesse.
Tous ces passages tracent le portrait de jeunes personnages.
Les œuvres choisies ont paru dans les années suivantes :
1923, 1958, 1963, 1976 et 1986.
Sauriez-vous deviner l'année de parution de chacun de ces extraits?
Quels indices pourraient vous guider?

A. « Jacqueline, à quatorze ans, s'est transformée en une princesse rêveuse, presque craintive. André n'y comprend goutte et s'impatiente. Ce garçon de quinze ans, fier et vigoureux, porte très courts ses cheveux noirs; sa bouche expressive, un peu grande, tempère l'énergie de ses traits fermes. »

ANNÉE DE PARUTION : _____

B. « C'est donc l'histoire d'un homme qui se nomme HOU ILVA, Monsieur HOU ILVA. C'est un homme ordinaire qui habite un appartement ordinaire à Montréal. On le retrouve, un jour, devant sa télévision toujours aussi ordinaire quand soudain, on sonne à la porte. Il va répondre, car il est très poli. »

ANNÉE DE PARUTION : _____

C. « Quel cœur d'or elle a, cette Perrine! Et avec cela, il faut voir, intelligente, fine, avisée! Une vraie Normande! Débrouillarde comme pas une, très tenace, le plus souvent silencieuse, elle passe, grâce à ses manières discrètes et douces, à travers toutes sortes de difficultés. On l'adore, dans le paisible village d'Offranville. »

ANNÉE DE PARUTION : _____

D. « Je suis un intellectuel de petits chemins. [...] Mais on me traite d'intellectuel surtout à cause de mes lunettes et de mon physique. Le sport et moi, nous sommes comme le carré de l'hypoténuse et l'haleine du matin. Nous avons très peu en commun. Il suffit que je fasse deux enjambées de jogging pour que je m'enfarge dans mes *runningshoes*. »

ANNÉE DE PARUTION : _____

E. « J'avais, il est vrai, les qualités de la nièce qu'on invite volontiers : docile comme un mollusque, j'étais bien élevée, robuste et sage comme une image. Si je ne pianotais, j'étais perdue dans un bouquin dont je grugeais le coin de chaque page (la littérature, je la dévorais, littéralement). Mais je mangeais comme dix; on me retrouvait à la piste dans la cuisine, où je reniflais, boustifaillais. »

ANNÉE DE PARUTION : _____

LA CLÉ DE L'ÉNIGME

Les Aventures de Perrine et de Charlot (extrait C), de Marie-Claire Daveluy, est considéré comme le premier véritable roman québécois écrit spécifiquement à l'intention des jeunes. L'action se déroule au dix-septième siècle, mais le livre a été publié en 1923. À ses débuts, la littérature québécoise, pour les jeunes comme pour les adultes, était plutôt tournée vers le passé. Le prénom de l'héroïne, le fait qu'elle soit normande mais, surtout, son côté petite fille modèle révèlent que l'œuvre n'a pas été écrite récemment. Perrine est le personnage le plus angélique de tous les héros présentés dans ces extraits. Plus on s'approchera de la fin du siècle, moins les personnages représenteront des modèles de vertu.

La littérature jeunesse fut, pendant longtemps, didactique et édifiante. *Les Aventures de Perrine et de Charlot*, écrit en marge des Relations des Jésuites, propose non seulement des leçons d'histoire — tout ce que vous avez toujours voulu savoir sur les martyrs canadiens et les mœurs des Iroquois, par exemple — mais aussi des leçons de vie. Perrine et Charlot sont des enfants exemplaires : loyaux, courageux, fervents, chrétiens, honnêtes, généreux...

Dans *L'Été enchanté (extrait E)* de Paule Daveluy, publié en 1958, l'héroïne de seize ans, Rosanne, est déjà un peu moins parfaite que Perrine. N'est-elle pas gourmande? Sans compter qu'elle tombera amoureuse d'un homme plus âgé, le médecin du village, ce que Perrine n'aurait jamais osé imaginer. L'héroïne de *L'Été enchanté* n'est pas simplement l'adolescente idéale telle que l'ont définie les adultes de l'époque : elle incarne les rêves et les fantasmes des adolescentes à la fin des années cinquante.

La caractérisation des jeunes héros a longtemps obéi à certains stéréotypes liés à l'identité sexuelle. Des qualités étaient propres aux filles, d'autres aux garçons. Dans *Les Jardiniers du hibou*, paru en 1963 *(extrait A)*, Monique Corriveau dessine une fillette passive et romantique à côté d'un frère fort et déterminé. Ces personnages auraient été critiqués au cours des années soixante-dix et quatre-vingt, alors qu'auteurs et éditeurs tentaient de renverser les stéréotypes.

Hou Ilva (extrait B), paru sous forme d'album en 1976, marque une certaine rupture, une volonté de changement. L'humour crée un climat ludique tout en permettant la satire sociale. L'auteur, Bertrand Gauthier, voulait étonner et déstabiliser le lecteur. *Hou Ilva* représente bien la volonté de réinventer la littérature jeunesse, si caractéristique du milieu des années soixante-dix. Cette époque constitue une véritable plaque tournante dans l'histoire de la littérature jeunesse : il y a avant et après 1975.

L'apparition de François Gougeon, le héros du best-seller *Le Dernier des raisins,* paru en 1986 *(extrait D)*, marque un autre moment important dans l'histoire de la littérature jeunesse québécoise. François Gougeon est résolument imparfait. Il ressemble bien plus aux adolescents véritables qu'à un superhéros, idéalement fort et beau. C'est un « intellectuel-à-lunettes », peu fier de son gros nez mais éperdument amoureux de la plus jolie fille de la polyvalente. Le ton est celui de la confidence, alors que dans *Les Aventures de Perrine et de Charlot* l'auteure privilégiait l'exposé. *Le Dernier des raisins* mise sur une narration à la première personne pour instaurer une complicité avec le lecteur et la langue se veut authentique, reflet fidèle de la réalité, alors que dans *Les Aventures de Perrine et de Charlot* l'éloge crée une distance et le souci de réalisme est nettement moins évident.

Quelques grands principes semblent donc avoir gouverné l'évolution de la littérature jeunesse québécoise, si l'on en juge par ces extraits. Les livres pour les jeunes sont de moins en moins didactiques et édifiants, de plus en plus près des fantasmes de l'enfant ou de l'adolescent réel et de plus en plus enracinés dans le présent. Les héros sont de moins en moins parfaits et extraordinaires, et les stéréotypes sexistes sont progressivement abandonnés. Mais allons voir de plus près en reprenant l'histoire au début.

PETITE HISTOIRE DE LA LITTÉRATURE JEUNESSE

AU QUÉBEC

La littérature jeunesse québécoise est née assez tardivement. Pendant longtemps, les enfants ont dû se contenter d'ouvrages d'ici écrits pour les adultes — *Les Anciens Canadiens* de Philippe Aubert de Gaspé, par exemple — ou de livres pour la jeunesse venus d'ailleurs, principalement d'Europe. La littérature jeunesse québécoise a à la fois poursuivi une tradition amorcée en Europe au dix-septième siècle et rattrapé le temps perdu en évoluant très rapidement. L'histoire de la littérature jeunesse québécoise présente donc, en accéléré, les grands axes de changement observés en Europe : du didactisme au ludisme, de l'autorité à la complicité, de l'enfant modèle à l'enfant réel.

Plusieurs auteurs ont connu une grande diffusion grâce à une loi du Département de l'Instruction publique qui obligeait à offrir des livres comme prix de fin d'année dans les écoles. De 1876 à 1886, quelque 175 000 livres ont ainsi été distribués[1]. À mesure qu'une littérature québécoise pour la jeunesse s'est développée, certains de ces livres ont été ajoutés aux listes d'ouvrages servant à récompenser les écoliers.

Les *Aventures de Perrine et de Charlot* a d'abord paru en épisodes dans *L'Oiseau bleu*, un périodique pour enfants, en 1921 et 1922. Dans de nombreux pays, les premières œuvres pour la jeunesse ont ainsi vu le jour dans la presse enfantine. En France, *La Semaine des enfants* avait publié en primeur les œuvres de la comtesse de Ségur. *Les Aventures de Perrine et de Charlot* connut un tel succès que Marie-Claire Daveluy écrivit cinq autres tomes. À sa façon et pour son époque, cette auteure était assez audacieuse : elle ne s'est pas contentée de donner des leçons aux enfants; elle voulait aussi leur faire plaisir. Perrine et son frère Charlot vivent de grandes aventures : ils s'embarquent clandestinement pour une traversée transatlantique de la Normandie à la Nouvelle-France et l'un d'eux sera kidnappé par les Iroquois. Ce sont des héros héroïques, propulsés dans des aventures extraordinaires dont ils émergent grandis.

Maxine, auteure de nombreux romans historiques dont *Le Petit Page de Frontenac*, paru en 1930, fait partie des écrivains importants du début du siècle. Maxine servait de pseudonyme à Mᵐᵉ Alexandre Taschereau-Fortier. À cette époque où la littérature jeunesse n'avait pas encore acquis ses lettres de noblesse, de nombreux auteurs préféraient taire leur identité.

Pendant la Deuxième Guerre mondiale, la littérature jeunesse européenne, qui constituait une bonne part de notre marché, a eu plus de difficulté à atteindre le Québec. Les livres vinrent à manquer et des éditeurs québécois décidèrent de prendre l'affaire en mains. Cette période coïncide avec ce que Louise Lemieux, auteure de *Pleins feux sur la littérature de jeunesse au Canada français,* appelle l'âge d'or de notre littérature pour les jeunes. L'époque glorieuse se termine vers 1965 et coïncide d'ailleurs avec la suppression des prix scolaires.

En 1942, Marie-Antoinette Grégoire-Coupal publiait

---

1. Claude Potvin. *La Littérature de jeunesse au Canada français,* Moncton, éditions CRP, 1972, p. 21.

Franceline, un roman très populaire — il a eu trois rééditions — dans la plus pure tradition sentimentale. La dernière phrase du roman est éloquente : « Ils s'étaient embrassés et Franceline avait murmuré : " Je suis heureuse! " ». La même année, les éditions Fides lançaient la collection Alfred, qui allait réunir deux séries, Alfred et Ti-Puce, des livres amusants et fort différents des traditionnels romans historiques et contes folkloriques pour enfants. Le texte en quatrième de couverture résume bien l'intention nouvelle : « Des récits très vivants qui feront la joie des jeunes. Les héros? Des garçons et des filles comme on en rencontre tous les jours, débordants de vie, pleins d'imagination, avec leurs jeux et leurs rêves, leurs joies et leurs peines, leurs qualités et aussi... leurs défauts. » L'intention édifiante n'est pas oubliée. Ti-Puce et Alfred proposent des leçons de socialisation et, bien sûr, d'éducation chrétienne, mais la quête du plaisir est au cœur de leurs préoccupations. Ils agissent et ils pensent comme de vrais enfants.

Les années quarante marquent les débuts timides de l'album. L'Oncle Paul (René Guenette) publie les aventures de *Biscotin*, un petit lapin qui quitte sa famille dans le premier titre et rentre à la maison dans le dernier album de la série. En 1944, Lucille Desparois, connue sous le nom de Tante Lucille, publiait ses premiers contes. Pendant plus de vingt ans, de 1948 à 1970, Tante Lucille a raconté ses histoires à la radio de Radio-Canada. À la fin des années cinquante, Claudine Vallerand, connue sous le nom de Maman Fonfon, propose aussi des contes illustrés.

Le roman scout fut très populaire au milieu du siècle. *Le Secret de la rivière perdue*, du père Ambroise Lafortune, paraît en 1946, et *Prisonnier des cavernes*, de Guy Boulizon, en 1950. Dans ce roman palpitant, la troupe de jeunes scouts atteint l'entrée de cavernes, point de départ de leur aventure, un dimanche. L'auteur suspend alors la trame narrative pour permettre aux aventuriers de célébrer une messe en plein air et l'action se poursuit le lendemain. Au milieu de la décennie, les auteurs s'étaient rapprochés des enfants, mais ils n'avaient pas abandonné leur mission éducative chrétienne.

L'Été enchanté, le best-seller de Paule Daveluy publié en 1958 aux éditions de l'Atelier, a enfanté trois suites : *Drôle d'automne*, *Cet hiver-là* et *Cher printemps*. Le roman ne devait pas amorcer une série, mais les lecteurs ont pressé l'auteure de ressusciter l'héroïne. Le succès du premier roman fut d'ailleurs foudroyant. Traduit et publié sous le titre *Summer in Ville Marie* chez l'éditeur américain Holt, Rinehart and Winston en 1962, *L'Été enchanté* fut cité dans le *New York Times* parmi les 100 meilleurs romans de l'année en littérature jeunesse. La série aurait toutefois connu un succès plus marqué si l'auteure avait été moins audacieuse. L'éditeur américain a refusé de publier le deuxième tome parce qu'il a jugé l'héroïne de *Drôle d'automne* trop sensuelle...

Yves Thériault a signé, entre autres, deux séries pour les jeunes : Les Ailes du Nord, lancé en 1959, et Volpek, en 1965. La première met en scène un pilote de brousse chef de famille monoparentale et ses deux adolescents, Lise et Yvon, qui l'épaulent dans ses nombreuses missions. Avec Volpek, Yves Thériault pastiche Henri Verne, créateur du célèbre Bob Morane. Volpek est un espion hybride, à la fois missionnaire et aventurier. Il lutte contre les « Forces du Mal » et veille à la paix mondiale mais, comme tant d'espions, il ne se distingue des bandits que par la grandeur de ses motivations.

En 1963, Suzanne Martel lance un des premiers romans de science-fiction pour la jeunesse, *Quatre Montréalais en l'an 3000*, réédité plusieurs fois sous le titre de *Surréal 3000* et traduit aux États-Unis. Suzanne Martel est la sœur de Monique Corriveau, auteure du roman *Les Jardiniers du hibou (extrait A)*. Suzanne a signé 18 livres pour enfants et Monique 17; la première a eu six enfants, l'autre dix.

La fin des années soixante marque aussi la fin de l'âge d'or. En 1950, une dizaine de maisons québécoises publiaient des œuvres pour la jeunesse, mais en 1970 il n'en restait plus que deux. De 1955 à 1964, la maison Fides avait publié à elle seule 95 titres pour la jeunesse, alors qu'en 1965 seulement 15 titres pour la jeunesse ont paru chez l'ensemble des éditeurs. Louise Lemieux rappelle que, en 1969, 1 400 livres de tous genres ont été publiés au Québec, dont seulement quatre pour les jeunes. Pourtant, à la même époque, l'éditeur belge Casterman vendait les livres de la collection Martine (de Gilbert Delahaye et Marcel Marlier) à raison de 15 000 exemplaires par titre au Québec. En 1970, la littérature jeunesse québécoise semblait bel et bien en voie de disparition et cela n'était pas seulement dû à la suppression des prix scolaires; elle souffrait sans doute de sclérose. Il fallait injecter du sang neuf, travailler à la promotion du livre et de la lecture et réinventer la littérature jeunesse afin de mieux séduire les enfants de la fin du siècle.

Les titres des livres pour enfants annoncent bien le ton de l'œuvre. Un bref survol de quelques titres d'œuvres pour la jeunesse parues au Québec avant et après 1970 illustre le vent de renouveau qui permit à la production de passer d'une poignée de livres en 1970 à quelque 250 vingt ans plus tard.

AVANT 1970

1931 : *En veillant*
1932 : *Les Mémoires d'une souris canadienne*
1940 : *Les Contes du Saint-Laurent*
1944 : *Jeanne la désobéissante*
1945 : *La Petite Maison de mon âme*
1950 : *La Bienheureuse Maria Goretti*
1951 : *Claude l'orphelin*
1954 : *Pierre Radisson, coureur des bois*
1955 : *Élisabeth II, reine du Canada*
1956 : *Les Aventures du Frère Renard, d'après saint François d'Assise et le fabuliste Lafontaine*
1957 : *L'Écolier canonisé*
1961 : *Maman, dis-moi... comment être jolie?*
1963 : *Jeannot et les Iroquois*
1965 : *Caroline, la petite souris blanche*
       Stella, la petite étoile
1966 : *Loulou, le petit pékinois*

APRÈS 1970

1973 : *Ouram*
1975 : *Lazaros Olibrius*
1976 : *Hou Ilva*
1978 : *La Chicane*
1979 : *Une fenêtre dans ma tête*
       Le Chandail de hockey
1981 : *Nogard*
       Nos amis robots
1983 : *Au cœur du bonbon*
       Hockeyeurs cybernétiques
       Archibaldo le dragon
1984 : *Zunik*
       Drôle d'école
1985 : *Amour, réglisse et chocolat*
1987 : *Des hot-dogs sous le soleil*
1989 : *Ciel d'Afrique et pattes de gazelle*
1990 : *La Dompteuse de perruche*
1992 : *Tricot, piano et vidéo*

La renaissance de la littérature jeunesse québécoise est marquée par la diversité, l'audace, le ludisme. L'effervescence des années soixante-dix se manifeste non seulement par une augmentation de la production mais par la création de lieux d'échange, de soutien et de promotion. L'organisme Communication-Jeunesse est fondé en 1971, les revues *Lurelu* et *Des livres et des jeunes* en 1978. Deux ouvrages sur la littérature jeunesse paraissent coup sur coup en 1972 : *Pleins feux sur la littérature de jeunesse au Canada français*, de Louise Lemieux, et *La Littérature de jeunesse au Canada français*, de Claude Potvin. La même année, *Création culturelle et identité québécoise* présente les actes d'un colloque sur la création pour la jeunesse tenu à l'Université du Québec et, en 1978, *Le Livre dans la vie de l'enfant* propose les actes d'un autre colloque tenu à l'Université de Sherbrooke.

À partir de 1975, les héros font peau neuve. Ils sont plus que jamais forts, autonomes, espiègles et leur relation avec les adultes est plus égalitaire. L'album occupe une place importante parce que de jeunes illustrateurs talentueux choisissent de s'adresser aux enfants. Les éditions Le Tamanoir, fondées en 1975 et devenues La courte échelle, participent activement au renouveau avec des albums comme *Mon ami Pichou*, de Ginette Anfousse, et *Une fenêtre dans ma tête*, de Raymond Plante, illustré par Roger Paré. Aux éditions Paulines, qui initient les jeunes à la science-fiction et au fantastique, deux écrivains, Daniel Sernine et Denis Côté, retiendront plus particulièrement l'attention du jeune public.

La révolution ne se fait pas en un jour. Au cours des années soixante-dix, des œuvres apparentées à la production d'avant cette décennie côtoient d'autres livres d'une facture très nouvelle. Ainsi, en 1976, les éditions Paulines lancent Le monde de Francis et Nathalie, une série qui réunira 16 albums. Francis et Nathalie, deux amis, sont de gentils héros, sages et prévisibles. Les récits s'organisent autour de petits événements : cueillette de bleuets, visite au zoo, achat de nouveaux souliers, visite au supermarché. Dans l'univers douillet de Francis et de Nathalie, les grandes épreuves de la vie consistent à gravir une pente de ski, à ramasser un panier de bleuets renversé ou à souffrir d'indigestion après une visite à la cabane à sucre. La même année, les éditions Le Tamanoir lancent la série Jiji et Pichou, histoire d'une fillette et de son jouet en peluche, un « bébé-tamanoir-mangeur-de-fourmis-pour-vrai ». L'héroïne vit des situations beaucoup plus chargées d'émotion : chicane entre amis, peur du Bonhomme Sept Heures, désir d'un bébé-sœur... Jiji étonne et interpelle les enfants. Elle est espiègle, déterminée, débrouillarde, et le dénouement de ses aventures n'est guère facile à deviner.

Les années quatre-vingt représentent un deuxième âge d'or. De nouvelles maisons d'édition spécialisées en littérature jeunesse voient le jour : Ovale, Chouette, Raton Laveur, Michel Quintin, Coïncidence-Jeunesse... D'autres ajoutent un secteur jeunesse à leur catalogue — Pierre Tisseyre, Boréal, Québec/Amérique, Hurtubise HMH... — alors que les éditions Paulines, Fides, La courte échelle, Héritage, Leméac et Toundra poursuivent une aventure déjà bien amorcée. En 1981, le ministère de l'Éducation publie un *Guide pédagogique — Littérature jeunesse* pour le primaire qui sera suivi de *Lire et aimer lire au secondaire* en 1988. Deux ouvrages mais un même mot d'ordre : le plaisir de la lecture. En 1985, l'Université du Québec à Montréal accueille le septième congrès de la Société internationale de recherche en littérature d'enfance et de jeunesse et lance un Certificat en littérature de jeunesse.

À la fin des années quatre-vingt, tout le monde est un peu étourdi. On ne peut plus compter sur les doigts d'une seule main — ni même des deux — les auteurs, les illustrateurs ou les éditeurs importants. La littérature jeunesse québécoise occupe désormais une part très importante — 35 % — du marché du livre. Les maisons d'édition se livrent une rude compétition et un souci de rentabilité incite les éditeurs à publier plus de romans et moins d'albums. Les illustrateurs québécois, qui avaient mené une véritable révolution de 1975 à 1985, passent le flambeau aux auteurs, qui tenteront eux aussi de réinventer le langage pour mieux séduire les jeunes et participer à une société qui a subi de profonds changements. À partir de 1985, les collections de romans pour adolescents, préadolescents et jeunes lecteurs poussent aussi vite que les pissenlits.

... EN EUROPE OCCIDENTALE ET AUX ÉTATS-UNIS

Dans l'Angleterre du dix-septième siècle, les *Good Godly Books* représentaient une des premières tentatives d'écriture pour enfants. Ces récits proposaient de jeunes héros luttant contre le diable et les forces du mal. À ses débuts, la littérature jeunesse n'était pas bien différente des petits catéchismes! La Bible fut d'ailleurs un des premiers livres à être adaptés à l'intention des enfants. Mais les enfants du dix-septième siècle aimaient aussi s'amuser, comme tous les enfants. C'est pourquoi ils préféraient les feuillets des colporteurs, remplis de légendes vieilles de plusieurs siècles, aux ouvrages édifiants — et souvent terrifiants — qu'on leur destinait. Chaque époque a ainsi sa littérature mais aussi sa paralittérature, des œuvres souvent dénigrées mais qui font spontanément le bonheur des enfants. Mentionnons toutefois que ce qu'une époque rejette ou encense peut être récupéré ou renié quelques décennies plus tard. Les contes de Charles Perrault n'ont pas toujours été populaires. Au dix-huitième siècle, les pédagogues jugeaient malsain que des enfants se nourrissent de pareilles chimères.

Charles Perrault ne s'adressait pas exclusivement aux enfants, mais il les aimait bien et souhaitait que les parents de son siècle fassent avaler certaines vérités aux enfants « en les enveloppant dans des récits agréables proportionnés à la faiblesse de leur âge », comme il l'écrivait dans la préface de ses *Contes en vers* en 1695. Ces contes puisés dans la tradition orale seront d'ailleurs repris en prose et donc plus accessibles aux enfants, en 1697, sous le titre de *Contes de ma mère l'Oye*.

Les premiers livres s'adressaient aux enfants des rois ou de l'artistocratie. L'histoire de la littérature jeunesse est aussi celle d'une démocratisation progressive. En 1699, Fénelon, le premier auteur français pour la jeunesse, écrivait *Les Aventures de Télémaque*, un roman pédagogique, expressément pour le jeune duc de Bourgogne, petit-fils de Louis XIV. L'œuvre était moralisatrice mais aussi subversive. Fénelon, précepteur du duc de Bourgogne, prêchait une vie simple et juste en condamnant la misère de l'époque et l'absolutisme du roi.

C'est grâce au succès qu'ils eurent auprès des enfants que deux livres écrits pour les adultes, *Robinson Crusoé* de Daniel Defoe, paru en 1719, et *Gulliver's Travels (Les Voyages de Gulliver)* de Jonathan Swift, paru en 1726, devinrent de véritables classiques de la littérature mondiale. Selon le philosophe Jean-Jacques Rousseau, *Robinson Crusoé* était le seul ouvrage digne d'être lu par les enfants. Les thèses de Rousseau sur l'éducation des enfants eurent un effet très important au dix-huitième siècle et jusqu'à aujourd'hui.

Malgré quelques timides efforts au dix-septième siècle, ce n'est vraiment qu'au milieu du dix-huitième siècle que la littérature jeunesse finit par représenter une catégorie à part. À Londres, en 1744, John Newbery, propriétaire d'une droguerie, décide de publier et de vendre des livres pour enfants. Son influence fut énorme et il publia de grands auteurs, mais on raconte que sa fortune tenait surtout aux poudres et onguents qu'il vendait à côté des livres pour enfants. Aux États-Unis, le plus prestigieux prix littéraire pour une œuvre destinée aux jeunes porte son nom : la médaille Newbery. Newbery eut l'audace d'offrir des livres non seulement édifiants mais aussi divertissants. Un des plus célèbres, *Goody Two Shoes (Margot les Deux Souliers)*, paru en 1765, raconte l'histoire d'une petite fille pauvre qui découvre que de bonnes chaussures solides valent mieux que de fins souliers élégants. À une époque où parents et pédagogues se méfient de toute fiction pouvant distraire les enfants alors même qu'ils ont tant à apprendre, le simple fait d'inventer des histoires, aussi moralisatrices soient-elles, était une entreprise novatrice.

À Paris, un siècle après Newbery, Jules Hetzel invite des écrivains connus — Charles Nodier, Alexandre Dumas, George Sand... — à écrire pour les enfants. En 1862, près de vingt ans après avoir publié ses premiers livres pour enfants, l'éditeur Hetzel rencontre Jules Verne et *Cinq semaines en ballon*, un des plus grands succès de l'époque, paraît quelques mois plus tard. Tous les auteurs pour la jeunesse n'étaient pas aussi inventifs, visionnaires et audacieux que Jules Verne. Dans son ouvrage sur *La Littérature enfantine en France dans la seconde moitié du XIX* *siècle*, Marie-Thérèse Latzarus cite quelques titres qui annoncent bien le ton sermonneur de nombreux livres de l'époque : *Hubert ou les suites de l'indocilité, James ou le pêcheur ramené à la religion par l'adversité, René ou la charité récompensée...* De l'autre côté de la Manche, dans un roman de l'Anglaise Mrs Sherwood, *The Fairchild Family*, paru en 1818 dans la plus pure tradition calviniste, des enfants dissipés sont punis par une visite au gibet où pourrit le corps d'un assassin. La scène macabre devait servir à faire réfléchir les petits désobéissants.

Au dix-neuvième siècle, l'idée d'amuser les enfants, sinon de les instruire en les amusant, gagne du terrain. En France, *Les Mésaventures de Jean-Paul Choppart* (1836), de Louis Desnoyers, et en Angleterre *Holiday House* (1839), de Catherine Sinclair, célèbrent une littérature de divertissement. Après Lewis Carroll, plus rien n'est pareil. Avec la parution d'*Alice au pays des merveilles* en 1865, un grand vent de folie et de fantaisie souffle sur la littérature jeunesse. Au lieu de défendre l'ordre social et d'endoctriner les enfants, Carroll se moque de la société des adultes. Après lui, plus personne n'osera tenter d'instruire les enfants sans au moins faire semblant de les divertir.

La publication en Allemagne, en 1845, de l'album *Der Struwelpeter (Pierrot l'Ébouriffé)*, de Heinrich Hoffmann, une œuvre traduite dans toutes les langues, marque les véritables débuts du livre d'images pour enfants. Le dix-neuvième siècle constitue l'âge d'or de la littérature jeunesse. Les livres voyagent d'un pays à l'autre, les classiques de l'époque se confondant dans une véritable république de l'enfance sans trop d'égard pour le pays d'origine de l'œuvre. Parmi les œuvres importantes, mentionnons : les contes des frères Grimm (Allemagne) puis ceux de H. C. Andersen (Danemark), les *Contes fantastiques* de E. T. A. Hoffmann (Allemagne), le *Book of Nonsense* de Edward Lear (Angleterre), les nombreux romans de la comtesse de Ségur (France), *Sans Famille* de Hector Malot (France), *L'Île au trésor* de Robert Louis Stevenson (Écosse), *Heidi* de Johanna Spyri (Suisse), *Tom Sawyer* de Mark Twain (États-Unis), *Les Quatre Filles du Dr March* de Louisa May Alcott (États-Unis), *Pinocchio* de Carlo Collodi (Italie), *Le Livre de la jungle* de Rudyard Kipling (Angleterre).

Absurdité, fantastique, aventure, merveilleux, mœurs enfantines... la littérature jeunesse explore des sentiers de plus en plus divers. Au début du vingtième siècle, Erich Kästner introduira le roman policier en littérature jeunesse avec *Emile und die Detektive (Émile et les Détectives)* paru en allemand en 1929 et traduit en 27 langues. D'autres chefs-d'œuvre pour enfants paraîtront dans la première moitié du vingtième siècle : *Peter Pan* de James Barrie, *Anne of Green Gables* de la Canadienne Lucy Maud Montgomery, *Pippi Langstrump (Fifi Brindacier)* d'Astrid Lindgren, *The Wind in the Willows*, de Kenneth Graham, *The Tale of Peter Rabbit* de Beatrix Potter...

La plupart des grands classiques pour les jeunes étaient à leur époque des œuvres audacieuses, sinon choquantes. Mark Twain a osé décrire un père alcoolique; James Barrie suggérait aux enfants qu'il était préférable de ne pas grandir; Stevenson lançait un enfant armé sur un bateau de pirates; Collodi inventait un enfant révolté préférant l'école buissonnière et Jo, l'héroïne de Louisa Alcott, trouvait bien ennuyeux d'être une femme alors que les hommes jouissaient de tellement plus de liberté. Même la comtesse de Ségur, à qui l'on a reproché d'être une vieille aristocrate butée, était avant-gardiste à sa façon. Sa petite Sophie était souvent punie *(Les Malheurs de Sophie)* mais seulement après s'être amusée, comme peu de personnages enfants avaient pu le faire jusque-là.

Née timidement au dix-septième siècle pour s'affirmer le siècle suivant, la littérature jeunesse a véritablement pris son essor au dix-neuvième siècle. Chaque pays a eu ses moments de gloire, mais l'Angleterre fait figure de pionnière. Newbery a donné le plus formidable coup d'envoi à la littérature jeunesse et Lewis Carroll l'a dépoussiérée. Depuis la fin du dix-neuvième siècle, c'est aux États-Unis que l'on publie non seulement le plus grand nombre de livres pour la jeunesse mais peut-être aussi les plus audacieux. Assez universelle à ses débuts, la littérature jeunesse prend de plus en plus les couleurs de chaque pays. Nous verrons plus loin que le statut et la représentation sociale de l'enfance, dans chaque pays, influencent aussi bien le ton que la trame narrative des récits destinés à la jeunesse. Chaque société a une façon bien à elle de percevoir l'enfance, et la littérature jeunesse sert de miroir à ces visions diverses.

Capsules

● *Quels grands classiques pour la jeunesse avez-vous lus? Lesquels devriez-vous lire?*

LES DIX PLUS GRANDS CHEFS-D'ŒUVRE DE LA LITTÉRATURE JEUNESSE,
SELON BERNARD PIVOT,
AUTEUR DE *LA BIBLIOTHÈQUE IDÉALE*, SONT :

Pinocchio de Carlo Collodi
Oliver Twist de Charles Dickens
Les Misérables de Victor Hugo
Trois hommes dans un bateau de Jerome K. Jerome
Le Livre de la jungle de Rudyard Kipling
Sans famille de Hector Malot
Poil de carotte de Jules Renard
Le Petit Prince d'Antoine de Saint-Exupéry
Les Aventures de Tom Sawyer de Mark Twain
Vingt Mille Lieues sous les mers de Jules Verne

DANS *ONLY CONNECT*, UN OUVRAGE SUR LA LITTÉRATURE DE JEUNESSE,
SHEILA EGOFF DRESSE UNE LISTE DES ŒUVRES LES PLUS IMPORTANTES
PARUES AVANT 1900. ELLE CITE :

The Book of Nonsense de Edward Lear
Alice au pays des merveilles de Lewis Carroll
Les Quatre Filles du Dr March de Louisa May Alcott
La Princesse et le Goblin de George MacDonald
L'Île au trésor de Robert Louis Stevenson

SI VOUS CHERCHEZ SOUS « C » DANS LE *GUIDE DE LITTÉRATURE POUR LA
JEUNESSE* DE MARC SORIANO, VOUS TROUVEREZ SA LISTE DES « DIX
CLASSIQUES POUR ENFANTS DU RÉPERTOIRE INTERNATIONAL » :

Contes de H. C. Andersen
Pinocchio de C. Collodi
Robinson Crusoé de D. Defoe
Le Merveilleux Voyage de Nils Holgersson... de S. Lagerlöf
Croc-Blanc de J. London
Contes de ma mère l'Oye de C. Perrault

Capsules

L'Île au trésor de R. L. Stevenson
Voyages de Gulliver de J. Swift
Huckleberry Finn de M. Twain
Voyage au centre de la Terre ou L'Île mystérieuse de J. Verne

VOULEZ-VOUS CONNAÎTRE LE PETIT PALMARÈS
EN DIX TITRES DE DOMINIQUE DEMERS?

Contes de ma mère l'Oye de C. Perrault
Fifi Brindacier d'Astrid Lindgren
Pinocchio de C. Collodi
Les Malheurs de Sophie de la comtesse de Ségur
Anne... la Maison aux pignons verts de Lucy Maud Montgomery
L'Île au trésor de R. L. Stevenson
La Belle et la Bête de Mme Leprince de Beaumont
Les Aventures de Tom Sawyer de Mark Twain
Les Quatre Filles du Dr March de Louisa M. Alcott
Le Vent dans les saules de Kenneth Graham

*À vous de jouer! Lisez plusieurs œuvres mentionnées dans ce chapitre —
les plus souvent citées peut-être — et constituez votre propre palmarès.
Attention : plusieurs classiques sont offerts en versions abrégées ou
tarabiscotées. La Belle et la Bête de Disney ressemble bien peu au conte de Mme
Leprince de Beaumont. Les versions les plus fidèles portent la mention « texte
intégral »...*

VOTRE PALMARÈS PERSONNEL :

1._____

2._____

3._____

4._____

5._____

6._____

Pour en savoir plus

● *sur l'évolution de la littérature jeunesse au Québec :*

Lemieux, Louise. *Pleins feux sur la littérature de jeunesse au Canada français,* Montréal, éditions Leméac, 1972, 337 p.
Potvin, Claude. *La Littérature de jeunesse au Canada français,* Moncton, éditions CRP, 1972, 110 p.

● *au Canada anglais :*

Egoff, Sheila et Judith Saltman. *The New Republic of Childhood,* Toronto, éditions Oxford University Press, 1990, 378 p.

● *aux États-Unis :*

Lystad, Mary. *From Dr Mather to Dr Seuss, 200 Years of American Books for Children,* Cambridge, éditions Schenkman, 1980, 264 p.

● *en Europe :*

Ottevaere-van Praag, Ganna. *La Littérature pour la jeunesse en Europe occidentale (1750-1925),* Berne, éditions Peter Lang, 1987, 493 p.

● *et plus particulièrement en France :*

Caradec, François. *Histoire de la littérature enfantine en France,* Paris, éditions Albin Michel, 1977, 271 p.

Ponctuation

LETTRE SUR UN CLASSIQUE

Vous êtes éditeur de livres pour la jeunesse. Hier, vous avez reçu le manuscrit d'un des classiques énumérés plus haut (à vous de choisir). Lisez le manuscrit (l'œuvre en version intégrale fera l'affaire) avec votre regard d'éditeur d'aujourd'hui, qui désire plaire aux enfants d'aujourd'hui. Comment répondrez-vous à l'auteur? Accepterez-vous son manuscrit? Pourquoi? Quelles sont ses forces et ses faiblesses? Lui suggérerez-vous de retravailler son texte? Quelles modifications lui proposerez-vous? Pourquoi?

Voici la lettre que reçut récemment un certain M. Charles Perrault :

---

les Éditions Saperlipopette
37, rue Machinchouette

Cher Monsieur Perrault,

Votre recueil de contes a été lu très attentivement et avec grand intérêt par le comité de lecture des éditions Saperlipopette.

Malheureusement, nous ne pouvons pas retenir le manuscrit dans son état actuel. Vos contes méritent toutefois d'être retravaillés car vous possédez un indéniable talent pour captiver de jeunes esprits. Que d'aventures fabuleuses et de glorieuses péripéties! De plus, les intrigues sont toujours très habilement menées.

Il nous semble néanmoins que les personnages manquent un peu d'épaisseur psychologique et, surtout, que les rôles attribués aux hommes et aux femmes sont très stéréotypés. De plus, bien que la langue soit riche et précise, quelques tournures sont très précieuses et le sens de certains mots nous échappe. Qu'est-ce que ce « chaperon » dont vous affublez un de vos personnages? Enfin, et c'est sur ce point que le comité a manifesté le plus de réserves, ces contes nous semblent très violents pour de jeunes enfants. Ne croyez-vous pas que la télévision offre suffisamment d'images agressantes? Pensez à cette scène de *Barbe-Bleue* où la jeune mariée découvre « que le plancher était couvert de sang caillé, dans lequel se miraient les corps de plusieurs femmes mortes et attachées le long des murs... ».

À vrai dire, Monsieur Perrault, vos contes nous laissent bien perplexes; mais si ces quelques remarques ne vous ont pas trop fâché, soyez assuré que nous serions ravis de vous rencontrer pour discuter plus longuement des modifications – malheureusement nombreuses – à apporter au manuscrit avant d'envisager la publication de ce recueil.

Veuillez accepter, cher Monsieur Perrault, l'expression de nos sentiments distingués.

Aimée-Soleil Laurendeau-Lajoie
éditrice

Chapitre 3

DU POLAR À L'ÉPOUVANTE EN PASSANT PAR L'AMOUR... BIEN SÛR!

PETITS COCHONS

Qu'est-ce qu'un conte? Qu'est-ce qu'un genre littéraire? Comment la littérature jeunesse adapte-t-elle les genres littéraires traditionnels? Les romans policiers pour les jeunes sont-ils différents de ceux de la célèbre Série Noire pour adultes? Et les récits d'amour pour tout-petits ressemblent-ils à ceux qu'on destine aux adolescents? À quoi peut bien ressembler un récit d'épouvante pour enfants?

L'HISTOIRE DES TROIS PETITS COCHONS

Lisez attentivement le conte qui suit.
Quels indices nous suggèrent qu'il s'agit d'un conte?

Il était une fois trois petits cochons qui quittèrent leur maison pour aller chercher fortune par le monde. Le premier petit cochon rencontra un homme qui portait une botte de paille. Il lui dit :

— Monsieur, donnez-moi cette paille pour que je puisse me bâtir une maison.

L'homme lui donna la paille et le petit cochon se bâtit une maison avec.

À peine sa maison était-elle construite que le loup arriva. Il frappa à la porte et dit :

— Petit cochon, petit cochon, laisse-moi entrer.

Mais le petit cochon répondit :

— Non, non, par la barbiche de mon petit menton.

Alors le loup se fâcha et dit :

— Eh bien! je soufflerai, et je gronderai, et j'écraserai ta maison.

De sorte qu'il souffla et qu'il gronda, et il écrasa la maison, et mangea le premier petit cochon.

Le deuxième petit cochon rencontra un homme qui portait du bois.

— Monsieur, donnez-moi ce bois pour que je puisse me bâtir une maison.

L'homme lui donna le bois et le petit cochon se bâtit une maison avec.

À peine sa maison était-elle construite que le loup arriva. Il frappa à la porte et dit :

— Petit cochon, petit cochon, laisse-moi entrer.

Mais le petit cochon répondit :

— Non, non, par la barbiche de mon petit menton.

Alors le loup se fâcha et dit :

— Eh bien! je soufflerai, et je gronderai, et j'écraserai ta maison.

De sorte qu'il souffla et qu'il gronda, et il écrasa la maison, et mangea le deuxième petit cochon.

Le troisième petit cochon rencontra un homme qui tirait un gros chargement de briques.

— Monsieur, donnez-moi ces briques pour que je puisse me bâtir une maison.

L'homme lui donna les briques et le petit cochon se bâtit une maison bien solide.

À peine sa maison était-elle construite que le loup arriva. Il frappa à la porte et dit :

— Petit cochon, petit cochon, laisse-moi entrer.

Mais le petit cochon répondit :

— Non, non, par la barbiche de mon petit menton.

Alors le loup se fâcha et dit :

— Eh bien! je soufflerai, et je gronderai, et j'écraserai ta maison.

Alors le loup souffla, et gronda et souffla et gronda encore mais la maison ne bougea pas.

Le loup très en colère décida de monter sur le toit pour descendre par la cheminée et dévorer le troisième petit cochon. Mais le petit cochon était futé. Il installa une grande marmite d'eau sur le feu de sorte qu'en tombant, le loup atterrit directement dedans. Le petit cochon s'empressa de refermer le couvercle et ce soir-là, au souper, il mangea un délicieux ragoût au loup.

L'Histoire des trois petits cochons est un conte dont on ne connaît pas l'auteur. Le récit a été transmis oralement de génération en génération pendant plusieurs siècles. Les premières versions imprimées ont paru au début du dix-neuvième siècle. Le conte est un genre littéraire assez ancien. Les genres sont des catégories à l'intérieur desquelles les récits participent d'une même tradition. Les récits d'un même genre littéraire partagent ainsi un certain nombre d'ingrédients de base. À chaque genre sa recette! La recette du récit historique est différente de celle du récit fantastique. Malheureusement, en littérature, il ne suffit pas de connaître la recette pour réussir à produire l'œuvre. Toutefois, ces recettes littéraires nous aident à comprendre, à choisir, classer, analyser et décrire les livres.

EXPLORATION DE LA DIVERSITÉ DES GENRES

En lisant *L'Histoire des trois petits cochons*, avez-vous reconnu quelques ingrédients propres au conte? Les contes débutent souvent par « Il était une fois » ou une formule semblable. Ces mots sont importants puisqu'ils nous situent immédiatement dans un ailleurs merveilleux. Le « Il était une fois » annonce au lecteur qu'il faut en quelque sorte changer de planète, quitter la réalité pour pénétrer dans un autre monde où tout est possible : les loups et les cochons parlent, les citrouilles se transforment en carosses et les baisers sont enchantés... Les enfants eux-mêmes ne sont pas dupes : après avoir entendu « Il était une fois », ils ne se demandent pas en quelle année Cendrillon est née. D'autres formules parsèment ces récits : « Non, non, par la barbiche de mon petit menton » ou « Tire la bobinette et la chevillette cherra ».

La plupart des contes sont des œuvres brèves avec beaucoup d'action, peu de descriptions et peu de longues réflexions. Le récit présente souvent des constructions régulières et des éléments répétitifs. *L'Histoire des trois petits cochons* est un bon exemple. Le récit se divise en trois séquences qui mettent en scène chacun des cochons. Ces séquences se ressemblent beaucoup même si l'on passe d'un matériau de construction et d'un petit cochon à un autre. Le fait qu'il y ait trois petits cochons et autant de séquences n'est pas étonnant. Les conteurs adoptent certains chiffres « magiques » : le trois et le sept surtout. Pensez aux sept nains de Blanche-Neige, aux sept petits biquets, aux trois robes de Peau d'Âne, aux trois souhaits du pêcheur... D'autres ingrédients caractérisent le conte et tous les contes ne débutent pas par une formule comme « Il était une fois », mais, pour être identifié à un genre, le récit doit nous donner un minimum d'indices.

Même si tous les récits policiers ne sont pas identiques, il y a normalement un coupable, qu'il soit réel ou présumé, connu ou inconnu. De même, le récit sentimental commande un sentiment amoureux, qu'il soit partagé ou non. Les ingrédients d'un genre fonctionnent aussi comme des pistes de lecture permettant au lecteur d'anticiper le récit. À la suite d'un passage qui décrit une rencontre électrisante, l'imagination du lecteur vagabonde. Les personnages se reverront-ils? S'aimeront-ils?

Les genres littéraires informent le lecteur avant même que débute l'activité de lecture. La mention « épouvante » sur la couverture d'un livre étiquette l'œuvre; elle éloigne certains lecteurs et en attire d'autres. Les genres servent de langage pour mieux cerner et décrire une expérience de lecture et ils créent des attentes. Ainsi, le lecteur d'un récit fantastique sera déçu si on ne lui offre rien d'étrange. Toutefois, de nombreux récits appartiennent à des genres hybrides et se laissent difficilement enfermer dans une catégorie bien définie. À quel genre appartient *La Vraie Histoire du chien de Clara Vic* (de Christiane Duchesne, éditions Québec/Amérique, 1990)? Lisez-le juste pour voir...

L'essor de la littérature jeunesse a entraîné une diversification et un éclatement des genres. *Ciel d'Afrique et pattes de gazelle* (de Robert Soulières, éditions Pierre Tisseyre, 1989) est tout à la fois un roman d'amour et d'humour, un récit d'aventures et un livre dont vous êtes le héros... Quant au roman *Flash sur un destin* (éditions Pierre Tisseyre, 1990) écrit par une classe de cinquième secondaire avec l'aide de l'écrivaine Marie-Andrée Clermont, c'est un roman d'amour mais à fins multiples. Il ne s'agit pas, pour le lecteur, d'identifier le bon parcours narratif, comme dans les livres dont vous êtes le héros, mais bien de choisir celui qu'il préfère.

Les livres dont vous êtes le héros représentent un genre nouveau. La recette de base est assez simple mais, à partir de ces quelques ingrédients, on peut concocter des récits très différents. Imaginez un gâteau au chocolat. Il faut normalement de la farine, de la levure, du sucre, du beurre et du cacao. Mais on peut ajouter des fraises, de la crème sure, des noix, des blancs d'œuf en neige... Les livres dont vous êtes le héros sont découpés en courts paragraphes numérotés à la fin desquels le lecteur doit faire un choix. Préfère-t-il : affronter un monstre à dix-huit têtes? se sauver dans une grotte? ou faire hara-kiri? Selon son choix, il lira ensuite le paragraphe 122, 19 ou 37...

Un autre genre semble vouloir prendre racine en littérature jeunesse : le conte réinventé. Il ne s'agit pas de simples variantes d'un même conte. On sait, par exemple, qu'il existe quelque 2 000 versions de Cendrillon. Chaque époque, chaque pays, chaque culture revoit les contes traditionnels à sa façon : des séquences sont modifiées, des attributs sont ajoutés aux personnages ou, encore, la morale est corrigée. Dans certaines versions de *L'Histoire des trois petits cochons*, les deux premiers cochons vont se réfugier chez le troisième au lieu de se faire dévorer par le loup, ce qui rend le conte moins effrayant. Mais que les cochons meurent ou pas, la morale est la même : les paresseux sont punis et les travailleurs persévérants récompensés. Dans une version plus longue de cette histoire, la morale est complètement changée. Incapable de souffler la maison du troisième petit cochon, le loup lui tend des pièges, mais le petit cochon, espiègle, menteur et futé, se joue du loup. À la toute fin, le loup échoue dans la marmite du petit cochon. Ici, la morale de l'histoire est beaucoup plus complice de l'enfance (espiègleries, tours et jeux) que de l'âge adulte (travail et persévérance). Ces différentes versions de *L'Histoire des trois petits cochons* ne sont pourtant pas des contes réinventés. Le conte réinventé va plus loin. Il chamboule tout.

Le Prince Gringalet (de Babette Cole, éditions du Seuil, 1987) est un conte réinventé. C'est l'histoire de Cendrillon... garçon. Babette Cole a conservé suffisamment d'éléments de la trame narrative du conte *Cendrillon* pour qu'on le reconnaisse, mais elle a fait de Cendrillon un pauvre Gringalet exploité par ses frères. Pendant que ces derniers vont danser avec leurs copines, le pauvre Gringalet reste à la maison pour nettoyer leurs dégâts. Gringalet recevra l'aide d'une fée et il rencontrera une jolie princesse peu avant minuit. En courant, il perdra non pas une pantoufle de verre mais son pantalon, et la jolie princesse parcourra le royaume à la recherche de l'homme à qui le vêtement va comme un gant.

La recette du conte réinventé est assez simple. Les personnages d'un conte traditionnel sont transposés dans un contexte moderne (Gringalet prend l'autobus, il ne va pas au bal mais à la discothèque, etc.) et ils sont parodiés (Gringalet est « petit, boutonneux, chétif et miteux »). De grandes doses d'humour sont injectées et les valeurs prônées par le conte traditionnel sont souvent revues et corrigées. Ainsi, dans *Le Prince Gringalet*, les stéréotypes sexistes volent en éclats du fait que les rôles sont inversés.

Pour rire un bon coup, on peut lire aussi *Le Nouvel Habit du directeur* (Stephanie Calmenson, éditions Scholastic, 1991). H. C. Andersen serait fort surpris d'y reconnaître l'histoire racontée dans *Les Habits neufs de l'empereur*. Mais au lieu d'un empereur orgueilleux qui se fait berner par des escrocs déguisés en tailleurs, son personnage principal est un directeur d'école primaire. Comme l'empereur de l'histoire, le directeur doit porter un habit taillé dans un tissu invisible aux yeux des idiots. Dans *Le Nouvel Habit du directeur*, ce n'est pas un des plus jeunes sujets du royaume mais une fillette de maternelle qui s'écriera : « Le directeur est en caleçon! » Connaissez-vous *Le Monstre poilu* (de Henriette Bichonnier, éditions Gallimard, 1986)? Quel conte traditionnel l'auteure a-t-elle réinventé? Et qu'a-t-elle changé pour y arriver?

L'ADAPTATION DES GENRES

Les livres dont vous êtes le héros ont été conçus pour les jeunes lecteurs, mais la plupart des genres littéraires ont été longtemps réservés aux adultes. Depuis qu'albums et romans pour les jeunes proposent de l'épouvante comme de l'aventure, du policier comme du fantastique ou de la science-fiction, comment la littérature jeunesse adapte-t-elle les différents genres littéraires? Les ingrédients de base sont-ils les mêmes? Les récits sont-ils plus simples? moins violents?

Les genres littéraires réunissent des livres représentant certaines analogies non seulement de contenu (un méfait et un coupable dans le récit policier, un être aimé et un rival dans le récit sentimental, etc.) mais aussi d'effets. Le roman policier de détection force le lecteur à réfléchir, le récit d'épouvante tente d'émouvoir le lecteur, le récit d'aventures lui donne l'impression d'être très actif... L'adaptation des différents genres littéraires en littérature jeunesse procède d'un certain jugement des adultes sur la psychologie des enfants. Quelle intensité d'émotion convient à un enfant de cinq ans? Quel degré de complexité peut atteindre une intrigue policière destinée aux lecteurs de douze ans?

En littérature jeunesse, l'âge du lecteur cible est important. Un récit policier pour enfants sera différent d'un polar pour adolescents. Plus le lecteur est jeune, plus le genre doit être adapté. L'album policier *Qui est le coupable?* (de Caroline

Browne, éditions Gallimard, 1986) s'adresse aux enfants à partir de quatre ans. Dans la plus pure tradition des récits policiers, on y retrouve : un méfait (vol de bijou), deux détectives privés futés et un policier incompétent, une enquête, de fausses pistes, des suspects et, finalement, un coupable pris la main dans le sac. Tous les ingrédients de base d'un récit policier de détection semblent réunis et, pourtant, le récit est bel et bien adapté aux tout-petits.

Dans *Qui est le coupable?*, les enquêteurs sont deux jeunes souris, Tilly et Tom, habitant à Pigeonvole, un village peuplé d'animaux parlants. Le récit est court — une trentaine de pages abondamment illustrées — et l'identité du coupable assez prévisible : un vilain rat gris. Mais, surtout, les indices offerts aux lecteurs sont enfouis dans l'image. Pour participer à l'enquête en compagnie des héros, le petit lecteur d'images de quatre ou cinq ans doit fouiller l'appartement des quatre suspects. En scrutant bien les images, il découvrira que M. Rat a menti...

M. Rat a volé des bijoux, mais aurait-il pu être un assassin? Difficilement, puisque le récit s'adressait aux tout-petits. Dans *Les Doigts rouges* (de Marc Villard, éditions Syros, 1987), un récit policier pour les lecteurs d'environ sept à dix ans, Ricky, huit ans, soupçonne son frère Georges d'avoir tué Bruno, un copain. La preuve est accablante. Quelques jours avant la disparition de Bruno, Georges avait menacé son ami : « Si tu touches encore une fois à Sophie, je te tue. » Pendant la nuit, Ricky voit son frère sortir d'un hangar. Ses doigts sont rouges! De nouveaux éléments de preuve s'accumulent, jusqu'au jour où Georges offre à Ricky pour son anniversaire un vélo d'occasion repeint en rouge. La preuve est démolie au grand soulagement de Ricky, qui n'avait pas du tout envie de dénoncer son frère aux policiers. Avec ce dénouement qui désamorce la tension, l'auteur tente d'adapter le genre à des jeunes de sept à dix ans. Les scènes de violence sont plus facilement admises dans les romans policiers pour adolescents.

Les Doigts rouges est un des premiers titres parus dans la collection Souris Noire aux éditions Syros. On peut lire en quatrième de couverture : « Avec la " Souris Noire ", les meilleurs auteurs de polars s'attaquent aux enfants. Et ce n'est que justice : pourquoi les parents seraient-ils les seuls à avoir le droit de frémir aux histoires noires? » Le directeur de collection a demandé à des auteurs bien connus pour leurs romans policiers macabres et sanglants d'écrire pour les enfants. Tous ont été d'accord pour distribuer des frissons mais à condition que cela finisse bien.

La littérature jeunesse a été inventée non seulement pour

mieux tenir compte des fantasmes des enfants et de leur degré d'apprentissage mais aussi pour leur cacher certaines réalités. C'est un peu parce que les adultes ne veulent pas tout dire aux enfants qu'ils leur réservent certains livres. Cette règle tacite se traduira par une certaine pudeur dans le roman d'amour ou une peinture du futur dans laquelle perce au moins un peu d'espoir en science-fiction. Mais comment faire avec l'épouvante?

À ses débuts, la littérature jeunesse n'admettait pas facilement les récits d'horreur ou d'épouvante. Les contes traditionnels étaient parfois assez cruels — dans certaines versions de Blanche-Neige, la méchante belle-mère est condamnée à danser avec des escarpins de fer rougis au feu jusqu'à ce que mort s'ensuive — mais ces récits n'avaient pas été inventés pour les enfants. Il y a quelques siècles, les contes s'adressaient au peuple, vieillards et enfants confondus. Les premiers livres écrits spécifiquement à l'intention des enfants émanaient d'une définition assez stricte de ce que les adultes considéraient comme acceptable comme lectures enfantines. Le contenu de ces livres pour enfants correspondait parfois bien peu aux goûts réels des petits lecteurs. La distance entre les désirs des jeunes et ce qu'on leur offre a été réduite dans le corpus littéraire contemporain où les récits d'épouvante sont admis. L'adaptation d'un genre comme tient alors à une question de sensibilité — adultes et enfants n'ont pas peur des mêmes univers et des mêmes personnages — mais on constate aussi que plus le récit s'adresse à de jeunes lecteurs, plus l'auteur tentera de désamorcer la peur à la fin du récit et d'introduire un dénouement heureux.

La Main de la sorcière (de Peter Utton, éditions L'école des loisirs, 1989) est un album d'épouvante très efficace auprès des tout-petits. George trouve une main de sorcière dans le bureau de son père. D'où vient-elle? Son père lui raconte qu'une nuit une sorcière a tenté de s'emparer de George et de son frère pour les dévorer. Le père est arrivé juste à temps et il s'est jeté sur la sorcière, mais celle-ci a brandi un poignard de vipères. Le père allait mourir lorsque sa femme a volé à son secours. D'un coup de couteau de cuisine, elle a tranché la main de la sorcière, qui est morte peu après. Les illustrations sont aussi terrifiantes que le texte mais, à la dernière page, le père admet avoir inventé l'histoire. Et la main de sorcière dans le bureau? Une feuille séchée...

Les adolescents, encore une fois, sont moins protégés. Dans *Terminus cauchemar* (de Denis Côté, éditions La courte échelle, 1991), un des premiers romans québécois d'épouvante pour les jeunes, l'héroïne est prise en auto-stop par un être diabolique qui fait des expériences atroces sur les humains et les animaux. Plus le lecteur avance dans le roman, plus l'histoire ressemble à un cauchemar épouvantable, mais à la fin du récit la tension n'est pas désamorcée. L'héroïne réussit à s'enfuir, échappant ainsi à l'être immonde, mais elle ne s'éveille pas d'un cauchemar à la dernière page. L'aventure lui est bel et bien arrivée.

Les romans d'amour de type Harlequin semblent tous écrits à partir des mêmes ingrédients. Un essai, *La Corrida de l'amour*, donne la recette de ces romans d'amour en série. On y apprend, par exemple, que le scénario en cinq temps est toujours le même : les futurs amoureux se rencontrent, se disputent, se laissent séduire, révèlent leur amour et, finalement, s'unissent. Les romans sériels ont tendance à être uniformes à l'intérieur d'un genre. Non seulement l'histoire est-elle identique d'un roman à l'autre mais souvent, à quelques différences près, les personnages remplissent les mêmes rôles et les mêmes fonctions, bien que leur corps romanesque soit différent.

Il existe des romans d'amour en série du genre Harlequin pour adolescents et préadolescents. Un exercice amusant consiste à comparer les romans d'amour sériels pour jeunes lecteurs à ceux qui sont destinés aux adultes. Sont-ils plus pudiques? plus moralisateurs? moins fleur bleue? Le dénouement est-il différent? Tous les romans d'amour ne font pas partie d'une collection de type Harlequin, mais les ingrédients de la recette Harlequin sont fort utiles pour comparer, par exemple, des romans d'amour pour la jeunesse d'auteurs différents. En lisant quelques romans publiés à la même époque, on peut dégager certaines tendances autour d'un ingrédient. Le motif de la rencontre, un des éléments du scénario type des romans Harlequin, est repris dans la plupart des romans d'amour pour la jeunesse. Prenons quelques romans d'amour ayant connu un certain succès auprès des préadolescents à la même époque : *Arthur et les Filles, La Dompteuse de rêves, Les Vacances de Rosalie* et *Alexis en vacances forcées.* Que remarque-t-on de commun dans les différents passages cités plus bas?

Dans *Arthur et les Filles* (de Malika Ferdjoukh, éditions Syros, 1989), Arthur tombe amoureux de la nouvelle monitrice de son pensionnat :

> « Tout à coup, il y eut comme un vent frais dans la salle d'étude. Une odeur de jasmin, de rose, enfin, de fleurs fraîches. [...]
> On a tous dirigé nos yeux vers Solange. C'est elle qui sentait bon. Elle souriait. Elle avait les cheveux blonds. [...]
> Ses yeux étaients bleus, ses dents aussi blanches que du

sucre. [...]

Marc est parti avec Solange. Le parfum est resté. [...]

— Elle est belle, non? Hein Arthur? Elle est pas belle?

Je hochai la tête.

— Si, dis-je. Si, elle est belle... »

Dans *La Dompteuse de rêves* (de Lucie Papineau, éditions Boréal, 1991), Marcelle Nadeau a le coup de foudre pour un musicien lors d'un spectacle de musique folklorique :

« [...] je viens de voir le plus beau gars que j'aie jamais vu de ma vie. Enfin ce n'est pas vraiment un garçon, c'est plutôt un monsieur. Pas un monsieur avec une cravate et des cheveux qui manquent. Non. Un homme. Un homme comme on en voit dans les vidéoclips à la télé. [...] Il a les cheveux longs, comme un vrai chanteur dans un groupe. Et puis il a la peau dorée et les yeux en amande et les dents blanches, blanches. On dirait que sa mère a suivi exactement la recette pour créer le plus beau gars du monde. »

En vacances en Floride, Rosalie Dansereau (*Les Vacances de Rosalie*, de Ginette Anfousse, éditions La courte échelle, 1990) oublie son amoureux à Montréal et se laissse séduire par un Américain :

« [...] Mon cœur a bondi dans ma gorge. Puis dans mes orteils. Puis dans mes oreilles.

Le fils du gérant d'Ocean View était si blond! Si bronzé! Et il avait les yeux beaucoup, beaucoup plus bleus que la mer bleue. J'ai bafouillé en lorgnant ma paire de souliers de course :

— I speak English just a little bit... Je m'appelle Rosalie Dansereau and I come from Quebec.

Terry a souri. Puis il a dit :

— Oh! Great! I love Quebec et... LES FRANÇAISES!

Le cœur m'a refait le coup des orteils et des oreilles. J'ai dû rougir comme une imbécile. »

Le héros d'*Alexis en vacances forcées* (de Yvon Brochu, éditions Pierre Tisseyre, 1990) rencontre une Américaine dans une fromagerie de village alors même qu'il allait envoyer une carte postale à Julie, son amoureuse :

« Madonna s'adresse à moi. Enfin : une jeune Madonna. Très jeune même. De mon âge à peu près. Déjà que je suis timide avec les filles, là, avec une Anglaise, tu t'imagines mon embarras. J'ai peine à la regarder dans les yeux.

— You are Alexisssss?

ALORS LÀ!!!

[...] Madonna plaque droit devant mes yeux la carte postale que j'avais écrite pour Julie.

Instinctivement, d'un geste brusque, je récupère la carte que j'avais dû échapper.

— Tou es... pas fâché... Alexisss?

Je reste bouche bée. Elle, elle, elle parle français. Comme, comme, comme la belle Jane Birkin dans le film *La moutarde me monte au nez* que j'ai loué la semaine dernière.

— Moi... je... appelle Jane, ajoute-t-elle.

Moi... je appelle ma mère à mon secours! dans ma tête bien sûr. »

Dans chacun de ces extraits, le héros est subjugué par l'Autre. Que ce dernier soit décrit en termes dithyrambiques ou pas, la réaction du héros ne laisse aucun doute sur les pouvoirs de séduction de l'Autre. Cet être qui sème tant d'émois chez le héros est aussi quelqu'un de différent et, d'une certaine façon, d'inaccessible : il est plus âgé ou il vient d'un autre pays. Or, dans chacun de ces romans, le récit se termine par une rupture plutôt que par une union. Ces romans semblent vouloir dire aux jeunes que c'est normal d'aimer quelqu'un de plus âgé ou de différent mais qu'il vaut mieux s'en tenir à des relations moins extravagantes. Arthur découvrira que Solange aime déjà un autre moniteur et il se consolera avec une fille de son âge. Marcelle Nadeau devra renoncer à son beau musicien et se contenter de Yannick, un vieux copain. Quant à Rosalie et à Alexis, ils seront déçus par leur flamme américaine et retourneront à leur amoureux québécois.

Coïncidences? Peut-être pas... Ces correspondances, d'un roman à l'autre, traduisent peut-être des valeurs, une vision du monde, que les adultes d'une même génération tentent de communiquer aux jeunes par le biais des livres qui leur sont destinés.

Certains genres littéraires trouvent un écho particulièrement retentissant auprès de groupes d'âge définis. Le récit fantastique colle bien aux tout-petits et la science-fiction aux adolescents, par exemple. Pourquoi? Le fantastique est défini par une hésitation. Un événement étrange se produit. Le héros aperçoit un monstre ou un fantôme. Rêve-t-il? Est-il en proie à des hallucinations? Ou le fantôme se trouve-t-il bel et bien dans sa chambre? Tant que le lecteur hésite, on peut parler de récit fantastique. Les enfants de cinq ou six ans sont fascinés par cette frontière entre le réel et l'imaginaire — c'est l'âge où on se demande, le plus sérieusement du monde, si le Père Noël existe ou pas — et les récits fantastiques leur font vivre des émotions intenses. Quant aux adolescents, ils sont attirés par le futur et ils posent un regard critique sur la société dans laquelle ils tentent de se tailler une place. Or, les récits de science-fiction proposent justement une projection dans le futur qui suppose un regard critique sur l'évolution de notre société actuelle. Le fantastique ne doit pas être réservé aux tout-petits et la science-fiction aux adolescents, mais on ne saurait s'étonner de voir chacun de ces genres particulièrement populaire auprès de certains lecteurs.

Des genres comme le roman d'aventures ont toujours appartenu à la littérature jeunesse. L'aventure se double parfois d'une enquête, comme c'est le cas dans la célèbre série du Club des cinq de l'auteure britannique Enid Blyton. Amorcée en 1942, cette série (21 titres) est encore très populaire : un million d'exemplaires sont vendus en France annuellement. En dix ans, Hachette a vendu quelque 50 millions de livres de Blyton dans sa Bibliothèque Rose et, au palmarès des traductions, Blyton arrive juste après Simenon, avant Dostoïevski. Une recette en or? Sûrement. Mais difficile à copier, si on en juge par le fait que peu d'auteurs ont eu autant de succès avec une série pour enfants.

À quoi ressemblerait un roman d'aventures à la mode de Blyton dans le contexte du Québec contemporain? Peut-être à *La Patte dans le sac* et aux autres titres de la série Notdog que signe Sylvie Desrosiers aux éditions La courte échelle. Comme dans la série du Club des cinq, les romans de Sylvie Desrosiers mettent en scène un groupe de jeunes détectives et un chien. Dans chaque titre un mystère leur tombe sur la tête et ils réussissent à l'élucider avant la fin. Les personnages sont très typés et ils ne vieillissent pas. Les jeunes lecteurs de romans sériels sont heureux de retrouver leurs héros inchangés. De même, un des plaisirs de la lecture tient à la ressemblance des intrigues d'un titre à l'autre. Les jeunes savent qu'il y aura une enquête à mener et ils seraient bien déçus qu'il n'en soit plus ainsi.

Malgré les parentés avec Blyton, les romans de Sylvie Desrosiers sont bien contemporains. En comparant quelques titres des deux séries, on obtient des informations intéressantes sur l'évolution de la littérature jeunesse. Ainsi, les personnages féminins sont beaucoup plus actifs chez Desrosiers. Les héros de Blyton appartenaient à une classe sociale privilégiée — grands domaines, domestiques, etc. — alors que ceux de Desrosiers ressemblent aux enfants d'un peu tout le monde. Le ton, l'humour, les dialogues sont aussi différents et reflètent bien chaque époque. Les aventures et les personnages se ressemblent, mais l'écriture a beaucoup changé d'une série à l'autre. *Le Club des cinq*, un des premiers titres de Blyton, débute ainsi :

> « La fin de l'année approchait, et les élèves de la pension Clairbois attendaient les vacances de Noël avec impatience.
> Un matin, en arrivant au réfectoire pour le petit déjeuner, Annie trouva une enveloppe posée sur son assiette.
> " Tiens, une lettre de papa! " fit-elle avec étonnement, et, se tournant vers sa cousine Claude qui venait de s'asseoir auprès d'elle, elle ajouta : " C'est drôle, j'en avais déjà une hier... Que se passe-t-il donc à la maison? " »

Qui a peur des fantômes?, un des premiers titres de la série Notdog, débute ainsi :

> « " Un autre 'tit coup Labrosse? Hum? Un autre? Bon, O.K., mais c'est le dernier, là..." se dit le père Labrosse.
> Tout seul avec son gallon d'alcool de patates, il boit en se faisant la conversation. Admirant la vieille église en ruine qu'il vient d'acheter, il dit tout haut :
> — La sainte paix! »

Qui a peur des fantômes? a paru en 1988, plus de 40 ans après *Le Club des cinq (Five go adventuring again)*. Peu de lecteurs auraient hésité s'ils avaient eu à deviner lequel de ces deux extraits a paru en premier. Pourquoi?

Capsules

● *Saviez-vous que le personnage de l'ogre est apparu dans les contes traditionnels à une époque où la famine faisait des ravages? Les gens étaient obsédés par la nourriture. Vous souvenez-vous du repas de l'ogre dans le* Petit Poucet? *Un veau, deux moutons et la moitié d'un cochon!*

● *Saviez-vous que le pape Jean-Paul I*er *était un admirateur de* Pinocchio? *Il a même écrit une lettre au pantin dans laquelle il racontait : « J'étais tout à fait comme toi lorsque j'étais un petit garçon. » Un pape espiègle et désobéissant?*

● *Dans un article aussi savant qu'intéressant (« The Notion of Childhood and the Child as Implied Reader [Test Case : "Little Red Riding Hood "] »,* Journal of Research and Development in Education, *volume 16, n° 3, 1983, p. 60-67), Zohar Shavit a démontré comment les versions successives du* Petit Chaperon rouge, *de Perrault à Grimm jusqu'aux conteurs du vingtième siècle, illustrent des conceptions diverses de l'enfance et ce, jusque dans le contenu du panier de l'héroïne. Ainsi, la galette et le petit pot de beurre de Perrault seront remplacés par du pain et du miel dans une version récente, ce qui, selon Shavit, refléterait de nouvelles normes diététiques.*

● *Enid Blyton était bien résolue à échapper aux tâches ménagères. Saviez-vous qu'elle écrivait en moyenne une trentaine de livres par année — jusqu'à 37 en 1951 — et qu'elle utilisait les redevances pour payer son chauffeur, son cuisinier, son jardinier et sa bonne d'enfants? Elle a eu deux filles... et autant de maris, ce qui, à l'époque, était plutôt rare.*

Pour en savoir plus

● *sur les livres dont vous êtes le héros :*

Sagot, Gildas. *Jeux de rôle : tout savoir sur les jeux et les livres dont vous êtes le héros,* Paris, éditions Gallimard, 1986, 161 p.

● *sur l'enfant et la littérature fantastique :*

Held, Jacqueline. *L'Imaginaire au pouvoir : les enfants et la littérature fantastique,* Paris, Les éditions ouvrières, 1977, 245 p., coll. Enfance heureuse.

● *sur la recette des romans Harlequin :*

Bettinotti, Julia. *La Corrida de l'amour,* Montréal, éditions XYZ, 1990, 151 p.

● *sur la recette Blyton :*

Mathieu-Colas, Marie-Pierre et Michel. *Le Dossier Club des Cinq,* Paris, éditions Magnard/L'École, 1983, coll. Lecture en liberté.

Ponctuation

LA RÉINVENTION DES PETITS COCHONS

Et si on réinventait *L'Histoire des trois petits cochons*? Essayez, juste pour voir, en suivant cette recette très simple :

conte traditionnel + contexte moderne + humour.

Désirez-vous aussi changer la fin? proposer une morale ou des valeurs nouvelles? parodier un peu la version traditionnelle en inversant certains éléments?

*Voici ce que pourrait donner
le nouveau début de cette histoire :*

L'HISTOIRE DES TROIS PETITES CREVETTES

Il était une fois trois petites crevettes, la grise, la rose et la jaspée. Pleines d'audace, elles profitaient des marées pour explorer de nouveaux bassins dans les rochers de leur club Med préféré. La grise aboutit dans un bassin recouvert de fines algues vertes. « Quelle belle couleur! Ce vert profond fait ressortir mon teint délicat... »

*Vous pouvez continuer cette histoire en respectant la structure
du conte des* Trois petits cochons. *Ou, si vous le préférez,
inventez à votre tour vos variations sur ce même thème.*

Amusez-vous bien...

Chapitre 4

LA RENAISSANCE DE
LA LITTÉRATURE JEUNESSE

À CHACUN SON COUP DE CŒUR

Dans un ouvrage publié en 1972 et intitulé *Pleins feux sur la littérature de jeunesse au Canada français*, Louise Lemieux brossait un vaste tableau de l'évolution de la littérature jeunesse depuis 1923. De 1960 à 1971, la production annuelle de livres était passée de 49 à 7! L'heure n'était donc pas aux réjouissances. À la fin de son chapitre sur l'édition pour la jeunesse au Canada français, Louise Lemieux écrivait :

> « De quoi demain sera-t-il fait? L'édition de la littérature de jeunesse canadienne-française va-t-elle cesser d'exister? Les projets en voie de réalisation, en dépit de leur petit nombre, laissent plutôt augurer d'une littérature de jeunesse " qui se fait " que d'une littérature de jeunesse qui disparaît.[1] »

Louise Lemieux avait raison. Menacée de disparition au début des années soixante-dix, la littérature québécoise pour la jeunesse a réussi à renaître véritablement de ses cendres. La fin du siècle est caractérisée par une production abondante et diversifiée, au Québec comme ailleurs dans le monde. Rappelons-le : quelque 4 000

---

1. Louise Lemieux. *Pleins feux sur la littérature de jeunesse au Canada français*, Montréal, éditions Leméac, 1972, p. 105.

titres pour la jeunesse sont publiés annuellement en langue française. En 1991, la maison Hachette a publié quelque 400 titres pendant que les éditions Gallimard Jeunesse et L'école des loisirs en publiaient 250. Près de 1 000 titres en un an pour ces trois éditeurs[2]! La même année, les éditeurs québécois proposaient 41 différentes collections de romans aux jeunes de sept ans et plus[3].

À l'aube de l'an 2000, on peut véritablement affirmer qu'il existe des livres pour tous. Chaque enfant, chaque adolescent, quels que soient ses goûts, ses intérêts et ses habiletés de lecture, devrait pouvoir trouver son livre coup de cœur. Un livre qui lui fera découvrir le plaisir d'une amitié avec un personnage de papier. Un livre qui lui fera découvrir le bonheur de voyager sur les ailes des mots, de rêver, pleurer, rire, frémir, grâce à ces simples petits signes éparpillés sur les pages d'un livre.

Avez-vous trouvé *votre* livre coup de cœur? Oui? Bravo! Non? Alors il faut explorer d'autres sentiers. Être audacieux. Diversifiez vos promenades littéraires. Baladez-vous de la science-fiction au récit psychologique, du merveilleux au fantastique. Avez-vous pensé aux classiques? Jules Verne? Mark Twain? N'oubliez pas le polar, le roman d'aventures ou d'amour... Pourquoi ne pas demander quelques suggestions à votre bibliothécaire ou à votre libraire? Consultez les palmarès de Communication-Jeunesse, lisez les recensions dans les revues spécialisées et les journaux du week-end...

Peut-être êtes-vous — ou deviendrez-vous — un intermédiaire dans le champ des livres pour la jeunesse? Les enseignants, les bibliothécaires, les libraires, les éducateurs en garderie, les parents aussi, jouent ce rôle. Avec 4 000 titres par année, la littérature jeunesse représente une véritable jungle. Si vous éprouvez des difficultés à trouver vos coups de cœur, pensez que plusieurs enfants et adolescents peuvent se sentir véritablement perdus dans cette brousse de papier. Il n'est pas nécessaire de tout lire et de tout savoir pour s'y retrouver. Mais il est utile de connaître l'état des lieux — portrait de l'édition et tendances actuelles — et de posséder de bons outils de référence.

---

2. Ces statistiques sont tirées de *Livres Hebdo*, n° 47, 20 novembre 1992, p. 37.
3. *Lurelu*, volume 15, n° 12, automne 1992, p. 36-37.

TENDANCES ACTUELLES

UNE LITTÉRATURE ÉCLATÉE

Au cours des années quatre-vingt, des illustrateurs québécois comme Michèle Lemieux, Stéphane Poulin, Marie-Louise Gay et bien d'autres ont franchi plusieurs frontières. Ils sont maintenant publiés en France, au Japon, en Allemagne, aux États-Unis, en Angleterre... Des œuvres d'écrivains québécois pour la jeunesse sont traduites dans une bonne dizaine de langues. Des concepts nouveaux tels les livres-jeux et les « bébés-livres » ont obtenu un grand succès en plus de recevoir les plus hautes distinctions littéraires. L'approche du livre a été repensée : palmarès, heures du conte, clubs de lecture, rencontres avec des auteurs et des illustrateurs, activités d'animation dans les écoles, les bibliothèques, les salons, les foires...

Depuis la fin des années soixante, dans la plupart des pays occidentaux, un vent fou souffle sur le petit monde jadis sage et bien compartimenté de la littérature jeunesse. Tout est permis... ou presque. La production éditoriale semble obéir à une volonté de séduire en étonnant. Le format même des livres témoigne de ce parti pris pour l'originalité. Il existe des livres minuscules — de 6 centimètres sur 8 centimètres, la taille d'un biscuit! — et des livres géants de 60 centimètres de haut. Des illustrateurs comme Claude Ponti *(L'Album d'Adèle)* s'amusent à éparpiller leurs personnages sur des pages deux fois plus larges que hautes.

Les livres animés sont de plus en plus sophistiqués. On y trouve, en plus des traditionnelles animations avec languettes et tirettes, des personnages qui bondissent des pages sans crier gare, comme dans l'album *Petits monstres* de Jan Pienkowski. Dans *Mimi va dormir*, de Lucy Cousins, les enfants lecteurs aident la souris Mimi à se laver les mains en faisant couler l'eau du robinet et ils lui brossent les dents. Aux éditions Albin Michel Jeunesse, *Ma maison de poupée* propose, à chaque double page, un véritable décor en trois dimensions : les portes s'ouvrent et des candélabres pendent du plafond.

Un nouveau concept, le livre-jeu, lancé par les éditions La courte échelle au cours des années quatre-vingt et repris par plusieurs éditeurs, a contribué à mieux faire connaître la production jeunesse québécoise sur le marché international. La plupart de ces livres-jeux sont présentés sous la forme d'un coffret contenant un livre et des jeux associés. Le jeu — casse-tête, jeu de table ou autre — reprend les personnages de l'album. Des maisons comme Chouette au

Québec et Calligram en Suisse ont lancé des livres-jouets : livre et gant de toilette-marionnette ou livre et peluche.

Le marché du « livre à écouter » a pris de l'essor lui aussi : classiques et nouveautés sont disponibles en coffret réunissant le livre et la cassette. Il existe aussi des livres qui brillent dans le noir, des livres parfumés, des livres-mallettes, des livres-cubes, des livres-accordéons, des livres-pianos. Des livres à piles ou avec hologrammes. Des livres en forme de camion ou de dromadaire et des livres kamishibai, ces théâtres de carton à la japonaise dans le cadre duquel défilent des images géantes.

De nombreux livres hybrides ont aussi vu le jour : documentaires humoristiques, recueils de poésies-devinettes, bibles en bandes dessinées... Le texte en quatrième de couverture de *Ciel d'Afrique et pattes de gazelles*, de Robert Soulières, annonce bien le contenu éclaté du roman.

> « En plus de contenir 256 pages,
> ce roman comprend :
> — une chanson
> — un film western
> — une improvisation théâtrale
> — un passage dont vous êtes le héros, l'héroïne
> — la plus longue énumération de toute la littérature
>   québécoise pour la jeunesse
> — des illustrations
> — quelques notes de musique
> — beaucoup d'aventures
> — et encore plus d'humour
> — des sourires et des clins d'œil, etc.[4] »

UNE LITTÉRATURE DIVERSIFIÉE

La littérature jeunesse contemporaine ne se contente pas d'offrir un vaste éventail de genres littéraires et de s'adresser à toutes les catégories d'âge, du bébé au jeune adulte : elle propose un vaste catalogue de thèmes. Le *Guide de lecture Castor Poche*[5], qui présente, sous forme de fiches, les 300 premiers titres des collections Castor

---

4. Robert Soulières. *Ciel d'Afrique et pattes de gazelle*, Montréal, éditions Pierre Tisseyre, 1989, 256 p.
5. Martine Lang et Rose-Marie Vassallo. *Guide de lecture Castor Poche*, Paris, éditions Flammarion, 1992, 676 p.

Poche Junior et Senior aux éditions Flammarion, contient un index de 40 thèmes principaux et quelque 400 sous-thèmes.

Au Québec, les éditions La courte échelle ont fait preuve d'audace en 1976 en décidant de se consacrer exclusivement à la littérature jeunesse. Depuis, la diversification de la production dans le champ littéraire pour la jeunesse a entraîné de nouvelles spécialisations. Les éditions Chouette ont misé sur les « bébés-livres » alors que chez Michel Quintin, « l'éditeur vert », tous les livres — albums, documentaires et romans — parlent de la nature aux enfants. La collection Tête-Bêche, aux éditions Hurtubise HMH, réunit dans chaque livre deux textes placés tête-bêche, l'un d'un écrivain québécois, l'autre d'un écrivain d'un autre pays de la francophonie. Les éditions Paulines se spécialisent dans quelques genres cousins, science-fiction, *heroïc fantasy* et fantastique, et aux éditions Pierre Tisseyre la collection des Deux Solitudes jeunesse traduit les meilleurs auteurs jeunesse du Canada anglais. Aux éditions Québec/Amérique Jeunesse, trois collections spécialisées s'ajoutent aux romans : la collection Clip est consacrée aux genres littéraires brefs, la collection Les contes pour tous adapte les grands succès du cinéma jeunesse et la collection Théâtre Jeunesse propose des pièces à jouer.

Les documentaires occupent désormais une part importante du marché. De nombreux enfants découvrent le plaisir de lire avec un livre sur les dinosaures, les étoiles ou les araignées. Il existe des documentaires pour les enfants à partir de deux ou trois ans. Quel que soit l'âge du lecteur, le gai savoir est de rigueur. Les éditeurs ont décidé qu'apprendre peut être amusant et ils y mettent beaucoup d'ingéniosité. L'objectif n'est plus de tout connaître : les collections visent surtout à transmettre le goût d'apprendre et à profiter des curiosités naturelles de l'enfant pour lui ouvrir de nouvelles fenêtres sur le monde.

Les livres d'activités se sont aussi multipliés. Les enfants y apprennent à réussir 100 tours de magie, à gagner aux échecs, à étonner leurs amis avec des expériences scientifiques ou des jeux d'élastique, à préparer des *brownies* au four à micro-ondes, à confectionner leur propre costume d'Halloween... L'humour également a sa place. Connaissez-vous *Sans blague?* de Pef? L'auteur de *La belle lisse poire du prince de Motordu* s'est associé à Alexis, un garçon de treize ans, pour réunir cent blagues au goût des enfants.

Il y a aussi la poésie. On l'oublie... En 1992, l'animatrice de télévision Claire Lamarche a lancé un vaste concours invitant les jeunes lecteurs à écrire une lettre à leur écrivain préféré. Quelque 2 000 jeunes ont répondu à l'appel et une soixantaine de lettres ont été publiées dans *Lettres à mon écrivain* aux éditions Lacombe. Les trois grands favoris des jeunes étaient Lucy Maud Montgomery, Stephen King et... le poète Émile Nelligan! Il existe des recueils de poèmes écrits ou regroupés à l'intention des enfants. Jacques Charpentreau et Georges Jean ont signé plusieurs ouvrages — dictionnaires, recueils, anthologies — pour initier les enfants au plaisir des mots.

DE HARLIN QUIST AU *PROBLEM NOVEL*

Au cours des années soixante et soixante-dix, la littérature jeunesse a vécu ses plus belles années d'exploration et d'audace. Des illustrateurs ont affranchi l'image de ses visées didactiques et édifiantes, lui restituant ainsi sa liberté pour en faire un art véritable. Aux États-Unis comme en Europe, de jeunes finissants des Beaux-Arts ou des écoles de graphisme ont choisi d'investir l'album pour enfants afin de participer à un renouveau sans précédent. Fouettés par ce dynamisme, des auteurs ont inventé un nouveau langage sur l'enfance et s'adressant aux enfants et des éditeurs se sont emparés du livre jeunesse pour mener des luttes sociales.

En France, François Ruy-Vidal et Harlin Quist, fondateurs des éditions Quist-Vidal et chefs de file de l'avant-garde littéraire du livre pour enfants, ont proposé une nouvelle définition de l'enfance et des livres qui lui sont destinés. Plus question d'idéaliser l'enfance et d'édulcorer la réalité. Il faut raconter aux enfants la vie telle qu'elle est : belle et cruelle[6]. Dans la même foulée, les éditions du Sourire qui mord naissent, en 1976, avec l'intention de faire « un livre qui sorte de son ghetto, un livre d'intervention à la fois pour les enfants et les adultes, un livre qui ne fasse plus l'innocent[7] ».

Dans l'esprit du combat féministe, des maisons comme les éditions des Femmes ont proposé des représentations de la femme moins passives et plus inspirantes, répudiant ainsi un certain nombre de stéréotypes sexistes bien ancrés dans la littérature jeunesse traditionnelle. Ailleurs, des auteurs ont tenté d'élargir le cadre des représentations sociales dans la littérature jeunesse en

---

6. Voir à ce sujet l'article intitulé « Harlin Quist et François Ruy-Vidal, des créateurs en liberté », dans *Images à la page, une histoire de l'image dans les livres pour enfants*, Paris, éditions Gallimard, 1984, p. 39-43.
7. Tiré du livret de présentation des éditions du Sourire qui mord : *Une collection de livres différents pour les enfants — Pour un autre merveilleux*, Paris, éditions Immedia, 1976.

introduisant des personnages de milieux socio-économiques comme de milieux ethniques plus diversifiés.

Au Québec, à la fin des années soixante-dix, Bertrand Gauthier publie *Hou Ilva*, *Dou Ilvien* et *Hébert Luée*, une série d'albums où la fantaisie se mêle à la dénonciation. Dans la foulée des Harlin Quist et François Ruy-Vidal, Gauthier s'inscrit en faux contre le merveilleux traditionnel et les tendances non seulement didactiques mais infantilisantes du discours à la jeunesse. Dans un amusant passage d'*Hébert Luée*, Hébert raconte à son ami Hurlu Berlu qu'il a fait l'amour avec un martien. Hurlu s'indigne, rappelant à son copain qu'ils sont tous deux des personnages d'un livre pour enfants et qu'on ne parle pas de « ça » dans les livres pour enfants. Ce à quoi Hébert répond que les enfants en savent beaucoup plus que les adultes ne croient...

Après plus d'une décennie de remous, la littérature jeunesse a délaissé un peu le terrain des combats. La volonté de traduire la réalité, de dire la vérité aux enfants, de ne pas les enfermer dans un monde simplifié et sucré, a mené graduellement à l'élaboration, principalement aux États-Unis, d'un sous-genre de la littérature réaliste : le *problem novel* [8]. Si, jadis, une foule de sujets semblaient tabous, le *problem novel* se fait un devoir de les explorer un à un. La drogue, la mort, la guerre, l'homosexualité, tout y passe. Les auteurs de ces romans semblent croire que, pour bien grandir, les jeunes doivent être confrontés à tous les problèmes imaginables, le plus tôt possible, histoire d'être mieux armés pour les affronter. Des auteurs comme Judy Blume se sont rapidement imposés avec des *problem novels* devenus de véritables best-sellers. Comme le souligne Sheila Egoff, les adultes représentent généralement le plus grave problème des jeunes héros de ces romans. Alors que, dans la littérature jeunesse traditionnelle, les parents étaient toujours des personnages exemplaires, ils sont, dans la plupart des *problem novels*, parfaitement infects.

Tous les romans réalistes contemporains ne sont pas coulés dans le moule du *problem novel* mais, depuis la fin des années soixante-dix, les auteurs tentent, parfois presque désespérément, de rejoindre les jeunes lecteurs en leur proposant une littérature à leur image. La volonté de plaire et d'étonner s'exprime surtout par des audaces dans les emballages, la mise en marché, les formats ou l'hybridation des genres. La littérature jeunesse des années quatre-vingt est aussi

8. Pour une bonne discussion sur le sujet : Sheila Egoff. « The problem novel », dans *Only Connect Readings on children's literature*, Toronto, éditions Oxford University Press, 1980, p. 356-369.

caractérisée par un souci de rentabilité et relègue parfois bien loin les grandes visées idéologiques des années soixante et soixante-dix.

Dans *Les Livres pour la jeunesse, un enjeu pour l'avenir*, Isabelle Jan dénonce l'absence de véritables politiques éditoriales chez plusieurs éditeurs. Heureusement, il existe encore des initiatives éditoriales traduisant un discours original. La collection Page Blanche aux éditions Gallimard Jeunesse offre aux adolescents et aux jeunes adultes une production très littéraire, voire même poétique. Dans une perspective très différente, la collection Souris Rose, aux éditions Syros, propose des récits d'amour qui trahissent une vision particulière de l'enfance et de la littérature. En 1988, le directeur de la collection promettait « une vraie douceur, de la vraie angoisse » et ajoutait que « la Souris Rose ne fermera pas les yeux sur la sexualité de nos enfants[9] ». Au Québec, les éditions Québec/Amérique affichent un parti pris pour l'ouverture en publiant des textes résolument littéraires tels que *Victor* (prix du Gouverneur général), de Christiane Duchesne, et des ouvrages audacieux comme *La Première Fois*, un recueil de nouvelles où des écrivains connus racontent leur première expérience sexuelle.

L'ÈRE DE L'ENFANT-ROI

Auteurs, éditeurs, distributeurs et libraires s'entendent pour affirmer que « le livre jeunesse est ce qui se vend le mieux ». Devant l'importance économique de ce marché, les éditeurs rivalisent d'ingéniosité et d'originalité pour séduire les enfants. Les intérêts, les goûts et les habitudes de lecture des jeunes lecteurs sont scrutés à la loupe. Les auteurs leur proposent des héros miroirs conçus pour favoriser le processus d'identification. Les éditeurs choisissent des couvertures attrayantes, de gros caractères, une mise en pages aérée. La production est répartie en collections bien identifiées afin que les jeunes de tout âge puissent facilement s'y repérer. La littérature jeunesse se range franchement du côté de l'enfant lecteur en offrant des textes faciles à lire, des émotions fortes, beaucoup d'humour et une production délibérément variée pour bien rejoindre l'ensemble du lectorat.

Il n'existe pas d'études sérieuses sur les nouveaux comportements de lecture des enfants de l'image, mais plusieurs éditeurs ont compris que leurs véritables compétiteurs sont la télévision, les vidéoclips,

---

9. Les citations sont tirées d'un communiqué de presse intitulé *Souris Rose, je t'aime*, de Joseph Périgot, émis le 13 janvier 1988. Les romans publiés par la suite rendent assez bien compte des visées idéologiques de l'éditeur.

l'ordinateur et les jeux Nintendo. Lancée en 1991, la collection Lecture Junior, aux éditions Gallimard, étonne par les belles images de ses couvertures sans texte. Le titre du livre, ainsi que les noms de l'auteur et de l'illustrateur n'apparaissent qu'en quatrième de couverture. Tous les récits sont abondamment nourris d'illustrations en couleurs et l'un des premiers écrivains à se joindre à la collection fut Daniel Pennac, auteur de romans policiers pour adultes mais aussi d'un essai, *Comme un roman*, où il affiche clairement sa complicité avec l'enfant-lecteur. Née en 1992, la maison Calligram souhaite « réconcilier l'enfant et la lecture » en offrant des textes à lire en moins d'une heure aux « enfants d'aujourd'hui sollicités par un grand nombre d'activités (ordinateurs, jeux vidéo, télévision, activités sportives et artistiques)[10] ».

VOIX ET IMAGES D'ICI ET D'AILLEURS

Dans un champ où la production contemporaine est abondante et diversifiée, il est toujours difficile de nommer les ténors. Quelques voix et images, d'ici et d'ailleurs, méritent toutefois d'être soulignées. Il ne s'agit pas de dresser un palmarès et encore moins une liste exhaustive des auteurs et illustrateurs importants — ils sont trop nombreux — mais bien de suggérer quelques sentiers aussi riches que divers où l'on risque de dénicher quelques coups de cœur.

DU CÔTÉ DES ILLUSTRATEURS

Ginette Anfousse , Q[11]
Armée de crayons de couleur, elle a rompu avec la tradition, en 1976, en créant Jiji, une héroïne qui refuse d'être sage comme une image. Elle est aussi l'auteure de plusieurs romans très populaires. Voir l'illustration numéro 06.

Ron Barrett
À la manière d'affiches, ses images issues de la tradition graphique accrochent l'œil et rappellent qu'un dessin vaut mille mots. Voir l'illustration numéro 20.

---

10. Tiré d'un communiqué de presse préparé par le distributeur Dimédia.
11. Le symbole « Q » indique qu'il s'agit d'un auteur ou d'un illustrateur québécois.

Philippe Béha, Q

Il a illustré plus d'une centaine d'albums et ébranlé les habitudes en inventant des personnages aux têtes énormes flanqués de mains et de pieds minuscules. Voir l'illustration numéro 25.

Babette Cole

Ses personnages sont caricaturaux, elle a un humour fondé sur l'exagération et le détournement, une imagerie fantaisiste qui apprivoise monstres et sorcières. Voir l'illustration numéro 11.

Donald Crews

Il se caractérise par des compositions d'une simplicité très étudiée où chaque détail compte, des lignes pures, une grande lisibilité : du grand art pour tout-petits. Voir l'illustration numéro 04.

Étienne Delessert

Ses illustrations constituent une célébration surréaliste du rêve et de l'évasion, avec des personnages allégoriques, au regard souvent apeuré, hébété, bouleversé, mais nourri de magie, de nostalgie et d'utopie. Voir l'illustration numéro 08.

Hélène Desputeaux, Q

Ses images rieuses, aux couleurs vives, sont peuplées de détails invitant l'enfant lecteur d'images à brouter longuement chaque page. Voir l'illustration numéro 28.

Suzanne Duranceau, Q

Réputée pour la qualité esthétique de ses images très réalistes, elle excelle surtout dans les représentations anthropomorphiques. Voir l'illustration numéro 03.

Monique Félix

Le sens se construit progressivement, au fil des pages; chaque image ajoute à la prédécente et permet d'anticiper la suivante; les blancs masquent une foule de mondes possibles. Voir l'illustration numéro 21.

Marie-Louise Gay, Q

Elle se joue des proportions comme de la perspective et travaille à recréer un sentiment d'enfance et un climat ludique. Elle signe ses propres textes, aussi connus au Canada anglais qu'au Québec. Voir l'illustration numéro 22.

Helme Heine

L'artiste se distingue par des aquarelles chaleureuses où la tendresse et l'euphorie triomphent, des compositions étonnantes : gros plans et miniaturisations, une prise en charge audacieuse de l'espace. Voir l'illustration numéro 14.

Dominique Jolin, Q

Cette jeune illustratrice est bien décidée à marquer la littérature jeunesse québécoise avec ses images cocasses d'une sensibilité très enfantine. Voir l'illustration numéro 09.

Darcia Labrosse, Q

Par leur tendresse et leur sensualité, leurs rondeurs et leurs textures, ses illustrations présentent une vision du monde toujours optimiste et complice de l'enfance. Voir l'illustration numéro 07.

Michèle Lemieux, Q

Chaque image est un tableau, chaque détail, le fruit d'une longue réflexion sur le récit, l'auteur, le pays, l'époque. Ces images, ni typiquement québécoises ni typiquement américaines, lui ont apporté une renommée internationale. Voir l'illustration numéro 01.

Mireille Levert, Q

Ses images célèbrent l'enfance à travers le jeu : déguisements, espiègleries, fantaisies, acrobaties, bouffonneries, rêves éveillés... Voir l'illustration numéro 02.

Leo Lionni

Il recherche les lignes essentielles en mettant à l'épreuve formes et couleurs pour mieux dire, avec cette économie de moyens qui le caractérise. Voir l'illustration numéro 27.

Michael Martchenko

Son imagerie est très américaine : réaliste et accessible, complice de l'enfance, joyeusement impertinente, terriblement espiègle. Voir l'illustration numéro 18.

Roger Paré, Q

Ses images, d'une grande lisibilité, toujours rassurantes, en marge des modes, traduisent une certaine pérennité de l'enfance. Voir l'illustration numéro 12.

Pef

Il est sans doute le plus drôle et le plus populaire des illustrateurs français des années quatre-vingt. Sarcasme et naïveté, réalisme et fantaisie mais, surtout, un grand vent de liberté caractérisent son œuvre. Auteur-illustrateur, il adore jouer avec les mots. Voir l'illustration numéro 15.

Claude Ponti

Il possède une imagerie surréaliste à l'intention des tout-petits et un seul mot d'ordre : débrider l'imaginaire. Voir l'illustration numéro 05.

Stéphane Poulin, Q

Ses images, de véritables tableaux, disent l'enfance au quotidien, un quotidien rieur et fantaisiste, magique et poétique, juste un peu nostalgique. Voir l'illustration numéro 16.

Pierre Pratt, Q

Palette sombre, lignes épaisses, contours gras : il n'y a rien d'enfantin ici. Une note un peu grave, mais fantaisiste aussi et profondément audacieuse. Voir l'illustration numéro 23.

Tony Ross

Aussi prolifique que populaire dans une foule de pays, il illustre et écrit des histoires drôles aux moralités étonnantes. Sa spécialité : le conte réinventé. Voir l'illustration numéro 10.

Binette Schroeder

Hantée par le mouvement et la perspective, elle déjoue l'espace en deux dimensions et nous plonge dans un monde fascinant, parfois peuplé de créatures étranges, où la page fixe devient étonnamment souple. Voir l'illustration numéro 13.

Maurice Sendak

Un des illustrateurs américains les plus renommés, il explore le réel et le surréel, le conscient et l'inconscient, réaffirmant sa volonté d'exorciser les monstres de l'enfance. Voir l'illustration numéro 17.

Daniel Sylvestre, Q

Son style est caricatural, profondément humoristique; ses images, très narratives, rendent en deux coups de crayon les émotions. Voir l'illustration numéro 19.

Gilles Tibo, Q

Une signature graphique très facilement identifiable, des dessins à l'aérographe, un regard poétique sur l'enfance le caractérisent. Voir l'illustration numéro 24.

Chris Van Allsburg

L'édition américaine pour la jeunesse ne serait pas la même si cet auteur-illustrateur n'avait créé des chefs-d'œuvre comme *Boréal-Express*, *Les Mystères de Harris Burdick*, *L'Épave du Zéphyr*, *Deux fourmis*...

Gabrielle Vincent

Ses fausses bandes dessinées ont séduit la planète : des représentations uniques de l'enfance et de l'âge adulte, un torrent de tendresse. Voir l'illustration numéro 26.

DU CÔTÉ DES AUTEURS

Natalie Babbit

Un des meilleurs écrivains américains pour la jeunesse des années soixante-dix. *La Source enchantée* et *Les Yeux de l'Amaryllis*, ses deux plus grands chefs-d'œuvre, conjuguent fantastique, merveilleux et philosophie.

Yves Beauchesne et David Schinkel, Q

Leurs œuvres écrites à quatre mains ont été acclamées par la critique et couronnées de nombreux prix. À lire surtout : *Le Don*, un roman fantastique avec d'extraordinaires rebondissements.

Henriette Bichonnier

Le Monstre poilu est un des meilleurs crus français des années quatre-vingt. Comme dans *Le Roi des bons*, l'auteure réinvente des contes traditionnels avec humour et impertinence.

Chrystine Brouillet, Q

Elle a relancé le genre policier en littérature jeunesse québécoise et collaboré à la collection Souris Noire. À lire surtout : *Un jeu dangereux.*

Roch Carrier, Q

Son album *Le Chandail de hockey* fait figure de classique dans la littérature jeunesse québécoise contemporaine. Incontournable.

Denis Côté, Q

Connu d'abord pour ses œuvres de science-fiction, dont l'excellent *Hockeyeurs cybernétiques* — repris sous le titre *L'Arrivée des Inactifs* — il a ensuite flirté avec l'horreur, un genre jusqu'alors peu représenté en littérature jeunesse québécoise.

Robert Cormier

Voilà peut-être le plus dur mais aussi le plus poignant des auteurs américains pour la jeunesse. *La Guerre des chocolats* propose une représentation de l'enfance qui n'a vraiment rien d'innocente.

Roald Dahl

Écrivain britannique dont le grand succès, *Charlie et la Chocolaterie*, a franchi le cap des cinq millions d'exemplaires, il a également publié *Un amour de tortue* et *Matilda*, tout aussi irrésistibles.

Dominique Demers, Q

Auteure du livre que vous avez entre les mains, elle a signé de courts romans humoristiques pour enfants ainsi qu'une trilogie pour adolescents qui a fait couler beaucoup d'encre.

Brian Doyle

Écrivain canadien anglais, ses romans pour adolescents ont été maintes fois primés. *Up to Lowe* et *You Can Pick Me Up at Peggy's Cove* ont été traduits en français *(En montant à Lowe* et *Je t'attends à Peggy's Cove)* alors que *Angel Square* a fait l'objet d'un film.

Christiane Duchesne, Q

Elle a participé au renouveau de l'album dans les années soixante-dix et signé quelques-unes des plus belles pages de la littérature jeunesse québécoise avec la série Clara Vic et *Victor*.

Cécile Gagnon, Q

Auteure de plus d'une cinquantaine de livres pour enfants et adolescents, au Québec et en Europe, elle a abordé plusieurs genres littéraires. À lire surtout : *Châteaux de sable*.

Gilles Gauthier, Q

Véritable spécialiste pour les sept à dix ans, il réussit à aborder de graves problèmes avec beaucoup de justesse dans de tout petits romans.

François Gravel, Q

Écrivain fort apprécié des adultes, il a vite connu le même succès auprès des jeunes : une voix toujours originale, une écriture sans cesse renouvelée, une moisson de prix littéraires.

Claude Gutman

De *Danger gros mots* à *La Maison vide*, on retient surtout de cet écrivain français la grâce de son écriture, la force de ses personnages et l'audace de sa thématique.

Marie-Francine Hébert, Q

Aussi prolifique que populaire, elle a écrit des pièces de théâtre et des sénarios de télévision pour enfants, des livres-jeux, des romans et des albums.

Janet Lunn

Cette écrivaine canadienne est passionnée d'histoire. Ses œuvres ont été traduites en plusieurs langues, dont le japonais.

Michèle Marineau, Q

Cassiopée ou l'été polonais, traduit en plusieurs langues, a ravi les adolescentes un peu comme *Le Dernier des raisins*, de Raymond Plante, avait séduit les adolescents. À lire surtout : *La Route de Chlifa*.

Suzanne Martel, Q

Surréal 3000, son premier roman, paru pour la première fois en 1963, est devenu un classique de la science-fiction jeunesse.

Robert Munsch

Le plus populaire de tous les auteurs canadiens vivants, il vend plusieurs millions d'exemplaires par année! Des histoires drôles surtout mais aussi un conte féministe *(La Princesse dans un sac)* et un court récit bouleversant *(Je t'aimerai toujours)*.

Marie-Aude Murail

Un des grands noms de la relève en France, elle a publié, entre autres : *Le Chien des mers* et *Baby-sitter blues*.

Christine Nöstlinger

Un des écrivains pour la jeunesse les plus lus en Allemagne et en Autriche, elle a séduit des enfants de tous âges dans une foule de pays.

Scott O'Dell

Il habite dans le sud de la Californie et la mer — ses profondeurs, ses secrets, ses rivages — est très présente dans son œuvre, tout comme la notion de frontière. Ses romans ont été couronnés par plus d'une dizaine de prix littéraires aux États-Unis.

Daniel Pennac

Il est un des rares écrivains français à réussir aussi bien auprès des adultes qu'auprès des enfants. Sa série Kamo apporte un vent de fraîcheur à la littérature jeunesse française des années quatre-vingt-dix.

Joseph Périgot

Sous le pseudonyme d'Hubert Humbert, il a signé *La Nuit du voleur*, un polar pour enfants véritablement étonnant dans la collection Souris Noire, dirigée à l'époque par... Joseph Périgot.

Raymond Plante, Q

Ce très populaire auteur du désormais classique *Le Dernier des raisins* a écrit pour tous les âges, dans des registres divers. Pour lire un bon polar : *La Fille en cuir*.

Giani Rodari

Écrivain italien, véritable pédagogue de la créativité, il a écrit *La Tarte volante* pour les enfants et *Grammaire de l'imagination* pour ceux qui aiment les enfants.

Daniel Sernine, Q

Grand spécialiste québécois de la science-fiction et du fantastique, il a produit une œuvre riche, unique et abondante en plus d'encourager de nombreux auteurs à suivre ses traces.

Robert Soulières, Q

Il a goûté à tous les genres littéraires, reçu tous les prix. Sa spécialité : les clins d'œil au lecteur. Des preuves? *Casse-tête chinois, Ciel d'Afrique et pattes de gazelle, Le Chevalier de Chambly*...

Cynthia Voigt

Mon coup de cœur personnel. Ses personnages sont immenses, ses représentations, envoûtantes. Elle est la grande découverte des années quatre-vingt aux États-Unis.

Capsules

● *Vous avez besoin de suggestions de lecture? Plusieurs critiques, bibliothécaires ou enseignants ont réuni leurs coups de cœur en livres. Voici quelques-uns de ces ouvrages, mais renseignez-vous auprès de votre libraire car un nouveau guide est peut-être déjà sur le marché...*

○ *Biblio junior*, France, éditions Le Cri, 1993, 262 pages : 700 titres de fiction pour les deux à quatorze ans, choisis et commentés par Daniel Fanno.

○ *Guide des meilleurs livres pour enfants*, France, éditions Calmann-Lévy, 1986, 270 pages : 2 000 titres pour les jeunes de zéro — ou presque — à quatorze ans ou plus, choisis et commentés par Rolande Causse.

○ *Guide des livres pour enfants et adolescents*, France, éditions Hachette Jeunesse, 1987, 261 pages : 500 titres — albums, romans, documentaires, poésie — choisis et commentés par Jacqueline Held.

○ *La Bibliothèque des enfants*, Québec, éditions Le Jour, 1990, 237 pages : 300 titres, albums et petits romans, pour les moins de dix ans; œuvres québécoises et d'ailleurs choisies et commentées par Dominique Demers.

○ *Guide de lectures La joie par les livres*, Paris, éditions du Centre national du livre pour enfants, 1991, 179 pages : 2 000 titres, fruit d'un travail collectif réalisé au Centre national du livre pour enfants avec la collaboration de l'Association des libraires spécialisés pour la jeunesse.

● *La plupart des éditeurs offrent eux aussi des outils de sélection : catalogues, guides de lecture ou d'animation. À titre d'exemple, le* Guide de lecture Castor *des éditions Flammarion (676 pages!) présente et analyse sous forme de fiches les 300 premiers titres des collections Castor Poche Junior et Senior : informations sur l'auteur, analyse de l'ouvrage, point de vue de la presse, thèmes et pistes de réflexion. Au Québec, les éditions Pierre Tisseyre publient un* Guide pédagogique. *En plus d'informations sur les œuvres, ce guide propose quelque 200 activités d'animation.*

Ponctuation

À VOS COUPS DE CŒUR!

ALBUM(S) PRÉFÉRÉ(S) :

_____

_____

_____

_____

_____

_____

_____

_____

_____

_____

_____

ROMAN(S) PRÉFÉRÉ(S) :

_____

_____

_____

_____

_____

_____

_____

_____

_____

_____

_____

_____

_____

_____

PARTIE 2

Le récit en littérature d'enfance et de jeunesse

Chapitre 5

LA RECETTE D'UN RÉCIT

QUESTIONS PIÈGES

Qu'est-ce qu'un récit? Pensez-y un peu... À présent, mettez votre définition à l'épreuve en répondant à ces trois questions pièges.

QUESTIONS :

1. Existe-t-il des livres pour enfants qui ne sont pas des récits? Si oui, avez-vous un exemple?
2. Un livre sans texte peut-il être un récit? Si oui, avez-vous un exemple?
3. Un livre avec texte et images peut-il quand même ne pas constituer un récit? Si oui, avez-vous un exemple?

RÉPONSES :

1. OUI. Les imagiers traditionnels, par exemple, n'offrent pas de récit. Chaque page propose une ou plusieurs images représentant des animaux, des jouets ou des objets que peuvent reconnaître les tout-petits. Sous l'image du ballon, on trouve le mot « ballon ». C'est tout. L'imagier permet aux tout-petits d'apprendre à nommer le monde qui les entoure, mais il ne constitue pas un récit. De même, de nombreux livres documentaires sur les plantes, les oiseaux ou les étoiles réunissent une foule d'informations précieuses... mais pas de récit.

2.   OUI. Les images aussi peuvent raconter et, donc, former un récit. Certains livres d'images racontent plus que d'autres. Il existe des histoires drôles, palpitantes, émouvantes, pleines de rebondissements et... tout en images. Pas un mot! Dans son *Histoire d'une petite souris qui était enfermée dans un livre*, l'illustratrice Monique Félix s'est amusée à tout dire sans mots. L'histoire? Une petite souris ronge la page du livre dans lequel elle est représentée, soulève un coin de feuille et découvre un paysage... animé. C'est le monde, l'univers du réel, de l'autre côté du monde des livres et de la fiction. Avec le bout de papier grignoté, la petite souris se construit un avion, monte à bord et quitte le livre pour découvrir le vaste monde. Sous chaque image, les enfants pourraient écrire leur texte en ajoutant une foule de précisions et d'autres scénarios peuvent être imaginés à partir du même enchaînement d'images. Quel texte colleriez-vous à l'illustration numéro 21? Avez-vous pensé à un nom pour la souris?

3.   OUI. Un des exemples les plus fascinants est sans doute l'album *Les Mystères de Harris Burdick* de Chris Van Allsburg. Dans son introduction, Chris Van Allsburg, un des plus célèbres illustrateurs américains, affirme avoir reçu en cadeau quatorze dessins tirés d'autant d'histoires créées par un mystérieux artiste : Harris Burdick. Burdick aurait laissé ces quatorze dessins à un éditeur en promettant à celui-ci de lui présenter les histoires en entier s'il était intéressé. Mais on ne l'a jamais revu. Tout l'album de Chris Van Allsburg sert à présenter ces quatorze illustrations monochromes accompagnées seulement d'un titre et d'un sous-titre. Ces images sont, bien sûr, signées Chris Van Allsburg. Et elles sont autant d'invitations à inventer un récit. Un exemple? La dixième image présente un mur de papier peint et une fenêtre à demi ouverte. En observant bien, on découvre qu'une des colombes du motif imprimé sur le papier bat de l'aile... Le titre? « La chambre du second ». Le sous-titre? « Tout a commencé quand quelqu'un a laissé la fenêtre ouverte ». *Les Mystères de Harris Burdick* n'est pas un récit. Le livre propose 14 sujets, 14 idées, 14 récits... potentiels.

RÉCIT? RÉCIT?

POURQUOI COUPER LES CHEVEUX EN QUATRE?

Qu'est-ce qu'un récit? Comment le narrateur se distingue-t-il du focalisateur? Comment le temps du récit diffère-t-il du temps de l'histoire? Quelle est la quête du héros? Qui sont ses adjuvants? Toutes ces questions que nous explorerons dans le présent chapitre appartiennent à l'analyse du récit. Mais à quoi servent toutes ces analyses? Pourquoi couper les cheveux en quatre? Pour le simple plaisir de discourir sur une œuvre?

L'analyse du récit nous aide à mieux saisir et apprécier l'univers inventé. À mieux plonger dans l'œuvre. On peut visiter Paris ou Bangkok sans guide Michelin mais si on en a un, on voit bien plus de choses. Et, surtout, notre regard est différent. L'analyse du récit permet de mieux comprendre *le sens du récit* — à quoi rime le périple du héros ou de l'héroïne — mais aussi *le plaisir du récit*.

Les livres font rire, pleurer, frémir. Le lecteur s'inquiète du sort du héros, il retarde même l'heure de dormir pour connaître le dénouement de son aventure. Il ne s'agit pourtant que d'un être de papier et son univers ne tient qu'à des mots. Des mots tout simples comme on en utilise tous les jours pour répondre au téléphone, commander une pizza, écrire une note au laitier... Que se produit-il dans un livre pour que de simples mots plongent le lecteur dans un autre univers? De quoi dépend cette chimie du récit? C'est ce que nous révèle l'analyse...

L'HISTOIRE ET LE RÉCIT

Permettez-moi d'évoquer une expérience personnelle : *Un hiver de tourmente*, mon premier roman pour adolescents, est autobiographique. Une fois l'écriture terminée, j'ai eu envie de faire vivre de nouvelles aventures à mon héroïne, des aventures qui ne m'étaient pas arrivées. *Un hiver de tourmente* parlait de la mort. Dans la suite, je voulais parler de la vie. Mais c'est tout ce que je savais. Peu à peu, la thématique s'est précisée. L'héroïne, Marie-Lune, serait enceinte. Dans *Un hiver de tourmente*, elle avait perdu sa mère, morte d'un cancer. La voilà confrontée à un nouveau drame. Une fois le sujet trouvé, il fallait inventer une histoire. Qu'arriverait-il à Marie-Lune? Déciderait-elle de se faire avorter? de garder le bébé? de le confier à l'adoption? Changerait-elle d'idée en cours de route? Quelles difficultés éprouverait-elle? Peu à peu, l'histoire aussi s'est précisée. Après des semaines de réflexion, j'ai su finalement, en gros, ce que vivrait mon personnage entre la première et la dernière page de la suite d'*Un hiver de tourmente*. J'avais même trouvé le titre du deuxième roman : *Les grands sapins ne meurent pas*.

J'avais l'histoire... mais pas le récit. Comment allais-je raconter tout ça? Une multitude de choix restaient à faire. J'ai décidé, par exemple, que Marie-Lune relaterait elle-même son histoire et qu'au début du premier chapitre nous serions à la veille de Noël. Marie-Lune voit son père arriver avec un sapin de Noël rabougri. Elle nous raconte ce qui lui est arrivé l'avant-veille. Elle a cru qu'elle était enceinte! Depuis, elle est rassurée. Fausse alerte. Son *chum* l'en a convaincue. À cette étape, Marie-Lune est enceinte, mais le lecteur ne le sait pas. Elle non plus d'ailleurs. Elle l'apprendra — et le lecteur en même temps — une vingtaine de pages plus loin... À mon avis, cette mise en récit rendait la grossesse encore plus brutale. Pour l'héroïne comme pour le lecteur.

Entre mes lecteurs et moi, il n'y a que des mots pour construire le récit : des phrases, des paragraphes, des chapitres. Les adolescents reçoivent l'histoire de Marie-Lune en oubliant que derrière le récit il y a des ficelles : une foule de choix. C'est à partir de ces décisions nombreuses, à de nombreux carrefours, que se produit une certaine chimie. Et c'est cette chimie, cette magie du récit qui les amène à m'écrire : « J'avais l'impression que c'était moi » ou « J'ai pleuré à la page 110 ». Parfois, ils ont si bien plongé dans le roman que leurs questions trahissent un glissement de la fiction à la réalité. Ils me demandent alors : « Ressembles-tu à Marie-Lune? » « Peux-tu m'envoyer une photo de toi? » « As-tu épousé Jean? »

Du point de vue de l'auteur, la genèse de ce roman peut se résumer ainsi :

Idée (sujet, thème) → Élaboration de l'histoire → Mise en récit...

Mais une fois le récit terminé, le lecteur entre en scène. Et il invente en quelque sorte son propre récit. Il fabrique des images mentales, se projette dans certains personnages, oublie des détails, en ajoute d'autres, accorde une attention toute particulière à certains épisodes ou à certaines caractéristiques du héros et en minimise d'autres. L'enfant lecteur est particulièrement doué en matière de coopération interprétative. Centré sur lui-même, il ne se gêne pas pour s'emparer du récit et lui donner sa couleur. De nombreux écrivains pour enfants sont renversés en écoutant le résumé que fait un jeune lecteur de leur livre.

Mon défi d'auteure, en littérature jeunesse, consiste à faire des choix en tenant compte de ces lecteurs bien particuliers, beaucoup plus jeunes que moi — malheureusement —, que sont les adolescents. Si les choix ne sont pas judicieux, il n'y aura pas de chimie : les lecteurs ne termineront peut-être même pas le roman. La littérature d'enfance et de jeunesse suppose un certain effort pour communiquer avec un lecteur « autre ».

AUTEUR   ————————▶   RÉCIT ————————▶ LECTEUR
ADULTE   ENFANT
                                                           ADOLESCENT

Ce schéma illustre la rencontre de deux univers bien différents dans ce lieu à inventer qu'est le récit. En littérature jeunesse, chacune des multiples facettes du récit est marquée par cette nécessaire adaptation, ce compromis entre l'enfance et l'âge adulte.

Les mots « récit » et « histoire » ne sont pas synonymes. L'histoire est le contenu narratif : ce qui arrive, ce qui s'est passé. Le récit est le discours narratif : cette histoire racontée avec des images ou des mots ou encore des images et des mots. Le récit est « l'énoncé narratif, le discours oral ou écrit qui assume la relation d'un événement ou d'une série d'événements[1] ». Tout récit suppose une transformation : un avant et un après. L'imagier traditionnel, comme l'album *Les Mystères de Harris Burdick,* ne remplissent pas ces exigences.

Prenons l'album *Je boude,* de Ginette Anfousse. Le récit débute, à la première page, avec deux mots : « Je boude... ». Puis, aux pages 2 et 3, on peut lire : « Je boude parce que rien./Je boude seulement parce que... que. » Dans les quatorze pages suivantes, Jiji nous raconte une foule de mésaventures en précisant bien que ce ne sont pas les raisons pourquoi elle boude. Elle nous dit, par exemple : « Si je boude, ce n'est pas parce que, ce matin, j'ai mis mes souliers à l'envers. » Aux pages 18 et 19, le récit se termine avec deux phrases : « Si je boude, ce n'est pas parce que...rien »/« Si je boude, c'est seulement parce que j'ai été punie. »

Voilà pour le récit. Ginette Anfousse a décidé de raconter une histoire très simple : une fillette commet plusieurs bêtises; elle est punie et elle boude. Mais cette histoire plutôt banale, l'auteure-illustratrice a choisi de nous la raconter en déplaçant le point de vue, c'est-à-dire avec un regard d'enfant. Jiji n'a pas une vision

----

1. Gérard Genette. *Figures III,* Paris, éditions du Seuil, 1972, p. 71.

objective des événements. Elle part d'elle-même et se concentre sur ses émotions : « Je boude... »/« Je boude parce que rien. »/« Je boude seulement parce que... que. » Puis, elle raconte quatorze bêtises, de nature et de gravité différentes, mais en leur accordant toutes la même valeur, qu'il s'agisse de mettre ses souliers à l'envers ou d'inventer une super-recette de potion magique qui fait sauter tous les plombs de la maison. À la toute fin, elle nous explique qu'elle boude parce qu'elle a été punie mais sans faire de lien entre ces bêtises et la punition. L'histoire toute simple, en trois temps — bêtises, punition, bouderie —, aurait pu être racontée de mille façons, car une histoire peut engendrer une foule de récits différents.

Cette distinction entre le récit et l'histoire est très utile. C'est dans cette tension entre l'histoire et le récit que s'exprime le style de l'auteur. En littérature de jeunesse, le défi consiste à trouver une histoire intéressante pour les jeunes mais aussi une façon de raconter cette histoire qui les touchera, les captivera, les étonnera... Le plaisir du texte ressenti par le lecteur relève aussi bien de l'histoire que du récit. Adapter une histoire à des enfants, c'est, par exemple, tenir compte de certains lieux de l'enfance. On sait que les enfants aiment bien les histoires de monstres et de dragons, surtout lorsque ces derniers sont terrassés par un enfant. Mais pour que la magie opère, pour que l'histoire de Guillaume à l'assaut du monstre cyclope séduise l'enfant lecteur, il faut que la complicité s'établisse aussi sur le plan du récit.

Le mot « récit » peut être entendu dans un sens large ou plus restreint. Pris dans le sens très large de « l'histoire racontée avec des mots ou des images », le récit est le résultat d'une multitude de choix de l'auteur. Ces choix sont de trois ordres : la narration, le récit (au sens restreint) et la langue. Et dans chacun de ces cas, les choix s'organisent autour des éléments suivants :

RÉCIT
1. NARRATION : narrateur, narrataire, focalisateur
2. RÉCIT : héros, quête, système de personnages, temps, espace
3. LANGUE : style, vocabulaire, etc.

Ces trois composantes — la narration, le récit et la langue — sont tressées pour former un récit. Il ne s'agit pas de juxtaposer simplement les trois brins mais bien de les entrelacer savamment. C'est ce fil tissé par l'auteur que reçoit le lecteur :

AUTEUR ADULTE ⟩⟩⟩⟩⟩⟩ LECTEUR ENFANT/ADOLESCENT

LA NARRATION

La narration serait donc la médiation entre le lecteur et le récit, la manière dont le récit est vu et raconté. Nous examinerons successivement trois pôles de la narration : le narrateur, le focalisateur et le narrataire.

LE NARRATEUR

Dans *Je boude*, c'est Jiji, l'héroïne, qui raconte l'histoire. Elle est la narratrice. « Je boude » est bien différent de « Jiji boude ». La narration peut se dérouler à la première personne (« je ») ou à la troisième personne (« il » , « elle », « Jiji »...). Le narrateur qui s'exprime à la première personne et fait partie de l'histoire peut être le personnage principal, un personnage secondaire ou un simple témoin de l'événement raconté. Depuis la fin des années soixante, la littérature jeunesse favorise les héros narrateurs et plus particulièrement les héros narrateurs enfants (ou adolescents, selon l'âge du lecteur cible). Cette tendance a pour but de réduire la distance entre l'auteur adulte et l'enfant lecteur; elle permet aussi de créer un climat de complicité.

Pendant longtemps, la littérature jeunesse a servi bien plus à donner des leçons aux enfants qu'à leur offrir des miroirs d'eux-mêmes. Le narrateur à la troisième personne était tout à la fois l'ange gardien, le juge et le tuteur du héros. Son discours était farci de commentaires appréciatifs et sa relation avec le héros trahissait l'autorité bien plus que la complicité. Reprenons le passage au début du livre *Les Aventures de Perrine et de Charlot*.

> « Quel cœur d'or elle a, cette Perrine! Et avec cela, il faut voir, intelligente, fine, avisée! Une vraie Normande! Débrouillarde comme pas une, très tenace, le plus souvent silencieuse, elle passe, grâce à ses manières discrètes et douces, à travers toutes sortes de difficultés. On l'adore, dans le paisible village d'Offranville[2] ».

Sentez-vous cette distance? Le narrateur exprime sa vision du monde. Quels commentaires estimatifs reconnaissez-vous? De l'avis du narrateur, les bonnes petites filles sont-elles libres, tapageuses, insouciantes et espiègles?

---

2. M.-C. Daveluy. *Les Aventures de Perrine et de Charlot*, Montréal, éditions de la Bibliothèque de l'Action française, 1923, p. 11.

LE FOCALISATEUR

Le narrateur est celui qui raconte. Mais qui voit? Imaginons ce passage tiré d'un roman fictif :

> « Le Ziak fonçait sur Guillaume. Le gamin terrifié pouvait maintenant distinguer les grosses pattes poilues, l'œil unique, glauque et exorbité, et le nez du monstre, cet horrible appendice. Interminable, crochu, avec trois monticules perchés sur l'arête : des verrues!
>
> Le Ziak n'en revenait pas. L'étrange animal devant lui se tenait debout sur ses pattes de derrière et gesticulait vivement en décrivant de grands moulinets avec ses pattes de devant. Son corps était presque entièrement recouvert d'un pelage multicolore. On ne pouvait même pas deviner son sexe. L'étrange animal semblait vouloir fuir mais visiblement n'y arrivait pas. Peut-être était-il en danger? »

Si, dans ce court « extrait », rien ne nous permet d'identifier le narrateur — est-ce le héros? un autre personnage? une instance extérieure au récit? — on distingue par contre fort bien deux focalisations successives. La narration nous présente, tour à tour, deux regards : dans le premier paragraphe, c'est Guillaume qui voit, dans le second, le Ziak.

En littérature d'enfance et de jeunesse, lorsque le focalisateur est différent du narrateur, il s'agit, le plus souvent, d'un enfant ou d'un adolescent. C'est son regard, sa vision du monde, que le narrateur privilégiera.

LE NARRATAIRE

Le narrateur raconte à quelqu'un : le *narrataire*. En littérature jeunesse, ce narrataire est un enfant, ou un adolescent, lecteur virtuel. C'est à lui que s'adresse le récit. Le narrateur n'est pas l'auteur. « L'auteur est une personne concrète, qui existe ou qui a existé; le narrateur est un rôle que l'auteur s'invente et qu'il joue, le temps de faire son récit, de raconter son histoire[3] ». Dans la vraie vie, un auteur adulte écrit pour un enfant lecteur. Dans l'univers du récit, un narrateur s'adresse à un narrataire. En littérature jeunesse, l'auteur adulte passe souvent par un narrateur enfant pour rejoindre l'enfant lecteur. C'est au cœur même du récit et de la narration que s'exprime la différence fondamentale entre la littérature jeunesse et la littérature

---

3. J.-L. Dumortier et Fr. Plazenet. *Pour lire le récit*, Paris, éditions Duculot, 1990, p. 111.

générale. Le narrateur sert de relais, de pont, entre l'adulte et l'enfant. On peut schématiser cette relation ainsi :

AUTEUR ⟶ NARRATEUR ⟶ NARRATAIRE ⟶ LECTEUR
ADULTE　　　　　　　　　　　　ENFANT　　　　　ENFANT

LE RÉCIT

Le récit, c'est ce que la narration met en scène pour le lecteur. C'est là que l'on retrouve les personnages et leurs actions, dans un temps et un espace qui leur sont propres et diffèrent plus ou moins visiblement des nôtres.

LE HÉROS

Qu'il soit narrateur ou pas, le *héros* aussi sert à tisser un lien entre l'adulte et l'enfant. C'est à lui que l'enfant lecteur s'identifiera. La littérature d'enfance et de jeunesse est « une littérature à héros-enfants, mais écrite par des adultes[4] », souligne Isabelle Jan. Le héros du roman pour adolescents ou de l'album pour enfants est très souvent du même âge que le lecteur à qui l'œuvre s'adresse. C'est à travers ce héros que l'auteur tente de toucher la sensibilité de son lecteur.

SA QUÊTE

Le héros est habituellement le sujet d'une *quête*. Dans la structure générale d'un récit, un sujet est à la recherche d'un objet. C'est sa quête. Cette structure du récit est particulièrement évidente dans les contes traditionnels. Ti-Jean, le héros, désire la fille du roi. Il devra accomplir plusieurs exploits — trancher la tête du dragon, traverser une forêt peuplée de loups, arracher un cheveu au géant — pour mériter l'objet de sa quête : la main de la princesse. L'objet de la quête de Ti-Jean pourrait aussi être un coffre rempli de pièces d'or ou quelque chose de beaucoup plus abstrait : le bonheur ou la confiance en soi, par exemple. L'éventail des quêtes possibles est presque infini.

---

4. Lsabelle Jan. *La Littérature enfantine*, Paris, Les éditions ouvrières, 1977, p. 138.

Les différents genres littéraires engendrent des types de quête très variés. Le roman d'aventures correspond souvent à une quête de l'espace. La quête de l'Ouest définit le western. La plupart des récits de science-fiction participent à une même grande quête du futur. Le récit policier mise souvent sur une quête particulière, l'enquête, qui est une quête de vérité. La notion de quête est plus abstraite que celle de héros mais elle est très utile pour nous permettre de découvrir le moteur du récit. Certaines quêtes appartiennent plus particulièrement au champ de la littérature jeunesse. Le plaisir et l'amitié sont des quêtes fondamentales dans la littérature enfantine contemporaine, de même que l'amour et l'intégration sont des quêtes très fréquentes dans le corpus destiné aux adolescents.

LE SYSTÈME DE PERSONNAGES

Dis-moi qui tu fréquentes et je te dirai qui tu es... Cette maxime est aussi vraie pour les personnages d'un récit. Pour comprendre ceux-ci, il faut les situer dans leur entourage. Le héros participe à un *système de personnages*. Les personnages entretiennent entre eux des relations complexes qui nous renseignent sur ce qu'ils sont. Deux grandes catégories de personnages entourent le héros : les *adjuvants* et les *opposants*. L'adjuvant aide le héros dans sa quête, alors que l'opposant s'oppose à la réalisation de la quête du héros. Il lui met des bâtons dans les roues! Imaginons que, avant de franchir le repère du dragon, Ti-Jean croise un druide qui lui fournit une potion magique, laquelle le rendra invisible : le druide lui sert d'adjuvant. Mais si Ti-Jean est malchanceux ce jour-là, il croisera peut-être un sorcier qui ira avertir le dragon endormi de la visite de Ti-Jean. Le sorcier joue alors le rôle d'opposant. Mais le pire opposant de Ti-Jean pourrait aussi être sa taille... ou sa timidité.

En littérature, les systèmes de personnages tendent à se structurer en paires d'opposition. La plus fréquente — et de loin — en littérature jeunesse est : enfants/adultes. L'enfance symbolise souvent le rêve, la magie, l'authenticité, la liberté. L'âge adulte? La réalité, la banalité, l'artificialité, les restrictions. L'enfant représente souvent la nature à l'état sauvage, alors que l'adulte renvoie à la société, à la nature domptée. Cette opposition adultes/enfants est particulièrement évidente dans le corpus contemporain. Combien de récits ne racontent-ils pas la quête de plaisir d'un enfant héros contrarié par les exigences d'un adulte, ou la quête d'amour et de liberté d'un adolescent entravée par les restrictions de ses parents. On ne peut y échapper : la littérature d'enfance et de jeunesse nous ramène toujours à cette tension entre le monde de l'enfance et celui de l'âge adulte.

En littérature jeunesse, le système de personnages est souvent constitué d'un héros enfant ou adolescent (de l'âge du lecteur cible) entouré de deux grandes catégories de personnages : des enfants et des adultes. Or, ces adultes jouent le plus souvent un rôle d'opposant, alors que le rôle d'adjuvant est assumé par des enfants. À ces grandes tendances spécifiques au champ de la littérature jeunesse s'ajoutent des contraintes liées aux genres. Ainsi, le système de personnages du roman policier commande un certain nombre de rôles : la victime, le coupable, l'enquêteur, les suspects...

LE TEMPS

Il y a le *temps de l'histoire* et le *temps du récit*. Reprenons l'exemple de Jiji dans *Je boude*. Quel serait le temps de l'histoire? Et celui du récit? Pensez-y un peu... Les livres ne disent pas tout. On ne peut pas toujours établir clairement le temps de l'histoire. Jiji vit plusieurs événements : elle met ses souliers à l'envers, renverse son verre de lait, se dispute avec quelques amis, peint en noir les murs de la maison, etc. L'histoire — ce qui arrive — dure à peu près une journée. Mais le récit, lui, ne dure que quelques minutes, le temps de lire cette histoire mise en mots et en images. En une phrase, Jiji nous raconte qu'en prenant son bain elle a fait un bateau avec la pantoufle de son père. L'activité a-t-elle duré quinze minutes ou une heure? Une chose est certaine : dans *Je boude*, le récit accorde peu de temps aux événements de l'histoire.

Pour mieux comprendre le récit, on peut s'attarder à cette tension entre l'histoire et le récit. Tous les récits ne compriment pas le temps de l'histoire comme dans *Je boude*. Dans certains romans pour adultes, une minute de l'histoire peut nourrir dix pages du récit : détails, descriptions, digressions, réflexions... La littérature jeunesse a tendance à comprimer le temps et cette technique atteste une volonté d'adapter le temps du récit à une conception bien enfantine de la temporalité. L'enfant vit dans l'instant. Comme Jiji. Et, comme Jiji, il exprime le temps de façon bien personnelle, égocentrique et émotive. Demandez à un enfant de six ans de vous raconter une aventure vécue l'année précédente. Il vous dira peut-être : « L'an dernier quand j'étais petit » ou « L'an dernier quand j'étais un bébé ». Demandez-lui en novembre dans combien de temps ce sera Noël et il vous répondra peut-être « dans un siècle » parce que, pour lui, Noël n'arrive jamais assez vite. Nous avions remarqué que

Jiji traite de façon à peu près équivalente les événements qu'elle cite rapidement. Pourtant, dire trois gros mots occupe moins de temps — et est moins grave il me semble — que peindre en noir foncé un des murs du salon. C'est que, dans la vision du monde de Jiji, toutes ces bêtises se confondent. Elles n'ont même pas d'importance. Une seule chose compte : l'outrage! Ces quatre mots à la fin : « J'ai été punie ».

Il existe trois façons de jouer sur la tension entre le temps de l'histoire et le temps du récit. On peut viser la durée, l'ordre ou la fréquence. Nous avons déjà abordé la durée. Dans *Je boude*, chacune des bêtises de Jiji dure une page dans le récit, alors que dans l'histoire elles peuvent représenter quelques minutes ou quelques heures. On peut jouer sur la fréquence temporelle en racontant plusieurs fois ce qui n'arrive qu'une fois ou, au contraire, en ne racontant qu'une fois ce qui se produit souvent. Il n'y a pas vraiment d'exemple dans *Je boude*. Sauriez-vous en inventer un? Voici le mien : chaque fois qu'il est l'heure de dormir, ma fille décide qu'elle a soif, peur, mal au ventre et envie de pipi. Ce que je raconte s'est produit des centaines de fois — croyez-moi! — mais je me contente de le raconter une seule fois.

Dans *Je boude*, la figure temporelle — ce jeu entre le temps du récit et le temps de l'histoire — la plus marquée touche à l'ordre temporel. La chronologie des événements est complètement bouleversée. Dans l'histoire, Jiji fait des bêtises, est punie et boude. Dans le récit, Jiji boude, elle fait des bêtises et elle est punie. Ces inversions, nous l'avons mentionné, expriment le refus de Jiji d'admettre la relation de causalité entre les événements.

L'ESPACE

L'*espace* du récit mérite aussi d'être interrogé. Il ne s'agit pas d'un simple décor. L'espace peut nous renseigner sur les personnages, nourrir l'action et même devenir le thème central du récit. Dans un roman où le héros adolescent fait une fugue, l'analyse de l'espace qu'il quitte et de celui qu'il adopte ou dans lequel il erre est très révélatrice. Dans un album, l'espace peut être décrit avec des mots ou représenté dans l'image. Ces lieux peuvent être neutres ou très définis.

Dans *Je boude*, Jiji semble lutter contre le monde entier. Elle est révoltée. On a beau chercher, fouiller le texte comme l'image, il n'y a pas d'espace dans lequel elle semble en harmonie. Les personnages peuvent s'opposer à leur espace ou y trouver refuge. Ils peuvent subir l'espace qui les entoure ou agir sur lui. Souvent, la quête du personnage principal l'entraîne dans un périple au cœur de divers espaces qu'il traverse rapidement ou dans lesquels il s'arrête plus ou moins longtemps, par choix ou par contrainte. Il est parfois intéressant de reconstituer l'itinéraire du personnage en tentant de cerner la valeur de ces divers espaces. Est-il plus heureux dans un monde petit et fermé ou dans un monde vaste et ouvert? Ces colorations diverses de l'espace participent à la caractérisation du personnage; elles nous fournissent de précieux indices sur son identité, sa quête.

L'espace, comme le système des personnages, s'organise, le plus souvent, en paires d'opposition : clos/ouvert, chaud/froid, aride/humide, etc. Les personnages qui se ressemblent, s'aident ou, simplement, vivent en harmonie participent des mêmes espaces. Leurs opposants appartiennent souvent à des espaces très différents. L'espace prend parfois une dimension symbolique. Dans *Le Héron bleu*, un des joyaux de la littérature jeunesse américaine, la rupture entre Jeff, le héros, et sa mère s'exprime par un éloignement géographique. Il habite dans le Maryland et elle, en Caroline du Sud. Jeff tente désespérément de reprendre contact, de nouer des liens avec sa mère, mais un gouffre les sépare. Au début, Jeff ne perçoit pas clairement la dynamique entre sa mère et lui. Il est malheureux, tout simplement. Et puis, un matin, il enfourche son vélo et s'enfuit bien loin. Il emprunte un bateau et se retrouve sur une petite île. C'est là qu'il comprend : il est seul au monde. Cette correspondance entre l'espace géographique et son état d'âme, comme son statut familial, le bouleverse. Il découvre qu'il est une île. Et qu'il y aura toujours cette barrière d'eau entre lui et les autres.

LA LANGUE

Il y a un plaisir des mots. Les mots, nous l'avons dit, sont le seul matériau dont dispose l'écrivain pour tout exprimer : les actions des personnages tout autant que leurs émotions. Mais les mots signifient également avec leur sonorité, leur agencement, leur pouvoir d'évocation. C'est la magie de la langue qui, elle aussi, se construit à partir d'une multitude de choix. Dans *Lettres à mon écrivain*, publié aux éditions Lacombe, une adolescente de quinze ans, Ève, écrivait : « Jamais, de ma courte vie, je n'aurais cru les mots aussi puissants ». Sans doute venait-elle de découvrir le pouvoir de la langue. Les mots peuvent produire divers effets. Dans *La Vraie Histoire du chien de Clara Vic*, Christiane Duchesne réussit, avec de simples mots, à créer des images saisissantes et un climat poétique. Ainsi, l'héroïne Clara Vic écrit dans son journal : « J'habite dans une île en marbre vert. On la gruge à petits coups, on la creuse de partout. On mange les montagnes. Et il en reste toujours. »

La littérature jeunesse tente de tenir compte du jeune lecteur sur le plan de la langue aussi. Un exemple? Robert Munsch est un des auteurs pour enfants les plus populaires du monde. Avant d'écrire pour les tout-petits, il travaillait dans une garderie. Le succès de ses albums tient aux histoires, qui misent sur les grands lieux de l'enfance (le pipi, le dodo, la fête...), à une mise en récit simple et très rythmée (un peu à la façon des contes traditionnels avec des répétitions de séquences) et, surtout, à la musicalité de la langue. Son écriture d'une rare efficacité est très complice de l'enfance : rimes, onomatopées, choix de mots en fonction de leur sonorité, petits bouquets de mots répétés.

Chez Munsch, le choix des mots fait rire, crée des attentes, permet d'anticiper la suite, dessine des atmosphères. L'effet Munsch est particulièrement efficace en langue originale anglaise, mais il persiste jusque dans les traductions. Ainsi, dans *Le Dodo*, à quatre reprises des gens viennent avertir Simon qu'il est l'heure de dormir. Il doit se taire. Chaque fois qu'un personnage (père, mère, frères et sœurs, policiers) se dirige vers la chambre de Simon, on peut lire : « Clong, clong, clong, clong, clong, clong » lorsqu'il monte l'escalier et la même série de mots lorsqu'il redescend, une fois l'avertissement donné. Entre les deux, toujours cette même phrase : « Simon, du fond de son lit, fait signe que oui. » Mais, à la page suivante, on lit : « Aussitôt qu'il arrive en bas, Simon se met à chanter : " Bing, bang; bing, bang, boum, je veux qu'on m'entende. Bing, bang; bing, bang, boum, je veux qu'on m'entende partout..." » Les enfants adorent!

LE SENS DU RÉCIT

L'analyse du récit permet de mieux apprécier, de cerner, d'explorer mais aussi de dégager le *sens du récit*. En littérature jeunesse, cette dimension est particulièrement importante car, comme nous l'avons dit, à travers ces livres, des adultes communiquent avec des enfants. Que tentent-ils de leur dire?

Prenons un classique de la littérature jeunesse contemporaine : *Max et les Maximonstres,* de l'Américain Maurice Sendak. Créé en 1963, cet album fut très controversé. Le psychiatre américain Bruno Bettelheim condamna même l'œuvre parce qu'elle remettait en cause l'autorité des parents. Bettelheim aurait dû analyser soigneusement ce récit. À première vue, bien sûr, on remarque surtout la révolte du petit garçon, Max, le héros de l'histoire. Comme Jiji, il a été puni, mais il ne se contente pas de bouder. Isolé dans sa chambre, il fuit. Empruntant les voiles de son imaginaire, Max met le cap sur le pays des Maximonstres où il est roi : le plus terrible, le plus monstrueux des monstres. Mais l'itinéraire du héros le ramène à sa chambre car, après un long séjour au pays des Maximonstres, Max se sent seul. La fin du récit représente un retour à l'ordre, l'acceptation, la fin d'une révolte. Aussi amusant et étonnant soit-il, *Max et les Maximonstres* prêche une morale traditionnelle. Le livre donne raison à l'autorité, aux adultes. Les enfants doivent transcender leur colère, accepter leur punition — Max prendra son dîner seul dans sa chambre — et, de façon générale, obéir à leurs parents.

Capsule

● La notion de narrataire est peut-être nouvelle pour vous. Alors, pour démêler un peu l'affaire, nous vous proposons... un Casse-tête chinois. *Le narrateur est celui qui raconte et le narrataire celui à qui il s'adresse. Ce pauvre narrataire est souvent tenu pour acquis : le narrateur suppose qu'il est bien là. Mais il arrive que, dans certains récits, le narrateur hausse le ton en quelque sorte. Il s'adresse plus clairement au narrataire, l'interpelle, le secoue... Le roman policier* Casse-tête chinois, *de Robert Soulières, débute par cette phrase : « Une heure et quarante-trois minutes, c'est le temps qu'il vous faudra pour lire* Casse-tête chinois *si vous ne lambinez pas en chemin et si vous sautez le chapitre 8. » Ici, le narrateur s'adresse directement au narrataire. Ce début du livre s'intitule « Avertissement de l'auteur » et la page est signée « R. S. » (Robert Soulières). S'agit-il d'un auteur s'adressant à son lecteur ou d'un narrateur communiquant des informations au narrataire? Vous n'êtes pas sûr? Alors, relisez tout le chapitre! Voici un indice : cet « Avertissement de l'auteur » est bel et bien une page du roman...*

Pour en savoir plus

Cela fait beaucoup de notions à digérer d'un coup? Tout n'est pas parfaitement clair? À moins que vous n'ayez envie d'en savoir plus? Lisez l'ouvrage suivant :

Paquin, Michel et Roger Reny. *La Lecture du roman*, Belœil, éditions La lignée, 1984, 258 p.

Ponctuation

JIJI BOUDE OU JIJI EST PUNIE?

Tout dépend du point de vue... Racontez à un enfant, livre en main, l'album *Je boude* en lisant le texte sans ajouter de commentaires. Puis, fermez le livre et demandez à l'enfant de vous raconter lui-même l'histoire sans utiliser le livre. Que remarquez-vous? L'enfant replace-t-il spontanément les événements en ordre chronologique : Jiji fait des bêtises, elle est punie, elle boude? Ou conserve-t-il l'ordre du récit? L'enfant a-t-il oublié des séquences? Quelles séquences a-t-il surtout retenues? Ajoute-t-il des commentaires — ou même des épisodes — de son cru?

IMAGES ET LIVRES D'IMAGES

LE MUET ET LE PARLANT

Prenez un album, un de ces livres pour enfants abondamment illustrés. Idéalement, chaque page devrait comporter une image. Examinez attentivement chaque illustration sans lire le texte qui l'accompagne. Quelle histoire raconte ce livre à votre avis? Maintenant, lisez le texte. L'histoire proposée par l'auteur est-elle différente de celle que vous avez construite en vous appuyant seulement sur les images?

L'IMAGE NARRATIVE

En lisant le texte de l'album, vous avez peut-être découvert une tout autre histoire. C'est normal! Le texte peut préciser, restreindre, voire même contredire le discours de l'image. Nous verrons au chapitre suivant comment texte et images se marient dans un album. Mais pour que le texte restreigne, complète ou contredise le discours des images, il faut que l'image raconte. Dans les albums pour enfants, l'image ne se contente pas de représenter : elle participe à un récit en images. Vous l'avez senti en lisant les images d'un album sans vous référer au texte. L'enchaînement d'images suggérait déjà une histoire. « Raconter une histoire n'est pas le privilège exclusif du langage oral ou écrit. Les images aussi nous parlent, à leur manière[1] », écrivent Marion Durand et Gérard Bertrand. Il y a donc un discours de l'image. L'image plastique peut avoir une fonction narrative[2].

L'image existe depuis presque toujours. En 1940, on a découvert sur les parois d'une grotte en France, dans le Périgord, de vastes peintures datant de la préhistoire. Ces images de la grotte de Lascaux représentent, entre autres choses, des taureaux de quelque cinq mètres de large! Depuis, l'être humain a multiplié les supports de même que les techniques de représentation. Mais toutes ces images ne sont pas narratives; elles se contentent parfois de représenter le monde sans proposer un véritable récit.

L'*Orbis Pictus*, du pédagogue tchèque Comenius, est considéré comme l'ancêtre de l'album pour enfants. Publié en 1658, ce petit manuel scolaire prenait la forme d'un abécédaire illustré et, pas plus que la plupart des abécédaires, il ne racontait une histoire. C'est parce qu'il s'agissait d'un livre pour enfants où l'image occupait une place importante qu'on en a fait l'aïeul de l'album contemporain. La littérature de colportage a fourni les premières images aux enfants, sous forme de feuilles volantes. Au dix-huitième siècle, les populaires images d'Épinal[3] s'adressent au peuple, en grande partie analphabète, mais aussi aux enfants. L'imagerie du dix-neuvième siècle ne distingue guère le public adulte du public enfantin. Il suffit de voir les illustrations — plutôt effrayantes — du *Petit Poucet* de Perrault faites par Gustave Doré en 1862 pour s'en convaincre[4].

L'évolution des techniques de reproduction a beaucoup influencé l'histoire de l'imagerie plastique. À la fin du dix-huitième siècle, l'Anglais Thomas Bewick introduit la gravure sur bois et, au début du dix-neuvième siècle, Rodolphe Töpffer, ancêtre de l'illustration pour enfants, exploite le procédé de la lithographie. Ce pédagogue genevois définissait clairement deux façons d'écrire des histoires : l'une avec des chapitres, des lignes, des mots (littérature tout court); l'autre avec des successions de scènes représentées

---

1. Marion Durand et Gérard Bertrand. *L'Image dans le livre pour enfants*, Paris, éditions L'école des loisirs, 1975, p. 85.
2. Sur le récit en image (la figuration narrative), voir le cours de la Télé-université sur la bande dessinée et la figuration narrative (1992, P. Bleton et C.-M. Pons).
3. En 1735 Nicolas et Gabriel Pellerin ont fondé à Épinal un atelier d'imagerie populaire.
4. La maison Gallimard publie, en format poche, une édition des contes de Perrault (*Contes de ma mère l'Oye*) illustrée par Gustave Doré.

graphiquement (littérature en estampes). Dès ses débuts, au dix-neuvième siècle, l'album pour enfants refuse de choisir, intégrant plutôt les deux formes de récit : linéaire (succession de phrases) et tabulaire (succession de tableaux). Au vingtième siècle, le développement de la quadrichromie a contribué à l'essor de l'album. De nos jours, dans un monde dominé par l'image, les illustrations de livres d'enfants constituent un langage unique d'une grande richesse esthétique et narrative et les techniques sophistiquées d'infographie ouvrent la voie à une nouvelle tradition de mise en images.

L'ALBUM : ART DU TEMPS ET DE L'ESPACE

Tout récit, nous l'avons souligné au chapitre précédent, suppose une transformation, un avant et un après. Cet enchaînement d'événements exprime nécessairement une certaine durée. Or, l'illustration dans un album, comme la toile d'un peintre dans une galerie, est fixe, immobile. Le cinéma, au contraire, propose une succession d'images en mouvement dont la lecture réclame une certaine durée. L'illustration et la peinture font partie de la grande famille des *arts de l'espace* que l'on peut opposer aux *arts du temps* [5]. Les premiers racontent tout naturellement; les deuxièmes doivent ruser pour y arriver. Le cinéma, la danse, le langage sont des arts du temps : ils se déroulent dans le temps; on ne peut avoir accès à tout leur contenu dans l'immédiat. La peinture, la gravure, la sculpture sont des arts de l'espace « parce que leur signification est tout entière déposée dans l'espace et qu'elle est perçue, comme lui, dans l'immédiat[6] ».

Il existe toutefois plusieurs différences très importantes entre le tableau d'un peintre et une illustration tirée d'un album pour enfants. Comparez les figures 1 et 2.

À première vue, ces images sont de même nature et toutes deux représentent un enfant dans un cadre champêtre. Toutefois, la deuxième est tirée d'un album pour enfants. Elle ne se contente pas de représenter un enfant dans un cadre champêtre. Relisez l'image dans le contexte de l'album (figures 3 à 8) :

---

5. Ces notions sont explorées davantage dans *L'Image dans le livre pour enfants*.
6. Durand et Bertrand, *op.cit.*, p. 110.

Figure 1

Figure 2

Figure 3

Figure 4

Figure 5

Figure 6

Figure 7

Figure 8

L'image numéro 5 ne représentait donc pas simplement un enfant dans un champ; elle représentait *un enfant qui a perdu sa balle en courant et la cherche dans un champ.*

Dans l'album pour enfants, le support de l'image est un livre. L'album est constitué d'une série d'images, accompagnées ou non de texte[7], et présentées sur un support de feuilles semi-mobiles. Chaque image fait partie d'un tout. Un peu comme le mot dans une phrase, l'image ne prend alors toute sa signification que dans le contexte de son insertion dans une série d'images. L'album propose un enchaînement d'images. On peut lire le tableau d'un peintre sans bouger, en le parcourant simplement du regard. Pour avoir accès à tout le contenu d'un album, il faut lire successivement chacune des images en tournant les pages. Cette suite d'images présente un déroulement progressif, dans le temps, qui favorise la construction d'une trame narrative.

L'album est constitué d'images, ce qui en fait un art de l'espace, mais il impose un ordre de lecture, une certaine durée, un peu comme le cinéma, bien qu'en moins accéléré, ce qui en fait un art du temps. De plus, l'image de l'album se marie le plus souvent à un texte — art du temps par excellence — pour raconter. Les images d'un album représentent donc un langage unique où l'espace est fragmenté en plusieurs pages pour constituer un enchaînement que l'on reçoit nécessairement dans le temps, à l'intérieur d'une certaine durée.

Les arts de l'espace doivent user d'astuce pour exprimer le temps et le mouvement. Imaginez l'histoire de Guillaume : *Guillaume est à l'aéroport. Il court vers la passerelle de l'avion puis monte à bord. L'avion décolle, vole au-dessus de plusieurs villes puis atterrit. Guillaume descend de l'avion.* Pour raconter l'épisode de la course de Guillaume vers l'avion, le cinéma propose une succession d'images défilant rapidement, laquelle succession nous permet de voir Guillaume courir vers la passerelle. Mais l'image, seule, peut-elle suggérer le mouvement? Comment peut-on, par exemple, faire courir le petit Guillaume sur une feuille de papier avec pour seul instrument un crayon? Pour raconter, pour exprimer le mouvement et la durée, l'album s'appuie sur ses qualités d'art du temps en

---

7. Il existe de nombreux albums sans texte. Il peut s'agir de très courts récits en images pour les tout-petits ou d'œuvres plus élaborées et d'une grande audace esthétique. L'illustration numéro 05 (ainsi que toutes les illustrations auxquelles le texte fait référence, renvoient à l'encarté couleur situé au centre de ce livre), de Claude Ponti, est tirée de *L'Album d'Adèle*, un superbe album sans texte qui, à sa façon, raconte une foule d'histoires.

proposant une succession d'images mais aussi, comme les arts de l'espace, il s'amuse, dans une même image, à ruser avec l'espace.

Il y a plusieurs façons de ruser avec l'espace pour suggérer la durée et le mouvement sur une seule image. L'artiste peut illustrer « Guillaume court vers la passerelle » comme dans la figure 9.

Figure 9

Cette technique fort simple, la représentation du mouvement, est la plus fréquente. L'illustration capture un mouvement dans l'instant et, dès lors, suggère un avant et un après. On devine qu'une jambe va retomber, l'autre s'élever... Examinez l'illustration de Stéphane Poulin tirée de l'album *Peux-tu attraper Joséphine?* (illustration numéro 16). Non seulement le héros, le petit Daniel, et sa chatte, Joséphine, sont-ils dessinés dans l'instantanéité d'un mouvement, mais c'est aussi le cas de plusieurs autres personnages : la fillette tombant du matelas, l'amateur de soccer courant vers la balle, la fillette escaladant le câble... Résultat? Une image fixe mais riche en mouvements.

On peut imaginer une autre façon d'exprimer, sur une page, comme dans la figure 10, cette simple phrase : « Guillaume court vers la passerelle ».

Figure 10

La bande dessinée mise beaucoup sur la fragmentation de l'espace d'une même page, mais cette technique ne lui est pas exclusive. L'illustratrice Binette Schroeder joue magistralement cette carte dans *Le Prince grenouille*. À plusieurs reprises, elle juxtapose deux, trois ou même cinq mouvements successifs sur la même page ou sur une double page. Examinez bien l'illustration numéro 13, sur une double page, où la grenouille escalade péniblement les marches du palais pour réclamer son dû à la princesse. L'art de Binette Schroeder consiste à découper l'espace pour représenter cinq moments consécutifs à la fois isolés et unis. Les lignes arbitraires délimitant chacun de ces moments trouvent leur justification dans l'architecture de l'image : elles vont se fondre dans la ligne saillante d'une colonne du château; elles se perdent dans le pli des deux pages du livre ou encore elles rejoignent les limites d'un cadre renfermant le texte. Ce découpage est particulièrement astucieux puisqu'il exprime tout à la fois la répétition et la simultanéité. L'image de la grenouille est répétée, mais le décor est unique : les sauts successifs de la grenouille ont toujours lieu sur la même série de marches menant à la princesse.

Mais l'album, nous l'avons dit, fait aussi appel à ses qualités d'art du temps pour raconter et, donc, exprimer le mouvement et la durée. L'album *En l'air*, de Donald Crews, raconte une histoire semblable à celle de notre petit Guillaume à l'aéroport. Le récit décrit surtout la trajectoire d'un avion dans lequel est monté un petit garçon. L'auteur-illustrateur mise beaucoup sur la fragmentation de l'espace en plusieurs pages pour créer l'illusion du mouvement. Examinez les illustrations numéros 04-A et 04-B. Ces deux illustrations successives sont présentées chacune sur une double page dans l'album. Dans la première image, l'avion est dessiné dans la moitié inférieure de la page de gauche. L'appareil touche d'ailleurs aux limites du cadre de cette page; un peu plus et il disparaîtrait dans le vide. L'orientation de l'avion suggère une trajectoire de gauche à droite. Sur l'image suivante, l'avion a changé de place. Non seulement l'appareil s'est-il déplacé sur la page de droite, mais il occupe aussi la moitié supérieure de la page. Le lecteur d'images comprend tout de suite : l'avion a décollé. Une lecture plus attentive de l'image nous permet de confirmer ce mouvement. Des édifices dessinés en arrière-plan ont disparu; d'autres sont loin derrière et d'autres encore apparaissent pour la première fois. Entre ces deux doubles pages de l'album, il y a un trou, un blanc, que le lecteur d'images comble spontanément en se représentant le mouvement menant de la situation 1 (illustration numéro 04A) à la situation 2 (illustration numéro 04B).

Certains albums ne se contentent pas de suggérer le mouvement : ils le mettent en scène avec la participation de l'enfant lecteur. C'est le cas de plusieurs livres animés. Les jeunes lecteurs d'images sont invités à tirer des languettes ou à soulever des caches pour animer des scènes ou des personnages. Les techniques d'animation de ces « livres-qui-bougent » sont de plus en plus diversifiées et sophistiquées. L'illustratrice Lucy Cousins a créé une petite souris nommée Mimi, vedette d'une collection de livres animés. Dans *Mimi va nager* (éditions Ouest-France, 1990), les enfants déshabillent Mimi en lui retirant tour à tour son bonnet bleu et son écharpe, puis ses bottines et son manteau, son chandail gris et son pantalon vert, son t-shirt violet, ses chaussettes jaunes et, finalement, son caleçon orange. Les éléments de costume sont rabattus ou glissent sur un support de carton. À la toute fin, Mimi est dans l'eau et les enfants peuvent la faire nager en tirant une languette de carton. Ici, l'image ne ruse plus avec l'espace : elle triche joyeusement. Il ne s'agit plus de créer l'illusion du mouvement mais bien de le fabriquer. La page reste fixe, mais des éléments de l'image se mettent en mouvement. Le livre n'est plus un simple support; il devient un jouet.

L'ENFANT, INTERPRÈTE DU RÉCIT EN IMAGES

Imaginez la scène : un gamin de quatre ans est blotti contre un adulte; un album est ouvert, petit pont entre les deux. L'enfant veut connaître l'histoire. Alors, l'adulte raconte en déchiffrant les mots et oriente ainsi la lecture des images que poursuit le tout-petit simultanément. Le lendemain soir, le même enfant réclame la même histoire au même adulte. Il a compris que les étranges petits signes noirs livreraient le même récit. Lui-même reconnaît des bribes d'histoire en revoyant les images. Une semaine plus tard, le même enfant, seul cette fois, ouvre fébrilement le livre et se raconte l'histoire à haute voix, plus ou moins fidèlement, avec sa mémoire de ce qui lui a été plusieurs fois raconté mais aussi avec son affectivité, ses rêves. La petite guenon qui s'appelait Kiki dans l'histoire a ainsi été rebaptisée Frédéric. C'est le nom de l'enfant...

Le langage est un code secret pour les tout-petits. Il faut compter quelques années pour le maîtriser. Les albums pour enfants sont surtout des livres racontés, car les lecteurs d'images auxquels ils s'adressent ne possèdent pas encore les clés donnant accès au texte. Mais qu'en est-il des images? Peut-on lire toute image à tout âge? « L'adulte soupçonne mal à quel point l'image apparemment la plus simple peut se révéler complexe à l'analyse, ni surtout combien les connaissances qu'elle requiert sont étendues et variées[8] », écrivent Marion Durand et Gérard Bertrand. Il existe trois stades dans la lecture d'images : 1) l'image-mot, 2) l'image-phrase, 3) les images-récit. Ce lent apprentissage secret amène les enfants à faire le lien entre la réalité et ses représentations graphiques puis à suivre le déroulement d'un récit en images.

L'IMAGE-MOT

Figure 11

---

8. Durand et Bertrand. *Op. cit.*, p. 99

La figure 11 représente un chien, un gros chien poilu, vous l'avez reconnu. Mais cette série de traits est une convention. Un monde sépare ce dessin du vrai chien que possède peut-être votre voisin. En dessinant ce chien, l'artiste a choisi de miser sur certaines caractéristiques de l'animal et d'en négliger d'autres. On ne voit pas de pattes griffues, ni de gueule un peu baveuse, ni de traces de boue sur le pelage. La taille de l'animal a été considérablement réduite et une des trois dimensions de l'animal a été occultée. L'image schématise la réalité. Cet écart entre l'animal véritable et sa représentation impose au tout-petit une sérieuse réflexion sur l'identité de la chose dessinée. Lorsque l'écart est comblé, il s'écrie : *chien!*, tout heureux de sa découverte. L'énigme a été résolue. L'enfant a interprété les signes graphiques et reconnu le concept représenté.

L'IMAGE-PHRASE

Figure 12

Cette image ci-dessus présente un double défi. Non seulement l'enfant doit-il identifier le chien ainsi que l'enfant, mais il doit aussi comprendre que ces deux éléments sont liés. Ils composent un tableau narratif que l'on pourrait traduire par une phrase : *le chien lèche l'enfant.* Un mot ne suffit plus à résumer l'image. L'image ne sert plus uniquement à montrer : elle commence à raconter. En outre, il ne s'agit pas d'une simple représentation statique; l'image est dynamique. Le lecteur d'images devine bien que le chien donne plusieurs coups de langue, même si l'image ne révèle qu'un moment de la scène.

L'IMAGE-RÉCIT

Figure 13

À vous de jouer. Inventez un avant et un après. Que se passe-t-il dans la première image? Puis dans la deuxième? Le chien et l'enfant se connaissaient-ils? Avaient-ils été longuement séparés? Ou l'enfant revient-il simplement de l'école? Dans les quatrième et cinquième images, l'enfant tentera-t-il de prolonger le jeu? Ou trouvera-t-il un moyen d'échapper à la grosse langue baveuse? Quel que soit le contenu de ces images, l'enfant lecteur aura à faire un lien entre elles, à combler les trous, à établir un discours. Pour traduire ce discours de l'image en mots, l'enfant lecteur devrait recourir à plusieurs phrases. Examinons la série d'images de la figure 14.

Entre la première et la deuxième image, l'enfant lecteur ne doit-il pas comprendre que le chien s'est déplacé vers une fenêtre? Et entre la deuxième et la troisième image, ne doit-il pas déduire que le chien est sorti dehors? À chaque image, l'enfant identifie les éléments graphiques et établit des liens entre eux mais, après, il doit faire le lien entre les images. Cette troisième opération donne lieu à un discours qui dépasse le mot et la phrase. Mettez-vous dans la peau d'un enfant de cinq ans qui explore cette série d'images. S'il réfléchit à haute voix — ce qui est très fréquent à cet âge — que risque-t-il de dire? Essayons de l'imaginer : « *Le chien s'ennuie; il est seul à la maison* (image 1). *Le petit garçon s'en vient. Le chien est content* (image 2). *Le chien saute sur Guillaume et le lèche* (image 3). *Guillaume lance une balle. Le chien court après celle-ci* (image 4). *Guillaume s'essuie. Ouache!* (image 5) ».

Les éditeurs ont inventé diverses catégories d'albums pour aider les enfants à passer d'un stade de lecture d'images à l'autre. On peut, de façon générale, regrouper les albums pour enfants en trois grandes catégories :
— imagiers et autres non-récits;
— premiers récits;
— albums divers.

Dans le premier cas, l'enfant lecteur se contente de nommer et, parfois, de mettre divers éléments de l'image en relation. Il n'y pas de récit, c'est-à-dire pas de lien temporel entre les images. Avec les premiers récits, l'enfant lecteur doit établir des liens entre plusieurs éléments d'une même image mais aussi entre différentes images. Enfin, l'album « tout court » s'adresse aux enfants qui maîtrisent déjà la lecture d'images comme la lecture du récit en images.

Image 1

Image 2

Image 3

Image 4

Image 5

Figure 14

CATÉGORIES D'ALBUMS

IMAGIERS ET AUTRES NON-RÉCITS

Les livres pour les tout-petits n'ont pas toujours existé. Au cours des dernières décennies sont apparus les « bébés-livres », qui répondent à un souci pédagogique d'adapter les livres à nos connaissances sur le développement des tout-petits. L'image et le format du bébé-livre tiennent compte de la réalité des tout-petits. Le support est petit et résistant — carton rigide ou plastique — ce qui permet aux petites mains maladroites d'explorer à satiété sans tout briser. Les bébés-livres sont illustrés dans une langue intelligible à un bébé d'un an : mise en pages aérée, focalisation sur un nombre réduit d'objets et de sujets, dessins simples et stylisés, couleurs vives en aplat et contours nets. La série Caillou, d'Hélène Desputeaux, représente bien cette tendance de l'image dans le « bébés-livres ». L'illustration numéro 28, tirée de l'album *Les Petits Mots*, ne fait pas partie d'un récit. Chacune des images prend la forme d'un tableautin présentant un moment dans la vie de Caillou.

La notion de « bébé-livre » désigne surtout un format adapté : plus petit et plus résistant. De nombreux bébés-livres prennent la forme d'imagiers. Les imagiers constituent un premier dictionnaire visuel. Leurs pages ne sont pas toujours cartonnées et plastifiées à la manière de celles des « bébés-livres »., mais ils font partie des premiers livres offerts aux tout-petits, avant l'étape des premiers récits. Pour le petit d'un an ou deux, l'univers est drôlement fait. Tout est trop loin, trop petit ou trop grand. L'imagier dépose le monde dans la main de l'enfant. Il capture pour lui des objets ou des animaux familiers, les réduit à une taille accessible, les simplifie et les remet à l'enfant. Le chat qui bondit et s'esquive chaque fois que le tout-petit approche se laisse sagement contempler sur la page de l'imagier.

PREMIERS RÉCITS

Les premiers récits proposent de courtes histoires. L'enfant doit non seulement lire chaque image mais faire le lien d'une image à l'autre en comblant les vides pour construire le récit. Les premiers récits sont élaborés de façon telle que les trous entre les images soient minimes. Pas question de présenter bébé ours dans la forêt puis, à la page suivante, dans sa maison. L'illustrateur réduira l'écart entre les deux images en nous présentant l'étape intermédiaire : bébé ours se dirigeant vers sa maison. Dans les premiers récits, le nombre d'images est réduit et aucune de ces images n'est trop chargée d'éléments. La fonction de ces albums est claire : aider l'enfant à apprivoiser le récit en images. Les illustrations numéros 04A et 04B représentent bien l'album de type premier récit. L'illustrateur n'a pas dessiné tous les détails de l'avion pour en faire une représentation fidèle : il a choisi l'essentiel. Quant au décor, il est réduit à quelques éléments. Entre l'illustration numéro 04A et l'illustration numéro 04B, il n'y a pas de gouffre. Tout juste un petit saut à faire. L'enfant lecteur découvre un lien temporel entre les images : l'une mène à l'autre. L'ordre de lecture n'est pas réversible. Chaque image prolonge la prédédente et annonce la suivante. Dans le bébé-livre, présenté sous forme d'imagier ou en tableautins, les images sont libres, elles peuvent être lues dans n'importe quel ordre.

UNE VARIÉTÉ D'ALBUMS

Une fois l'étape des premiers récits passée, les enfants ont accès à une grande variété d'albums. Tout devient possible. Les illustrateurs peuvent proposer des images de factures très différentes : naïves, impressionnistes, surréalistes... L'image se complexifie, elle multiplie les clins d'œil à l'enfant lecteur et se laisse dévorer lentement. Une foule de détails réclament l'attention et des récits secondaires peuvent venir se greffer au récit principal. Observez l'illustration numéro 09. De nombreuses scènes se jouent en même temps. Aviez-vous remarqué la grenouille à la fenêtre? celle qui fait la grimace?

L'album pour enfants est un support étonnamment souple. Le format des pages varie beaucoup. Ainsi, la collection Mini-livres, aux éditions Nord-Sud, propose-t-elle des albums poche de six sur huit centimètres! Quant aux albums géants de la maison Gallimard, ils mesurent quelque trente-cinq sur quarante-cinq centimètres. Quel que soit le format de l'album, les images peuvent occuper l'espace d'une page simple ou s'étaler sur une double page. L'illustration numéro 14 est tirée de l'album *Samedi au paradis* de Helme Heine, un véritable petit bijou de mise en pages. Heine raconte la création du monde. Dieu a peut-être créé le monde en sept jours, mais Heine a décidé d'accorder plus d'importance au samedi. Au début du livre,

Helme Heine raconte, à toute vitesse, la création de la lumière et du ciel, de la terre, de l'eau et des plantes. Tout ce que le Créateur est censé avoir réalisé du lundi au vendredi est comprimé dans ces quelques pages qui, étonnamment, précèdent la page titre. L'illustration numéro 14 présente, au contraire, un seul petit moment du samedi, jour où Dieu créa des enfants. L'auteur-illustrateur est complice de l'enfance et ses illustrations trahissent cette complicité joyeuse. Alors que, pour raconter les premières créations, Heine segmentait l'espace de la double page, l'illustration numéro 14 inonde la double page avec un gros plan. L'effet est assez saisissant pour le lecteur qui feuillette tranquillement ces pages. Un vent de folie, de liberté, d'euphorie même, semble souffler.

La double page a souvent une fonction descriptive, comme dans l'illustration numéro 09 mettant en scène l'héroïne de *C'est pas juste!* Elle peut aussi servir à mettre en valeur un moment du récit, comme c'est le cas avec l'illustration numéro 14 de Helme Heine. Certains albums présentent une alternance régulière simples pages/doubles pages, d'autres exploitent l'effet de surprise d'une double page, d'autres encore misent exclusivement sur la double page.

L'illustrateur peut décider de laisser un vaste espace blanc en n'occupant qu'une faible portion de l'espace d'une page. C'est le cas de Helme Heine dans les illustrations précédant la page titre, mais aussi de Monique Félix qui, dans l'illustration numéro 21 tirée du livre *Histoire d'une petite souris qui était enfermée dans un livre*, lance son petit personnage dans un vaste espace blanc où il semble un peu perdu. L'espace blanc n'est pas un vide; il fait partie de l'image et participe à la construction du sens.

La lecture de l'image, c'est tout l'art de voir. Les lignes, les volumes, l'ombre et la lumière, le choix des couleurs, les silhouettes, les formats, les compositions, les angles de vue... Et lire l'image, c'est bien plus qu'identifier les représentations et reconstituer le récit. Les images n'ont pas pour seule fonction de représenter le réel et de raconter. Elles peuvent aussi faire rire, étonner, émouvoir, faire rêver. L'image dénotative est celle qui représente sagement. L'exemple le plus clair est celui des illustrations dans un imagier. Mais l'image peut aussi être connotative : elle dit alors plus que ce qu'elle représente. Observez attentivement l'illustration numéro 01 tirée de l'album *Amahl et les Visiteurs de la nuit*, illustré par Michèle Lemieux. L'image représente Balthazar, un des Rois mages, mais elle connote aussi le merveilleux, l'exotisme, le mystère. La représentation a quelque chose d'irréel, comme si le personnage appartenait à un autre univers. Michèle Lemieux a obtenu cet effet par un gros plan du personnage et un habile contraste entre le noir en aplat des mains et du visage et les jaunes aux nombreux reflets des vêtements nimbés de lumière. La sobriété du décor met en valeur la richesse éclatante du personnage, et les détails de texture des vêtements — broderies, incrustations, drapés — s'opposent aux silhouettes nettes de lointains édifices en arrière-plan. L'oiseau apporte une dimension allégorique à la représentation : pureté, lumière, fragilité...

Capsules

● L'illustrateur québécois Philippe Béha crée des textures et des couleurs insolites à partir de recettes de peinture tout à fait farfelues : il peut mélanger de l'encre bleue avec du jus d'orange, de l'encre verte avec de l'eau de Javel, de l'encre jaune avec du savon à vaisselle...

● Friponi, fripono, fodge *(illustration numéro 03)* met en scène de nombreux animaux. L'illustratrice, Suzanne Duranceau, a dû s'adjoindre deux assistants et travailler deux ans pour terminer les illustrations de cet album. L'équipe a ratissé les fermes et couru les foires agricoles pour choisir des modèles vivants avant d'organiser de longues séances de photos avec les distingués élus. Le chat et la souris d'Alma, la fille de Suzanne, ont aussi posé. Ces photographies ont servi de références à l'illustratrice dans l'élaboration des représentations plastiques. Suzanne Duranceau a un faible pour les quadrupèdes. Elle vit, en ville, avec un rat, un lapin, une tortue géante batifolant dans quarante gallons d'eau et trois autres plus petites, mais encore plus rares, venues d'on ne sait où.

Pour en savoir plus

● *sur le récit en images dans l'album pour enfants :*

Danset-Léger, Jacqueline. *L'Enfant et les Images dans la littérature enfantine*, Bruxelles, éditions Pierre Mardaga, 250 p. Voir surtout p. 147-159 pour la notion de récit en images.

Durand, Marion et Gérard Bertrand. *L'Image dans le livre pour enfants*, Paris, éditions L'école des loisirs, 1975, 220 p.

Escarpit, Denise. « De l'image au texte », dans *Le Livre dans la vie de l'enfant*, Actes du colloque tenu à l'Université de Sherbrooke du 2 au 4 juin 1977, 1978, p. 127-140.

● *sur l'art de voir :*

Peppin, Anthea et Helen Williams. *L'Art de voir*, Belgique, éditions Casterman, 1992, 186 p.

Cumming, Robert. *Regards sur la peinture*, Paris, éditions du Sorbier, 1986, 61 p.

Ponctuation

LES IMAGES EN VRAC

Et si on s'exerçait à lire l'image? Plongez lentement dans les illustrations suivantes :

○ numéro 02 (*Jérémie et M*^me^ *Ming*),
○ numéro 08 (*Chanson d'hiver*),
○ numéro 05 (*L'Album d'Adèle*),
○ numéro 19 (*Zunik dans le dragon*),
○ numéro 07 (*Bonjour, l'arbre*),
○ numéro 03 (*Friponi, fripono, fodge*),
○ numéro 22 (*Magie d'un jour de pluie*).

Essayez de reconnaître la spécificité de chacune de ces images, son caractère unique, son langage particulier, ses fonctions narrative, dénotative, connotative...

Poursuivez le jeu en vous mettant dans la peau d'un éditeur de livre d'art qui a reçu ces images en vrac avec des légendes en désordre. À vous d'accoler la bonne légende à la bonne image.

A) Sur une double page, une illustration dans laquelle règne le mouvement. Plusieurs éléments de la composition débordent le cadre de l'image pour occuper le contour blanc où se glisse le texte. Résultat? Une image éclatée, terriblement vivante.

B) Une image mais deux temps, deux espaces : l'imaginaire et la réalité. L'illustrateur y parvient en isolant le réel dans un coin pendant que l'imaginaire occupe tout le reste de l'espace.

C) Une foule d'éléments disparates naviguent sur cette page, mais chacun d'eux, même les plus isolés, semble vouloir raconter. Le lecteur d'images se surprend à faire des liens, à inventer des causes, des suites...

D) Le bonheur du personnage, son bien-être et sa douce sensualité s'expriment dans une composition harmonieuse sur une page simple. Le personnage est lové au centre de l'image alors que des éléments du décor semblent vouloir l'envelopper, le protéger. Symétrie, rondeurs et pureté des lignes concourent au même effet.

E) Pour exprimer le mouvement, l'illustratrice a décidé de croquer une scène sur le vif dans une instantanéité telle qu'un appareil photo

Ponctuation

n'aurait sans doute pas réussi à saisir ce moment précis. Le lecteur ne peut s'empêcher de prolonger mentalement les gestes, les chutes...

F) Avec une surabondance de détails sur une double page, l'illustrateur impose ici une certaine durée de lecture. Le lecteur d'images est invité non seulement à recevoir l'image d'un bloc dans toute sa luxuriance mais aussi à la brouter tranquillement pour mieux dénicher toutes les surprises.

G) Il est question de merveilleux et de fantaisie, alors l'illustratrice rompt avec la tradition : l'illustration occupe les trois quarts d'une double page; les lignes fuient en faisant des pieds de nez aux règles de la perspective et le merveilleux se mêle malicieusement au réel.

RÉPONSES :

A) illustration numéro 22;
B) illustration numéro 19;
C) illustration numéro 05;
D) illustration numéro 07;
E) illustration numéro 03;
F) illustration numéro 08;
G) illustration numéro 02.

Chapitre 7

UNE CHIMIE ÉTONNANTE

RECETTE

Vous connaissez sûrement l'un de ces couples : il est terriblement gentil, parfaitement sympathique; elle est exquise, vraiment merveilleuse. Mais voilà : ensemble, ils sont tout à fait insupportables! L'inverse peut être vrai. Certains individus sont plutôt assommants pris individuellement. Mais réunis, ils deviennent intéressants, l'un éclairant l'autre, lui servant de faire-valoir ou de stimulant. Question de chimie, disent les psychologues...

Les récits en mots et en images sont comme ces gens. Cela donne d'ailleurs bien du fil à retordre aux prescripteurs d'albums, ces spécialistes, bibliothécaires ou autres, chargés de sélectionner les meilleurs livres d'images destinés aux enfants. Le pire piège consiste à établir une liste de critères pour l'image et une autre pour le texte. Essayez pour voir. Vous découvrirez des albums aux images magnifiques (auxquelles vous accorderiez une note de huit sur dix, disons) liées à un texte très prenant (neuf sur dix peut-être) et, pourtant, vous ne décerneriez à cet album qu'une note de six ou sept sur dix. Pris séparément, les illustrations et le texte sont vraiment réussis, mais la chimie n'a pas eu lieu. Ni bouillonnement ni étincelles. Rien ne gonfle ni ne lève. D'autres albums, au contraire, étonnent. Le texte est parfois tout simple; les images n'ont rien d'extraordinaire. Mais leur mariage est surprenant. Dans ces cas, l'architecture de l'album est solide : texte et images sont parfaitement imbriqués. Le texte illumine les images qui, en retour, nous proposent une relecture fascinante de ce qui est écrit. Créer un album ne consiste pas simplement à juxtaposer un texte et des images. L'album naît d'une chimie, d'un mariage inusité du texte et de l'image. L'image ne se contente plus de répéter le texte : elle l'interprète, le prolonge, le précise, l'enrichit ou, même, le contredit.

REDONDANCE, COOPÉRATION OU CONTRADICTION?

Prenez un imagier traditionnel[1]. Sous l'image d'une pomme, vous lirez le mot « pomme ». La pomme sera probablement rouge et luisante. Plutôt appétissante aussi. C'est tout. Rien d'étonnant ni de dérangeant. L'image est ici le miroir du texte. Elle ne dit guère plus. Et le texte n'ajoute rien à l'image. Le texte et l'image ne dialoguent pas : ils se répètent. Dans l'imagier, la fonction unique de l'illustration est de représenter. L'illustration doit surtout être parfaitement lisible. L'image n'est pas là pour stimuler l'imagination mais pour reproduire le réel dans un but didactique.

Observez maintenant l'illustration numéro 27, de Leo Lionni, tirée de l'album *Petit-Bleu et Petit-Jaune*, un des grands classiques de l'album contemporain, paru en 1970. La page renferme un rectangle noir dans lequel sont réparties, en trois rangées, des pastilles de couleurs différentes qui semblent avoir été réalisées à partir de papier déchiré. Que représentent ces pastilles? Quelque chose ou quelqu'un? À moins qu'il ne s'agisse d'une composition purement abstraite? Sans le texte, le lecteur de cette image navigue sur une mer de solutions possibles sans trop savoir où jeter l'ancre. Mais un court texte accompagne cette illustration, la huitième de l'album : « En classe, ils doivent rester tranquilles et sages ».

Dans cet album, le texte peut se passer de l'image, mais il perd alors toute sa magie. Quant à l'image, elle reste hermétique sans le texte. Dès la première page de l'album, le texte révèle au lecteur que les pastilles représentent des gens, les plus petites désignant des enfants, les plus grosses, des adultes. À la huitième page, les enfants comprennent que l'action se déroule maintenant à l'école. L'image ne contredit pas le texte mais elle exprime, de

---

1. Les imagiers de la collection du Père Castor aux éditions Flammarion constituent un bon exemple.

façon tout à fait originale, le tableau suivant dicté par le texte : une salle de classe remplie d'écoliers ayant pour consigne de rester sages et tranquilles.

Cette image extrêmement sobre et stylisée renferme une foule d'informations. Les écoliers ne sont pas tous identiques; les jeux de couleurs et de formes expriment joyeusement leurs différences. L'école n'est pas une fête. Les écoliers sont alignés en trois rangs de trois dans un rectangle aux lignes bien droites où l'espace est restreint. L'image ne se contente pas de répéter le texte, de représenter la classe remplie d'écoliers « tranquilles et sages ». Elle connote l'ennui, la contrainte, l'aridité; elle dit — dénonce? — l'hiatus entre l'école et les enfants; elle exprime le choc de ces deux univers, l'un noir, plaqué, rigide et l'autre bouillonnant, coloré mais contenu.

Dans *Petit-Bleu et Petit-Jaune*, le texte, aussi sobre soit-il, sert de révélateur à l'image. Il identifie les acteurs (à quoi riment ces petites pastilles?) et les décors (l'école, par exemple). Puis, il indique les actions. Ainsi, la neuvième image présente cinq pastilles éparpillées librement sur la page blanche. Le texte explique : « [...] mais après la classe ils courent et sautent ».

Devant tout album, une même question s'impose : l'image répète-t-elle simplement les informations fournies dans le texte ou propose-t-elle une relecture? Deux pôles se dessinent : d'un côté l'image miroir, parfaitement redondante; de l'autre, l'image insolemment autonome, allant même jusqu'à contredire le texte, proposant de véritables détournements de sens.

REDONDANCE ◄─────── COOPÉRATION ───────► CONTRADICTION

D'un côté, l'image est à la remorque du texte, servante servile, parfaitement soumise. De l'autre, elle lui fait un pied de nez. Dans une version du conte *Boucles d'Or* parue il y a plusieurs années, l'illustrateur avait dessiné une héroïne aux cheveux noirs et raides. L'exemple un peu caricatural exprime bien jusqu'où peut aller l'autonomie de l'illustrateur. Entre ces deux pôles, redondance et contradiction, l'image s'émancipe à des degrés divers en proposant une relecture du texte. L'illustrateur choisit, ajoute, transpose, modifie des informations fournies dans le texte. Entre la redondance et la contradiction, il existe mille façons pour le texte et l'image de participer ensemble à l'élaboration du sens et à la construction du récit. Une foule de formes de coopération sont possibles.

FONCTIONS DU TEXTE ET DE L'IMAGE

Revenons à nos couples du début. Qu'ils soient bien ou mal assortis, on peut souvent décrire en quelques mots le type de relation qu'ils entretiennent : complicité, coopération, symbiose, confrontation... Il en va de même dans l'album. Dans certains couples, texte et images tiennent exactement le même discours. Dans d'autres, il y a dialogue : l'image répond au texte; elle réagit. L'image peut servir de relais ou de révélateur. Le texte aussi. L'image peut projeter le texte dans un autre discours : méta-phorique, fantastique, ironique... L'inverse est également possible. De même, l'image peut habiller le texte en multipliant les détails ou les clins d'œil au lecteur.

Il n'existe pas de catalogue des types d'unions possibles. C'est en cernant les fonctions respectives du texte et de l'image dans un album donné que l'on découvre les secrets de cette chimie bien particulière qui, de mots, de formes et de couleurs, fait surgir des univers. Tout est possible. Dans certains albums, l'image exerce surtout une fonction narrative alors que le texte multiplie les détails sur la représentation des personnages. Mais, le plus souvent, le texte sert de lien entre les images, de fil conducteur au récit en images, alors que l'image se charge, entre autres choses, de donner un corps romanesque aux personnages.

De façon générale, le texte sert à préciser l'image. L'image est naturellement polysémique, les sens sont multiples et naviguent tous azimuts. Observez l'illustration numéro 24. Ne peut-elle pas raconter une foule d'histoires? Le pouvoir suggestif de l'image est souvent utilisé pour stimuler la créativité. Tous les enfants ont appris à inventer une histoire à partir d'une image. Et lorsque trente écoliers rêvent un récit à partir d'une même image, cela donne, on le sait, autant de récits qu'il y a d'écoliers. Le texte d'un album peut laisser beaucoup de place à l'interprétation. Il peut même refuser de clore le récit, laisser volontairement la fin ouverte pour inviter les lecteurs à rêver. Mais il est tout naturellement moins polysémique que l'image.

L'image réussit plus difficilement, par contre, à exprimer les motivations profondes d'un personnage, ses peurs, ses perceptions, ses pensées. On peut facilement imaginer la représentation graphique d'un enfant triste, angoissé, souffrant. Mais comment dire, sur cette même image, que cet enfant a peur de mourir ou qu'il a tellement mal qu'il craint d'exploser, d'éclater en mille petits morceaux? Le texte a ses forces et l'image aussi. Cependant, l'illustration contemporaine se méfie des stéréotypes. Tout y est vraiment possible... Voici quelques exemples d'unions texte/images particulièrement intéressantes.

L'IMAGE RELAIS DU TEXTE

L'album *Attends que je t'attrape!,* de Tony Ross, raconte l'histoire d'un petit garçon, Léo Olivet, qu'un gros monstre venu d'une autre planète voudrait bien dévorer. Jusqu'à la toute dernière page, les deux personnages ne partagent jamais l'espace d'une même image. À l'avant-dernière page, le monstre saute sur Léo Olivet. La dernière image (voir l'illustration numéro 10), étalée sur une double page, n'est pas accompagnée de texte. Or, on y découvre que le monstre en question n'est guère plus gros qu'un bouton. Le bâton qu'il brandissait en rugissant dans la page précédente n'était qu'une allumette. Ici, l'image vient prendre le relais du texte. Elle poursuit l'histoire en entraînant le lecteur dans un sentier insoupçonné.

LA B.D. SANS BULLE

Dans la très populaire série Ernest et Célestine, de Gabrielle Vincent, l'image livre tout... sauf les dialogues et les monologues intérieurs. Chacune des phrases accompagnant les illustrations aurait pu être enfermée dans un phylactère comme on en trouve dans les bandes dessinées. L'image est suffisamment narrative pour faire avancer l'action sans l'aide du texte, mais les textes/dialogues apportent des précisions. Dans l'illustration numéro 26, cette parenté avec la bande dessinée est assez évidente : la page de droite est découpée en cases. La souris Célestine vient de découvrir des photos de son ami Ernest en compagnie d'autres petites souris. Elle est terriblement jalouse. L'image rend bien le désaccord puis la réconciliation des personnages. Mais le dialogue entre Ernest et Célestine précise cette trame narrative : Ernest a rencontré ces souris pendant qu'il travaillait dans un camp de vacances. Il n'est donc pas trop coupable...

L'IMAGE COMPLÉMENTAIRE

Le texte de l'album *Friponi, fripono, fodge* s'inspire d'une comptine et tient en peu de lignes. L'illustratrice Suzanne Duranceau (voir l'illustration numéro 03) a étoffé la trame narrative, construit des décors, créé une ambiance et inventé une identité aux divers personnages. Rien, dans le texte, n'indiquait que la souris porterait une cape et serait masquée! Quant aux horloges éparpillées dans le décor, ce sont autant de clins d'œil aux lecteurs à qui la comptine veut enseigner à lire l'heure. « Les vers de Robin Muller me laissaient une liberté immense, dit Suzanne Duranceau. C'était à l'image de raconter l'histoire; le texte suggérait simplement des pistes.[2] »

LE TEXTE EUPHÉMIQUE

Le texte sert souvent à préciser, mais il lui arrive aussi de se faire particulièrement discret, d'en dire volontairement moins. Dans l'album *Il ne faut pas habiller les animaux*, chaque illustration (voir l'illustration numéro 20) propose un animal habillé et la représentation est suffisamment éloquente pour que le lecteur comprenne le ridicule de l'entreprise. Mais le texte sert de faire-valoir à l'image et l'album perdrait beaucoup d'efficacité si la proposition suivant le « parce que » était retirée. Le décalage entre la sobriété du texte et l'excentricité de l'image renforce considérablement l'effet humoristique.

LA DOUBLE POLYSÉMIE

Le texte de *Chanson d'hiver*, d'Étienne Delessert, tient en une trentaine de mots et accompagne vingt-cinq images. L'illustration numéro 08 occupe la double page, mais d'autres images tiennent dans un tout petit espace sur une page simple. L'illustration numéro 08 n'est pas accompagnée d'un texte sur la même page. Avant de tomber sur cette image, la vingt-troisième de l'album, le lecteur a pu lire le texte suivant, éparpillé au fil des pages : « Ai marché, longtemps marché déjà. Sifflloté un air bigarré. Mon chemin, de tours en détours, n'en finissait pas. Et j'oubliais la mélodie de mes chansons. » Chez Étienne Delessert, le texte refuse de réduire la polysémie de l'image. Poétique, onirique, suggestif, comme les images, il veut, lui aussi, ouvrir bien grandes les portes de l'imaginaire et laisser le lecteur vagabonder où bon lui semble.

---

2. Extrait d'un entrevue: voir Dominique Demers. «La nostalgie de Suzanne Duranceau», dans *Le Devoir*, samedi 19 septembre 1992, D-4.

L'IMAGE INTERPRÈTE LIBRE

Rien, dans le texte de *Samedi au paradis*, ne suggère qu'Adam et Ève sont des enfants. Au contraire, le texte dit bien que Dieu créa « l'homme et la femme ». L'image impose ici sa propre vision du monde, tant pis s'il y a détournement de sens. La sobriété du texte encourage cette autonomie de l'image. Le texte sert de point de départ; à partir de là, l'image se croit tout permis. « Il leur offrit le paradis », peut-on lire sous l'illustration numéro 14. Mais quel paradis? L'image propose une jungle fabuleuse dans laquelle Adam et Ève enfants peuvent voyager à dos de panthère géante sous le regard paresseux des girafes et des hippopotames.

Ce ne sont là que quelques exemples des fonctions respectives du texte et de l'image dans divers albums. Pour apprécier la nature de cette coopération, il faut interroger tour à tour le texte, l'image puis l'album. À vous de jouer en explorant d'autres couples texte-images. Choisissez quelques albums de factures diverses et... plongez!

ILLUSTRATEUR OU AUTEUR-ILLUSTRATEUR?

L'auteur-illustrateur écrit en illustrant et illustre en écrivant, alors que l'illustrateur travaille habituellement à partir d'un texte déjà écrit. La force de l'auteur-illustrateur réside, notamment, dans le fait qu'il puisse écrire son texte en imaginant déjà les images. Le dialogue texte-images est donc plus naturel. Le piège consiste toutefois, pour l'illustrateur, à inventer des textes prétextes au service de tableaux qu'il a envie de peindre. Dans un bel album, le texte comme l'image doivent être cohérents, solides, bien construits, sans jamais être à la remorque l'un de l'autre.

L'auteur-illustrateur est souvent un illustrateur avant tout. Or, l'écriture et l'illustration étant deux langages fort différents, il arrive que les textes ne soient pas à la hauteur des images. Mais il suffit de plonger, par exemple, dans *Samedi au paradis* de Helme Heine, *Chanson d'hiver* d'Étienne Delessert, *Max et les Maximonstres* de Maurice Sendak, *Mademoiselle Lune* de Marie-Louise Gay ou *Attends que je t'attrape!* de Tony Ross pour découvrir le pouvoir immense d'un auteur-illustrateur talentueux. Les beaux tandems auteur-illustrateur sont nombreux, mais certains couples sont célèbres. On peut penser à l'écrivain Roald Dahl et à son complice Quentin Blake, à Christian Bruel et Anne Bozellec, à Sempé et Goscinny ou, plus près de nous, à Bertrand Gauthier et Daniel Sylvestre. Dans tous ces cas, un auteur et un illustrateur ont atteint une telle complicité qu'ils ont décidé de récidiver. Souvent. Il suffit de songer à l'œuvre de Roald Dahl pour que surgissent les images de Quentin Blake.

GENÈSE D'UN ALBUM

Il existe de rares cas d'albums où l'image a précédé le texte mais, de façon générale, l'album naît d'un texte écrit pour être illustré. L'illustrateur est un peu le double du lecteur. Il doit, lui aussi, lire et interpréter. « L'image [...] accomplit, vis-à-vis du texte, la démarche même que le lecteur a à accomplir : exploration, dérive, appropriation personnelle, transposition; en ce sens, l'image est métaphore exemplaire du lecteur de texte...[3] », écrit Bruno Duborgel.

Concrètement, comment se déroule cette lecture menant à l'élaboration d'une série d'images? La Québécoise Michèle Lemieux a illustré plusieurs albums, tous acclamés par la critique, chez des éditeurs québécois, français, japonais, allemand et américain. Michèle Lemieux a accepté de partager avec nous la genèse d'une de ces mises en images : l'album *Peter and the Wolf (Pierre et le Loup)* paru chez l'éditeur William Morrow, à New York. Le texte est inspiré d'un conte musical pour enfants du compositeur russe Sergueï Prokofiev. Pour mieux participer à cette aventure, faites comme Michèle Lemieux : lisez d'abord le texte à partir duquel elle devait travailler.

PIERRE ET LE LOUP[4]

Il était une fois un petit garçon nommé Pierre. Il vivait avec son grand-père dans une maison entourée d'une haute clôture. Derrière la clôture, il y avait un pré, un étang et un grand arbre. Par-delà le pré, s'étendait une forêt profonde. Un matin, Pierre poussa la porte de la clôture pour aller se promener dans le vaste pré vert. Sur une branche du grand arbre, un petit oiseau ami chantonnait gaiement : « Tout est silencieux, tout est silencieux. » Il

---

3. Bruno Duborgel. «La psyché, d'albums embellie», dans *L'Enfant lecteur*, revue *Autrement*, n° 97, mars 1988, p. 53.
4. La version en langue française que nous vous proposons ici doit être considérée comme un simple outil de travail. Il existe de nombreuses versions en langue anglaise du conte de Prokofiev.

avait bien raison. Le vent lui-même se taisait. Un canard se dirigea vers l'étang. « Comme tu es étrange, lança le petit oiseau au canard. Ne sais-tu pas voler? » « Comme tu es étrange, rétorqua le canard. Ne sais-tu pas nager? » Pendant que le petit oiseau et le petit canard se disputaient, Pierre aperçut une ombre fuyante dans les herbes hautes. C'était un chat! Un chat rusé comptant bien profiter de cette diversion pour capturer le petit oiseau et n'en faire qu'une bouchée. « Attention! » cria Pierre. L'oiseau s'envola et le canard ébranlé invectiva le chat. Quant au chat, il dit adieu à son repas. Alerté par les cris, le grand-père de Pierre vint sermonner son petit-fils. « Que fais-tu là? Tu ne devrais pas traîner dans le pré. Ne sais-tu pas que des loups rôdent par ici? » Pierre n'avait pas peur des loups. Il aurait bien aimé jouer encore dans le pré mais son grand-père le ramena à la maison en prenant bien soin de verrouiller la porte de la clôture derrière eux. À peine la porte fut-elle refermée qu'un gros loup gris surgit de la forêt. D'un bond, le chat fut dans l'arbre. Terrorisé, le canard quitta l'étang en se dandinant mais le loup le rattrapa. Il était tout près maintenant. Le canard pouvait sentir son haleine chaude. Soudain, le loup bondit et engloutit le pauvre canard. Le chat et le petit oiseau tremblaient de tous leurs membres, chacun sur sa branche. Le loup encore affamé les dévorait des yeux. Derrière la clôture, Pierre avait tout vu. C'était un enfant brave. Il n'allait pas se laisser impressionner par un loup. Il courut à la maison et revint avec une bonne grosse corde. Puis, il réussit à grimper dans l'arbre en saisissant une branche basse qui s'étirait par-delà la clôture. « Écoute bien, chuchota-t-il à l'oiseau. Vole au-dessus du loup pour attirer son attention. Mais prends garde qu'il ne t'attrape. » Le petit oiseau battit des ailes si près du loup que ses plumes frôlèrent le pelage sombre de l'animal. Le loup s'agitait furieusement sans jamais réussir à attraper le volatile. Pendant ce temps, Pierre attacha solidement une des extrémités de la corde à l'arbre. De l'autre, il fit un lasso qu'il descendit doucement. Lorsque l'anneau de la corde fut bien en place, il tira d'un coup sec et le loup fut prisonnier. Le loup se démenait rageusement mais plus il s'agitait plus le nœud se serrait autour de sa queue. À ce moment, trois chasseurs émergèrent de la forêt. Ils suivaient les traces du loup en tirant des coups de fusil. Pow! Pow! « Ne tirez pas! » leur cria Pierre du haut de l'arbre. « Le petit oiseau et moi avons capturé le loup. Aidez-nous à l'amener au zoo! » Alors ils se mirent tous en route, triomphants, Pierre en tête, suivi des chasseurs tirant le loup. Le grand-père fermait le cortège, le chat dans ses bras. Il grommelait : « Tout cela est bien beau mais que serait-il arrivé si Pierre n'avait pas capturé le loup? Hein? » Le petit oiseau volait joyeusement au-dessus de la file en gazouillant : « Regardez comme nous sommes braves, Pierre et moi. Regardez ce que nous avons attrapé. » En écoutant bien attentivement, on pouvait aussi entendre les cris du canard dans l'estomac du loup. Car le loup, dans sa hâte, avait avalé le canard... tout rond!

« J'ai accepté d'illustrer *Pierre et le Loup* parce que ce conte m'inspirait, dit Michèle Lemieux. Je choisis toujours des récits avec lesquels j'ai envie de vivre pendant un certain temps. » Illustrer un album représente au moins un an de travail pour Michèle Lemieux, qui utilise une technique peu commune chez les illustrateurs : huile sur toile. Mais cette longue gestation d'une œuvre ne tient pas seulement à la technique utilisée. Un album comme *Amahl et les Visiteurs de la nuit* (voir l'illustration numéro 01), réalisé à l'aquarelle, représente autant de travail.

Pour Michèle Lemieux, illustrer un récit, c'est d'abord pénétrer dans l'imaginaire d'un autre puis pousser l'aventure en transposant le récit dans un langage graphique. « Ma première étape consiste à découvrir le texte au fil de nombreuses relectures. Chaque texte porte une énigme. On ne sait pas tout ce que l'auteur voulait dire et l'illustrateur reçoit le texte avec son propre bagage, sa sensibilité, ses rêves, ses fantasmes. Mes illustrations de *Pierre et le Loup* disent ma relation au texte. J'ai laissé *Pierre et le Loup* m'habiter en fouillant longuement ce texte pour l'approfondir. Cette méditation était accompagnée de musique, car Prokofiev a conçu ce récit avec une trame musicale. J'ai aussi lu sur Prokofiev, la Russie... tout ce qui pouvait m'alimenter, éclairer ma lecture de l'œuvre. »

Les lectures successives mènent à des premières esquisses et, parallèlement, à l'élaboration d'un *storyboard*, une sorte de brouillon de l'album où le contenu de chaque page du livre tient dans une petite case (voir aux pages 150 à 155). « Illustrer, c'est comme écrire, dit Michèle Lemieux. Cela consiste à prendre, continuellement, une foule de décisions. Chaque image est choisie parmi une multitude d'images. Prenons le personnage de Pierre. Rien dans le texte ne nous dit à quoi ressemble ce petit garçon. Il fallait l'inventer. Pour créer un personnage, je travaille un peu comme au théâtre. J'essaie de devenir ce personnage, de vivre chacun des moments de son aventure. Je dessine des esquisses jusqu'à ce que je reconnaisse celui que le texte a fait naître en moi. »

Pour des fins d'analyse, le texte d'un récit peut être découpé en diverses séquences, éléments de longueurs variées présentant une certaine unité. Le passage d'une séquence à une autre est marqué par une rupture dans le récit, un changement de lieu, de temps, de personnages. L'illustrateur doit, lui aussi, découper le texte afin de le distribuer sur un certain nombre de pages. Il tient compte, bien sûr, de la structure du texte, mais le récit en images présente d'autres contraintes. Tous les éléments de l'histoire ne seront pas nécessairement illustrés. L'illustrateur prélève donc, à intervalles plus ou moins réguliers dans le texte, les scènes qu'il a choisi de mettre en images. Le *storyboard* est l'aboutissement d'une foule de décisions de l'illustrateur : format, nombre de pages, découpage du texte sur ces pages, choix des scènes à illustrer, composition de chaque illustration, présentation sur une page simple ou sur une double page, espace occupé par le texte, espace occupé par l'image...

« Il faut rapidement décider du format, explique Michèle Lemieux. Ici, les possibilités ne sont pas infinies. Je peux concevoir un album de 32 ou de 40 pages mais pas un album de 36 pages : les techniques d'impression commandent des multiples de huit. J'ai découpé *Pierre et le Loup* en réfléchissant à la séquence d'images que je proposerais. En même temps, je travaillais aux esquisses. Le *storyboard* est un travail de mise en place, d'articulation d'une réflexion en images. »

Pour *Pierre et le Loup*, Michèle Lemieux a préparé deux storyboard complets, très différents. « Je n'étais pas satisfaite du premier, alors j'ai tout recommencé! Mon premier *storyboard* reflétait une lecture trop anecdotique du texte. C'est après que j'ai compris ce qui m'enchantait dans cette histoire. Prokofiev nous livre une quête initiatique. *Pierre et le Loup* raconte le passage de l'enfance à l'âge adulte. Le loup n'est pas un simple carnassier. Il symbolise la face obscure du monde, tout ce qui est étrange et angoissant pour un enfant. Le petit Pierre quitte la sécurité de sa maison pour affronter le vaste monde. Il subit des épreuves et en émerge victorieux. »

À partir de cette lecture nouvelle du conte de Prokofiev, Michèle Lemieux a refait esquisses et *storyboard*. « Tout est tombé en place lorsque j'ai compris la charge symbolique dont les personnages et les lieux étaient investis. Pierre m'est apparu comme un enfant très pur; il représentait en quelque sorte l'essence de l'enfance. La maison devait être entourée d'une clôture ronde avec, tout à côté, un étang bien rond aussi, car ces lieux sont des espaces protégés. C'est lorsque les personnages quittent ces lieux qu'ils doivent affronter des dangers. J'ai construit mes images à partir d'une opposition entre deux mondes : l'un fermé, sympathique, rond, protégé, représentant l'enfance; l'autre plus ouvert, plus risqué, marquant le passage dans le monde adulte. L'arbre est devenu un lieu intermédiaire, là où tout se joue. À l'arrière-plan, j'ai imaginé le monde adulte, représenté par la forêt et le village. »

Michèle Lemieux préfère évoquer plutôt que décrire. Elle a choisi une palette de couleurs denses, graves, pour illustrer ce récit qui, derrière l'anecdote, raconte une des grandes quêtes de la vie des hommes. Le périple initiatique qu'elle a deviné dans l'œuvre de Prokofiev sert de clé à chacune de ses images. Dans l'illustration où le loup bondit sur le canard (voir la page 19 du *storyboard* reproduit un peu plus loin), l'illustratrice a partagé l'espace à l'aide d'une diagonale afin de créer deux fonds, l'un, rouge, pour le loup, l'autre, vert, pour le canard. « Ce fond rouge est purement symbolique, explique Michèle Lemieux. Le rouge ne correspond à rien dans la nature alors que le vert peut représenter l'herbe du pré. Mais ce rouge sur lequel se détache le loup exprime bien le côté étrange et menaçant du personnage. »

Une fois le *storyboard* terminé et approuvé par l'éditeur, Michèle Lemieux sort ses pinceaux. À cette étape, le découpage du récit autant que la mise en images peuvent encore changer. En comparant le *storyboard* de *Peter and the Wolf* (voir un peu plus loin) à l'album, vous découvrirez au moins une modification importante. Les originaux sont ensuite expédiés à l'éditeur et la production de l'objet que constitue le livre commence. C'est là qu'intervient un troisième artiste, trop souvent oublié : le concepteur graphique. Dans un livre d'art, cette étape est si cruciale qu'on ne peut plus parler d'un simple tandem auteur et illustrateur mais bien d'un trio auteur-illustrateur-concepteur graphique. Ce dernier choisit les caractères typographiques et le papier; il décide du taux de réduction des images, de leur emplacement exact sur chaque page et de l'espace entre les mots; il conçoit la page de titre, les pages de garde, la jaquette, l'épine... Une foule de détails qui semblent anodins mais qui participent à la magie de cet effet d'ensemble qu'on appelle album.

Capsule

Nous avons demandé à quelques illustrateurs et auteurs-illustrateurs québécois de nous expliquer leur vision de la relation texte/images dans un album.

Marc Mongeau, illustrateur

« Je lis le texte et je me l'approprie. Je me fais mon histoire à moi. Le texte me guide, m'inspire, mais je dois aller plus loin. Dire plus. Il m'arrive d'accorder beaucoup d'importance à des scènes anodines dans le texte. Si l'auteur écrit que le héros traverse la rue, je peux très bien décider d'explorer cette rue. J'invente alors des histoires en parallèle dont on ne trouve pas de trace dans le texte. »

Daniel Sylvestre, illustrateur

« L'auteur avec qui je travaille, Bertrand Gauthier, me propose une histoire à partir de laquelle je monte mon *storyboard*. Bertrand réagit à cette séquence d'images en apportant des modifications au texte et c'est ensemble, à la toute fin, que nous concevons les bulles (voir l'illustration numéro 19). Cette façon de travailler est assez rare. Chacun participe au travail de l'autre. Il s'agit d'une véritable collaboration. »

Stéphane Poulin, illustrateur et auteur-illustrateur

« J'illustre surtout ce qui est écrit entre les lignes. Devant un bel album, on ne sait trop qui, de l'auteur ou de l'illustrateur, a amorcé ce récit. La rencontre est magique. Un bon éditeur réunit un auteur et un illustrateur qui sauront atteindre une belle complicité. Que j'écrive le texte ou pas, je considère toujours que l'illustrateur est un auteur à part entière. »

Marie-Louise Gay, auteure-illustratrice et illustratrice

« Illustrer le texte d'un autre, c'est un peu comme recevoir des paroles pour lesquelles il faut créer une musique afin d'en faire une chanson. La musique, comme les images, ouvre les portes d'un autre monde. Le texte peut décrire un arbre " grand " et " très feuillu ", mais moi je sentirai

Capsule

peut-être que cet arbre éclate de gaieté ou, au contraire, semble terriblement perdu. »

Hélène Desputeaux, illustratrice

« L'album est un dialogue entre un auteur et un illustrateur. Le texte doit devenir une image et l'image, un texte. J'aime qu'un enfant puisse lire une histoire à partir de mes images. Après, lorsqu'on lui lit le texte, il découvre les pleins pouvoirs de l'album : une histoire en images ancrée dans un texte. »

Mireille Levert, illustratrice

« Prenez une histoire toute simple : Jérémie a peur la nuit et découvre que son lit est mouillé. On comprend que Jérémie a fait pipi au lit. Mais voilà que j'invente un gigantesque serpent de mer. La chambre de Jérémie devient un océan, il y a de l'eau partout. Pas étonnant que le lit de Jérémie soit mouillé! L'auteure, Sharon Jennings, est toujours très étonnée par mes illustrations. »

Pour en savoir plus

● *Pour découvrir l'œuvre de Michèle Lemieux :*

Hasler, Éveline. *Les Secrets de l'hiver*, illustré par Michèle Lemieux, Paris, éditions Hachette Jeunesse, 1992 (édition originale : *Im Winterland,* Ravensburg, éditions Otto Maier, Ravensburger, 1984).

Lemieux, Michèle. *Quel est ce bruit?* Toronto, éditions Scholastic, 1990 (édition originale : *Was hört der Bär*, Ravensburg, éditions Otto Maier, Ravensburger, 1984).

Lemieux, Michèle. *Un cadeau de Saint-François*, Toronto, éditions Scholastic, 1990 (édition originale : *A Gift from Saint Francis,* New-York, éditions William Morrow, 1989).

Lemieux, Michèle. *Poésie au fil des saisons*, Paris, éditions Hachette/Gauthier-Lauguereau, 1993 (édition originale : *Lieder von der Natur*, Ravensburg, éditions Otto Maier, Ravensburg, 1990).

Lemieux, Michèle. *The Pied Piper of Hamelin*, New-York, éditions William Morrow, 1993.

Menotti, Gian Carlo. *Amahl et les Visiteurs de la nuit*, illustré par Michèle Lemieux, Paris, éditions Centurion Jeunesse, 1986 (édition originale : *Amahl and the Night Visitors*, New York, éditions William Morrow, 1986).

Ponctuation

PIERRE ET LE LOUP

Voici le storyboard de Michèle Lemieux
pour Peter and the Wolf.

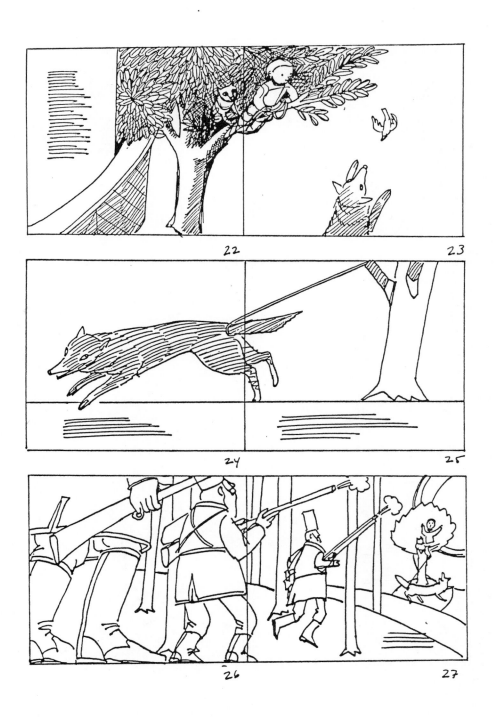

28

29

30

31

32

DEDICACE &
COPYRIGHT

Ponctuation

La page 1 est une page de titre et les pages 2 et 3 servent à présenter l'œuvre de Prokofiev. L'insertion du texte débute donc à la page 4. Comment le répartiriez-vous sur les 30 pages? Que pourrait-on lire à la page 4 et dans les autres pages? Jouez le jeu : indiquez d'un trait, sur le texte reproduit plus haut, les fins de phrase où l'on devrait tourner la page.

Comparez ensuite votre découpage avec celui de Michèle Lemieux. Comment les deux découpages sont-il différents? Pourquoi, à votre avis, l'illustratrice isole-t-elle certaines phrases et, un peu plus loin, présente-t-elle plusieurs paragraphes en marge d'une seule image? Pour aller au bout de l'aventure, plongez ensuite dans l'œuvre *Peter and the Wolf* publié aux éditions Kids Can Press.

Ce type d'exercice devrait aussi intéresser les enfants et les adolescents. Présentez-leur le texte d'un album sans les images et demandez-leur d'inventer des images tout en répartissant le texte sur les pages de leur histoire en images. Ensuite, présentez-leur l'album. Ils découvriront qu'un texte peut inspirer des lectures très différentes.

LE DÉCOUPAGE DE MICHÈLE LEMIEUX

Il était une fois un petit garçon nommé Pierre. Il vivait avec son grand-père dans une maison entourée d'une haute clôture. Derrière la clôture, il y avait un pré, un étang et un grand arbre. Par-delà le pré, s'étendait une forêt profonde. Un matin, Pierre poussa la porte de la clôture pour aller se promener dans le vaste pré vert. / Sur une branche du grand arbre, un petit oiseau ami chantonnait gaiement : « Tout est silencieux, tout est silencieux. » Il avait bien raison. Le vent lui-même se taisait. / Un canard se dirigea vers l'étang. « Comme tu es étrange, lança le petit oiseau au canard. Ne sais-tu pas voler? » « Comme tu es étrange, rétorqua le canard. Ne sais-tu pas nager? » Pendant que le petit oiseau et le canard se disputaient, Pierre aperçut une ombre fuyante dans les herbes hautes. C'était un chat! Un chat rusé comptant bien profiter de cette diversion pour capturer le petit oiseau et n'en faire qu'une bouchée. / « Attention! » cria Pierre. L'oiseau s'envola et le canard ébranlé invectiva le chat. Quant au chat, il dit adieu à son repas. / Alerté par les cris, le grand-père de Pierre vint sermonner son petit-fils. « Que fais-tu là? Tu ne devrais pas traîner dans le pré. Ne sais-tu pas que des loups rôdent par ici? »

Ponctuation

/ Pierre n'avait pas peur des loups. Il aurait bien aimé jouer encore dans le pré mais son grand-père le ramena à la maison en prenant bien soin de verrouiller la porte de la clôture derrière eux. / À peine la porte fut-elle refermée qu'un gros loup gris surgit de la forêt. / D'un bond, le chat fut dans l'arbre. Terrorisé, le canard quitta l'étang en se dandinant mais le loup le rattrapa. Il était tout près maintenant. Le canard pouvait sentir son haleine chaude. Soudain, le loup bondit et engloutit le pauvre canard. / Le chat et le petit oiseau tremblaient de tous leurs membres, chacun sur sa branche. Le loup encore affamé les dévorait des yeux. Derrière la clôture, Pierre avait tout vu. C'était un enfant brave. Il n'allait pas se laisser impressionner par un loup. Il courut à la maison et revint avec une bonne grosse corde. Puis, il réussit à grimper dans l'arbre en saisissant une branche basse qui s'étirait par-delà la clôture. / « Écoute bien, chuchota-t-il à l'oiseau. Vole au-dessus du loup pour attirer son attention. Mais prends garde qu'il ne t'attrape. » Le petit oiseau battit des ailes si près du loup que ses plumes frôlèrent le pelage sombre de l'animal. Le loup s'agitait furieusement sans jamais réussir à attraper le volatile. Pendant ce temps, Pierre attacha solidement une des extrémités de la corde à l'arbre. De l'autre, il fit un lasso qu'il descendit doucement. Lorsque l'anneau de corde fut bien en place, il tira d'un coup sec et le loup fut prisonnier. / Le loup se démenait rageusement mais plus il s'agitait plus le nœud se serrait autour de sa queue. / À ce moment, trois chasseurs émergèrent de la forêt. Ils suivaient les traces du loup en tirant des coups de fusil. Pow! Pow! / « Ne tirez pas! » leur cria Pierre du haut de l'arbre. « Le petit oiseau et moi avons capturé le loup. Aidez-nous à l'amener au zoo! » / Alors ils se mirent tous en route, triomphants, Pierre en tête, suivi des chasseurs tirant le loup. Le grand-père fermait le cortège, le chat dans ses bras. Il grommelait : « Tout cela est bien beau mais que serait-il arrivé si Pierre n'avait pas capturé le loup? Hein? » Le petit oiseau volait joyeusement au-dessus de la file en gazouillant : « Regardez comme nous sommes braves, Pierre et moi. Regardez ce que nous avons attrapé. » En écoutant bien attentivement, on pouvait aussi entendre les cris du canard dans l'estomac du loup. Car le loup, dans sa hâte, avait avalé le canard... tout rond!

Chapitre 8

DES HISTOIRES SUR SCÈNE
COMME À L'ÉCRAN

VALENTINE AU THÉÂTRE

Quelques mois après la sortie de *Valentine Picotée*, mon premier livre pour enfants, j'ai reçu une invitation amusante : assister à la première de la pièce *Valentine Picotée*, montée par un groupe d'élèves du primaire. La représentation avait lieu dans le gymnase de l'école quelques semaines avant Noël. Je m'attendais à une saynète de quelques minutes devant une poignée de parents. Surprise! Le gymnase était rempli... et la saynète, une véritable représentation théâtrale en trois actes avec costumes et changements de décors. Les enfants avaient allongé les dialogues, inventé des liens entre les scènes et créé deux Alexis — le héros de l'histoire — l'un étant narrateur et l'autre, comédien. La pièce était très réussie. Les enfants avaient emprunté mon histoire, mais ils avaient créé leur propre récit.

UNE LITTÉRATURE DANS TOUS SES ÉTATS

Née timidement à la fin du dix-septième siècle, l'édition pour la jeunesse s'est progressivement détachée de la littérature générale pour constituer un champ bien défini. Didactique et pédagogique à ses origines, elle s'est faite de plus en plus ludique, de sorte que l'édition scolaire se distingue désormais clairement de ce qu'il convient d'appeler la littérature jeunesse. Au vingtième siècle, cette même littérature, largement diffusée, participe à un phénomène plus vaste de culture pour la jeunesse.

Une véritable industrie de l'enfance a pris son essor : jouets, vêtements, musique mais aussi pièces de théâtre, musées et films. Dans son ouvrage sur le personnage enfant dans le roman français, Aimé Dupuy s'exclamait déjà, en 1931 : « Car il y a aujourd'hui pour Messieurs les enfants une mode, et des meubles, et des livres, et des pièces de théâtre [...][1] » Il y aura sans doute bientôt, si cela n'existe pas déjà, des galeries d'art et — pourquoi pas! — des opéras pour les tout-petits.

Cette industrie récréative et culturelle est liée à une représentation de l'enfance, c'est-à-dire à une image de ce qu'est et devrait être l'enfance dans notre société. Ce thème sera discuté au chapitre 10. L'industrie du vêtement ou des jouets pour enfants, par exemple, pourrait être analysée longuement. Qu'une société offre des poupées de porcelaine asexuées ou des Barbie à ses enfants en dit long sur sa perception de l'enfance. Mais ce qui nous intéresse surtout dans ce chapitre, c'est l'éclatement du récit pour l'enfance et la jeunesse au vingtième siècle.

La littérature d'enfance et de jeunesse constitue une province de ce qu'on pourrait appeler la république de l'enfance. Entre elles, les différentes provinces — cinéma, littérature, presse, théâtre, etc. — entretiennent des liens divers et participent à un véritable libre-échange d'idées et même de récits. Certains thèmes, certaines histoires, se répètent donc d'une province à l'autre. Un bon exemple très contemporain est le phénomène des petites pestes. Au cours des années quatre-vingt et quatre-vingt-dix, de nombreux films, livres et pièces de théâtre ont mis en scène d'affreux jojos ou d'adorables petits monstres. Le cousinage est évident entre des films comme *Suzie Frisette*, *Le Petit Monstre*, *Maman j'ai raté l'avion* et des albums tels que *Petits monstres*, *Titi la terreur* ou *L'Histoire de Juju la Tornade*. (Voulez-vous rire? Lisez-les!) S'il existait une galerie d'art pour enfants, parions qu'une exposition « Petites pestes » y serait organisée.

En littérature jeunesse, les histoires semblent voyager assez facilement d'une forme de récit à une autre. Déjà au dix-neuvième siècle, les récits destinés aux enfants paraissaient d'abord dans la

1. Aimé Dupuy. *Un personnage nouveau du roman français : l'enfant*, Paris, éditions Hachette, 1931, p. 18.

presse enfantine et alimentaient ensuite les collections de livres. *La Semaine des enfants*, un périodique lancé en 1857, a ainsi fourni de nombreux titres à la Bibliothèque Rose des éditions Hachette. C'est peut-être parce que la notion même de récit, d'histoire racontée, est particulièrement importante en littérature jeunesse, où les trames narratives sont fortes et plutôt linéaires, que le récit vagabonde si souvent du livre à l'écran ou à la scène, par exemple. Mais n'oublions pas que la littérature jeunesse a toujours flirté avec l'image comme en témoigne la longue tradition des albums.

La littérature jeunesse québécoise des années quatre-vingt et quatre-vingt-dix représente bien l'éclatement des récits destinés au jeune public. Le livre a d'abord établi des liens avec l'industrie du jouet. Au début des années quatre-vingt, Ginette Anfousse, auteure-illustratrice de la série Jiji, a mis sur pied une manufacture de personnages : une douzaine d'artisans ont fabriqué des dizaines de milliers de Jiji et de Pichou en chiffon. Jiji a aussi fait l'objet de livres-disques, et de nombreux livres-jeux ont marqué les années quatre-vingt, sans compter les jouets comme le gant de toilette Caillou accompagnant les albums de la collection de « bébés-livres » du même nom.

La série télévisée Passe-Partout a connu un grand succès. Si bien qu'en plus de vendre des figurines à l'effigie des personnages, le télédiffuseur Radio-Québec a lancé une collection d'albums et des jeux à partir des mêmes personnages. Puis, ce fut au tour de l'émission Bibi et Geneviève, diffusée au Canal Famille cette fois, d'engendrer une collection d'albums. Des artisans de la scène ont travaillé avec des auteurs et des troupes de théâtre avec des éditeurs. *Bonne fête, Willie*, de Marie-Louise Gay, est à la fois un album et une pièce de théâtre pour enfants. Même phénomène avec *Le Mot de passe*, de Jasmine Dubé, et *Jules Tempête*, de Cécile Gagnon.

Devant la popularité des films pour enfants du producteur Roch Demers, l'éditeur Québec/Amérique a décidé de reprendre ces histoires à succès — *La Guerre des tuques, Opération beurre de pinottes, Bach et Bottine...* — dans une collection de romans. Sylvie Desrosiers, l'auteure de la série Notdog, a été invitée à scénariser ses romans afin d'en faire une série pour la télévision. Peu après le lancement d'*Un hiver de tourmente*, mon premier roman pour adolescents, la maison CINAR se réservait les droits de ce livre et des deux suites à paraître pour développer un téléfilm en coproduction avec la France.

Mais l'histoire la plus étonnante est celle de Bernadette Renaud, que vous pourrez rencontrer dans l'intimité de son salon, à Contrecœur, au fil de l'entrevue qui suit. Bernadette Renaud était sûrement la meilleure personne pour nous parler des correspondances et divergences entre le récit cinématographique et le récit romanesque. Auteure d'une dizaine de livres pour enfants, elle a remporté, entre autres prix, celui du Conseil des Arts et le prix Alvine-Bélisle pour *Émilie, la baignoire à pattes*, paru en 1976. Elle a écrit de nombreux scénarios d'émissions pour enfants et un premier roman pour adultes en 1992. Sa démarche la plus originale fut toutefois de transformer un roman en scénario... puis en roman. En effet, c'est à partir du roman *Le Chat de l'oratoire* qu'elle a écrit le scénario du film *Bach et Bottine* puis le livre *Bach et Bottine*. Ouf!!!

ENTREVUE AVEC BERNADETTE RENAUD

(Vous aurez encore plus de plaisir à rencontrer Bernadette Renaud si vous prenez le temps de voir le film et de lire le roman Bach et Bottine. *Pour une expérience vraiment inoubliable, il faut ajouter* Le Chat de l'oratoire *à la liste de devoirs...)*

⚪ *Le scénario du film* Bach et Bottine *est né d'une autre histoire :* Le Chat de l'oratoire. *Mais vous avez transformé la trame narrative et les personnages afin d'écrire un scénario puis le roman qui l'accompagne. Pourquoi?*

⚫ *Le Chat de l'oratoire* est un livre très intimiste, avec peu d'action. Le personnage central est un chat et un chat qui ne parle pas du tout. Ce n'est pas idéal à l'écran. On m'a donc suggéré de faire un transfert. Au lieu de raconter l'histoire d'un chat qui s'installe à l'oratoire et veut se faire adopter par l'organiste, j'ai raconté l'histoire d'une enfant, Fanny, qui veut se faire adopter par son oncle organiste. Tout cela peut sembler simple, mais il a fallu neuf versions avant d'arriver au scénario définitif de *Bach et Bottine*...

⚪ *Une belle histoire bien écrite n'est donc pas nécessairement un bon scénario?*

⚫ C'est vrai. Une trame narrative cinématographique est différente d'une trame romanesque. Il y a, à mon avis, quatre différences fondamentales :
— D'abord le rythme. *Le Chat de l'oratoire* se divise en 16 chapitres alors que le film *Bach et Bottine* est coupé en 85 séquences. Au cinéma, chaque séquence représente un changement de lieu. Le film *Bach et Bottine* dure environ quatre-vingt-dix minutes, ce qui donne une moyenne d'une minute par séquence! Le rythme est donc très rapide au cinéma. On s'installe

doucement dans un chapitre mais pas dans une séquence.

— Deuxièmement, les moyens d'évocation sont différents. Dans un film, il y a le son — la musique, les bruits, les voix — et l'image. Dans un livre, il n'y a que les mots. Tout doit passer par les mots : l'action, les émotions, les réflexions...

— Troisièmement, le degré de liberté du créateur est différent. En général, les livres n'ont pas de longueur fixe. L'intrigue peut s'étendre sur 100 ou 300 pages, mais les films ont des formats fixes. La durée d'un film est d'ailleurs identique qu'on s'adresse aux enfants ou aux adultes, même si les séquences sont particulièrement courtes dans un film pour enfants. Dans un livre, on peut choisir d'inventer 25 personnages, mais au cinéma des impératifs financiers viennent limiter le nombre de personnages. Il faut aussi porter attention au nombre de scènes intérieures et extérieures, de jour ou de soir, avec peu ou plus de personnages, etc. Une foule de contraintes quoi!

— Enfin, il y a une différence énorme sur le plan de l'intériorisation. Dans un roman, on peut livrer toutes sortes de secrets : les traumatismes d'enfance d'un personnage, par exemple, ses motivations, ses regrets, etc. Dans un film, il faut le *montrer*. On pourrait, bien sûr, le dire aussi au cinéma, mais c'est alors beaucoup moins efficace.

○ *Il s'agit donc de deux langages très différents...*

● Tout à fait. Et le spectateur est différent du lecteur. Le spectateur se fait imposer un rythme. S'il est distrait, il ne peut relire le passage. Le lecteur, au contraire, peut décider de « digérer » un chapitre lentement. Ou de déposer un livre pour ne le reprendre que le jour suivant ou deux semaines plus tard. Le lecteur choisit le rythme avec lequel il entre en contact avec l'histoire. Cette relation personnelle, individuelle, avec le récit n'est pas possible au cinéma.

○ *Peut-on dire qu'un scénario est un peu comme le texte d'un album puisque, dans les deux cas, il faut tenir compte de la présence d'un support visuel?*

● Dans un scénario comme dans le texte d'un album, on ne doit pas dire en mots ce que l'image peut exprimer. Il ne faut pas simplement répéter l'information. Le scénario décrit ce que le spectateur verra. Mais dans la salle de cinéma, le spectateur ne peut pas lire le scénario — il ne voit que l'image — alors que le texte de l'album est lu; il accompagne les images.

○ *Et les dialogues? S'insèrent-ils dans un scénario de la même façon que dans un roman? Ont-ils la même importance?*

● Au cinéma, un regard peut remplacer un dialogue. Le personnage dira son mécontentement en fronçant les sourcils, par exemple. Les gros plans d'une caméra peuvent résumer bien des mots. Mais les dialogues sont très importants. Un scénario n'est pas lu : il est vu et entendu. Les seuls mots qu'entend le spectateur sont ceux des dialogues. Les dialogues doivent donc être particulièrement justes et percutants. Et concis. Il arrive parfois, bien que rarement, qu'un dialogue soit long. Dans un film comme *Le Verdict* — avec Paul Newman, vous souvenez-vous? — le scénariste devait livrer beaucoup d'informations juridiques en peu de temps et dans une même séquence. Le dialogue durait plusieurs minutes. Le scénariste a décidé que les personnages descendraient plusieurs escaliers jusqu'à un garage souterrain. Pendant tout ce trajet, les personnages discutent sans arrêt, mais la scène est moins statique. Dans *Bach et Bottine*, j'avais beaucoup d'informations à transmettre au début du film. Pourquoi Fanny était-elle seule? Où s'en allait sa grand-mère? Quelle était la relation de Jean-Claude avec les parents de Fanny? Il faut trouver une manière de donner cette information. On ne peut pas juste l'écrire. J'ai décidé que Fanny questionnerait sa grand-mère au début du film. Ce dialogue et les expressions de la grand-mère renseignent le spectateur. Les renseignements, sur un personnage par exemple, peuvent aussi être transmis par des actions. Au début du film, le spectateur se demande si Jean-Claude aime vraiment les enfants. En voyant sa réaction lorsqu'un enfant fonce sur lui lors de la petite réunion qui souligne son départ, le spectateur devine que Jean-Claude n'est pas très à l'aise avec les enfants.

○ *Dans un roman, les personnages sont décrits, mais au cinéma on peut les voir. Faut-il quand même décrire les personnages dans un scénario?*

● Il faut décrire ce qui est essentiel à la trame narrative. Je n'avais pas à dire si Jean-Claude était riche ou pauvre, s'il conduisait une voiture sport ou une camionnette. J'aurais abordé sa situation financière seulement si cela avait influencé sa décision de garder Fanny. J'aurais pu, bien sûr, décider que Jean-Claude mesurait 1,95 mètre afin de créer une plus grande distance entre eux. Mais je préférais que leur confrontation repose sur des goûts différents : Jean-Claude aime la musique (Bach) et Fanny les animaux (sa mouffette Bottine). J'aurais pu, dans le scénario, préciser que je voulais une petite fille avec de grands cheveux noirs, car c'était bel et bien ainsi que j'imaginais mon personnage. Mais parmi les 1 000 petites filles qui ont auditionné pour le rôle, il n'y avait pas de bonnes comédiennes à cheveux noirs. Dans un roman, on peut donner une foule de détails sur l'apparence physique d'un personnage. Avec un scénario, il faut ensuite trouver les comédiens qui interprètent le mieux ces personnages.

○ *Et comment peut-on exprimer leur personnalité, leurs émotions, leur vision du monde?*

● Le personnage de Fanny ressemble beaucoup à celui du chat dans *Le Chat de l'oratoire*. Elle est à la fois indépendante et très affectueuse. La scène où Fanny embrasse Jean-Claude avant d'aller dormir en tentant de se faire pardonner (voir la séquence 53 reproduite sous la rubrique « Ponctuation ») sert à révéler ce côté cajoleur tout en finesses de Fanny. Au cinéma, pour dévoiler l'intériorité des personnages, il faut inventer des situations.

○ *Dans certains romans, les lieux sont très peu décrits, mais dans un film il faudra les voir. Les lieux sont-ils plus importants au cinéma?*

● C'est comme les personnages. Tous les détails donnés dans le scénario doivent trouver un écho dans la trame narrative. Lorsque Fanny se retrouve dans une famille d'accueil, je ne décris pas les lieux. Peu importe que la maison soit très belle ou pas. J'ai minutieusement décrit l'appartement de Jean-Claude, par contre. Il fallait, par exemple, que Fanny et son ami Charles puissent s'entendre chanter d'une salle de bains à l'autre. Mais, surtout, il fallait que l'appartement de Jean-Claude soit très petit. Fanny n'a pas de chambre à elle. Elle doit envahir la pièce que Jean-Claude réserve à sa musique, ce qui alimente le conflit. Jean-Claude est atteint dans son espace. Si le logement avait été moins exigu, le déroulement de l'action aurait pu être très différent. Dans *Bach et Bottine*, l'espace sert en quelque sorte d'opposant à la quête de Fanny.

○ *Au cinéma, il faut recréer les lieux et les personnages, ce qui représente parfois des budgets astronomiques. L'écriture cinématographique doit-elle tenir compte de cela?*

● Dans ma première version du scénario, Bérénice, l'amie de Jean-Claude, vivait dans un loft avec 3 pianos et 20 chats. Je trouvais cette extravagance amusante, mais c'était compliqué à réaliser et peu justifié dans la trame narrative. Voici un autre exemple : à l'arrivée de Fanny à Québec, j'avais prévu une scène où Fanny et sa grand-mère se retrouvent, un peu perdues, dans une immense gare avec des centaines de personnes autour d'elles. Cette scène coûtait cher et elle était à la fois très courte et relativement peu importante, alors nous l'avons coupée.

○ *Vous parlez souvent de trame narrative. Qu'entend-on par cela?*

● Avant d'écrire un scénario, il faut établir une prémisse. C'est le propos, le thème du récit. La prémisse de *Bach et Bottine* se formule ainsi : on a tous tellement besoin d'amour qu'on est prêts à en payer le prix. La trame narrative, c'est le déroulement du récit, l'enchaînement de séquences qui permet de développer cette prémisse. Chaque séquence doit être liée à la prémisse pour être justifiée.

○ *L'écrivain semble beaucoup plus libre que le scénariste?*

● Oui. L'écrivain est vraiment libre dans le choix de son histoire comme dans la manière de raconter. L'éditeur intervient très peu au fond. On peut difficilement imaginer qu'il apporte des modifications à l'histoire, mais c'est fréquent au cinéma. Le cinéma est une plus grosse machine. Les partenaires sont plus nombreux et la production est plus coûteuse. Le budget d'un film s'exprime en millions de dollars et celui d'un livre en milliers...

○ *Dans un roman, l'écrivain peut contrôler l'espace et les personnages, mais pendant le tournage, au cinéma, tout peut arriver...*

● Dans *Bach et Bottine*, la mouffette Bottine, qui est un personnage important, est morte de vieillesse après quatre jours de tournage. Pendant la nuit, l'agence de location d'animaux qui nous fournissait en petites bêtes a trouvé une nouvelle mouffette opérée et apprivoisée, ce qui ne fut pas une tâche facile. Malheureusement, les rayures de la nouvelle mouffette étant différentes de celles de la première, il a fallu refaire toutes les scènes déjà tournées où apparaissait la mouffette.

⭕ *La structure du récit est-elle différente dans un roman et dans un scénario?*

⬤ Un roman se divise en chapitres et un film en séquences. Dans un roman, les chapitres tendent à être de longueurs assez égales. Les séquences d'un film doivent, au contraire, être de longueurs très variées. C'est ce qui crée un rythme intéressant. Dans un scénario, les séquences se regroupent en situations. Un exemple de situation est l'arrivée de Fanny chez son oncle. Cette situation se découpe en plusieurs séquences : on voit Fanny dans le train, puis à la sortie de la gare, devant l'ancien logement de Jean-Claude, au restaurant où la grand-mère tente de trouver la nouvelle adresse de Jean-Claude dans le bottin, devant le nouveau logement de Jean-Claude et, finalement, on assiste à la première rencontre de Jean-Claude et de Fanny. Fin de la situation. Un scénario — à la mode américaine du moins — contient aussi deux grands pivots. La situation de base est exposée dès les premières minutes. Le spectateur découvre ainsi la quête de Fanny : elle veut être adoptée par Jean-Claude. Puis, une quinzaine de minutes après le début du film, le scénariste insère un premier pivot : Fanny apprend que son oncle veut lui trouver un foyer adoptif. Ce n'est pas du tout ce qu'elle souhaitait. Alors, elle décide de gagner le cœur de son oncle, ce qui devient le moteur du récit ou, si l'on veut, de la trame narrative. Une dizaine de minutes avant la fin, il y a un autre grand pivot : Fanny décide de quitter Jean-Claude, c'est elle qui le rejette cette fois. Le dénouement se joue dans les minutes qui suivent.

⭕ *Comment se structure le temps dans un scénario?*

⬤ On parle souvent du principe de l'escalier au cinéma : marche/contremarche. L'histoire avance, mais le récit n'est pas linéaire. Jean-Claude se laisse progressivement apprivoiser, mais, chaque fois qu'il semble faire une concession à Fanny dans une séquence, il fait un pas en arrière dans la suivante. Ainsi, par exemple, si Jean-Claude fait un peu plus de place à Fanny dans sa vie, Fanny réagit en s'installant un peu mieux dans l'appartement, ce qui effraie Jean-Claude et provoque une réaction négative.

⭕ Bach et Bottine *est un film pour enfants. La notion d'enfant comme public cible est-elle différente en littérature et au cinéma?*

⬤ Je le crois. Un enfant n'a pas besoin d'aller à l'école pour visionner un film. Mais avant de plonger dans un livre, il faut apprendre à lire. C'est pour ça qu'il existe des collections de romans pour les sept-neuf ans, les dix-douze ans, etc. Le degré de difficulté varie selon l'apprentissage en lecture. Un film pour enfants est vu non seulement par des enfants de divers groupes d'âge mais aussi par des parents ou d'autres adultes accompagnateurs. Le scénario tient compte de cela en adressant de petits clins d'œil aux spectateurs plus âgés. Dans *Bach et Bottine*, le sentiment amoureux de Jean-Claude pour la mère de Fanny touche le spectateur adulte ou adolescent. Mais les enfants ne le remarquent même pas! Idéalement, un scénario de film pour enfants est une histoire à plusieurs pelures. L'enfant y trouve son compte, l'adulte aussi.

○ *En littérature jeunesse, on ne dit pas tout aux enfants. La censure existe-t-elle aussi dans le cinéma pour enfants?*

● Les créateurs de livres pour enfants sont parfois guidés par des intentions didactiques et pédagogiques. Ce n'est pas le cas au cinéma. Aussi, comme nous l'avons dit, le cinéma pour enfants ne s'adresse pas seulement aux enfants. Dans ce sens, on peut sans doute parler d'une plus grande liberté au cinéma. Le livre *Le Chat de l'oratoire* a été critiqué parce qu'à la fin le chat meurt. En fait, il se laisse mourir. Spontanément, les adultes scrutent de plus près le contenu des livres. Pourtant, à la télévision, on le sait, les enfants sont exposés à des scènes de violence qu'aucun romancier pour la jeunesse n'oserait présenter.

○ *Vous aviez déjà écrit huit livres avant de vous attaquer au scénario de* Bach et Bottine. *Dès le scénario terminé, vous deviez rédiger un roman à partir de la même histoire. Ce nouveau récit a-t-il été facile à écrire?*

● Je croyais que ce serait facile, mais j'ai dû réécrire le livre trois fois. J'avais appris un nouveau langage, l'écriture cinématographique, et j'ai eu beaucoup de difficulté à l'oublier pour écrire un roman. Un scénario, c'est très peu littéraire. Dans son écriture, le scénariste vise la clarté, la concision. Le style est assez télégraphique, la chronologie est linéaire, le rythme est rapide. Le scénario est la partie descriptive d'un film : « Fanny entre. Elle enlève son manteau. Elle lève les yeux. Elle voit sa mouffette... » Je crois que le roman *Bach et Bottine* aurait pu être plus littéraire. J'aurais souhaité le recommencer une quatrième fois, mais le producteur et l'éditeur préféraient sortir le film et le livre le même jour!

○ *Quelle est la plus grande différence entre un scénario et un roman?*

● L'écriture d'un livre est une expérience très intime, très personnelle, très intérieure. Dans un scénario, cette intériorité doit être sauvegardée malgré la présence de cette grosse machine qu'est le cinéma. Mais le récit cinématographique a une visibilité beaucoup plus grande. J'étais une auteure bien connue et aimée des enfants avant *Bach et Bottine*, mais j'ai vite compris qu'un film passe moins inaperçu qu'un livre. En quelques semaines, je suis devenue presque célèbre. Le public attache une importance un peu démesurée à tous les métiers liés au cinéma. Et la littérature jeunesse est beaucoup moins visible que la littérature générale. À la sortie de mon premier roman pour adultes, *Un homme comme tant d'autres*, j'ai donné plus d'entrevues que dans toute ma carrière d'auteure pour la jeunesse. L'écriture cinématographique a ses atouts et ses inconvénients, l'écriture romanesque aussi. Mais j'ai adoré les deux aventures.

L'excursion de Bernadette Renaud du livre à l'écran puis, de nouveau, au livre est un bon exemple des déplacements d'une forme de récit à une autre à l'intérieur de ce que nous avons appelé plus tôt la république de l'enfance. Les échanges ont beau y être bienvenus, chaque province a ses lois, son langage, sa spécificité. Mais n'est-ce pas là, justement, ce qui rend les voyages intéressants?

Capsule

● *Aimeriez-vous savoir à quoi ressemble une séquence dans un scénario?
Et comment cette même séquence peut être reprise sous forme romanesque?
Voici la séquence 53 du scénario de* Bach et Bottine :

SÉQUENCE 53 INT. SOIR. LA SALLE DE MUSIQUE
CHEZ JEAN-CLAUDE

Jean-Claude est dans son fauteuil, à regarder l'opéra. Le passage musical, cette fois-ci, s'avère plus doux, plus calme.

Fanny arrive doucement derrière lui, en robe de nuit, les cheveux tout mouillés. Jean-Claude la voit mais ne bouge pas. Fanny hésite un moment, puis :

FANNY (DOUCEMENT)
Je m'excuse, mon oncle...

Les yeux fixés sur l'écran de la télévision, Jean-Claude ne répond pas. On le sent triste.

Fanny s'approche et l'embrasse furtivement.

FANNY
Bonne nuit.

Elle fait deux pas, puis revient et l'embrasse à nouveau.

FANNY
Je t'aime beaucoup, mon oncle... Puis Bérénice aussi je l'aime.

Note : dans le film, l'opéra a été remplacé par la lecture d'un gros ouvrage sur Bach. Voilà un exemple de changement apporté par le réalisateur.

Cette séquence correspond aux pages 142 et 143 du roman :

Ce soir-là, quand Fanny termine son bain, elle vient retrouver Jean-Claude, en pyjama, les cheveux mouillés, sereine. Il lit un gros bouquin, en se concentrant difficilement d'ailleurs. Elle attend en silence mais il fait semblant de ne pas la voir. Elle hésite un moment puis lui dit tout doucement :

— Je m'excuse, Jean-Claude...

Il se force à lui donner un peu d'attention.

— C'est corret... Bonne nuit... Fais de beaux rêves.

Fanny, spontanée, lui donne un gros bec sur la joue.

— Je t'aime beaucoup, Jean-Claude...Puis Bérénice aussi, je l'aime.

Plus tard, seul dans la cuisine, Jean-Claude tourne le rubicube dans ses mains, faisant le tour des visages, y compris le sien, si heureux. Perdu dans ses souvenirs, il s'attarde longuement sur celui de la mère de Fanny. Geneviève... chère Geneviève... qu'il n'a pas su « comment » aimer surtout, parce que personne ne l'avait aimé, lui, quand il était petit.

Pour en savoir plus

● *Vous aimeriez écrire pour les jeunes ou avec des jeunes? Voici quelques guides intéressants :*

Bradford, Karleen. *Écrire, pourquoi pas? La recette pour écrire une histoire*, éditions Scholastic, 1990, 79 p.

Renaud, Bernadette. *Écrire pour la jeunesse*, Longueuil, Conseil culturel de la Montérégie, 1990, 153 p.

Vonarburg, Élisabeth. *Comment écrire des histoires*, Belœil, éditions La lignée, 229 p.

Ponctuation

LES MYSTÈRES DE HARRIS BURDICK

Pour mener à terme l'activité clôturant la partie II, sur « Le récit en littérature d'enfance et de jeunesse », vous devrez :

1. Vous référer aux notes sur le *storyboard* dans le chapitre 7;
2. Consulter l'album : *Les Mystères de Harris Burdick*, de Chris Van Allsburg (éditions L'école des loisirs, 1985);
3. Avoir en main des feuilles de papier blanc non ligné, un crayon, une règle et une gomme à effacer;
4. Laisser votre imagination vagabonder (au moins un peu?).

Après les conseils, les consignes! Vous devez réaliser un storyboard de 16 pages à partir d'une des images du livre *Les Mystères de Harris Burdick*. Cette image s'insérera à la page de votre choix dans votre *storyboard*. De même, les quelques mots du texte qui accompagne l'image dans le livre devront être insérés dans votre *storyboard*. Voici les différentes étapes de cet exercice :

1. Choisissez une page/image du livre *Les Mystères de Harris Burdick* (celle qui vous inspire le plus);
2. Inventez une histoire qui serait racontée sous forme d'album à partir de cette image et des quelques mots qui l'accompagnent (vous pouvez écrire cette histoire ou en faire un simple résumé, mais vous n'aurez pas à transcrire ce texte dans le *storyboard*);
3. Divisez l'histoire en séquences et distribuez celles-ci sur 16 pages;
4. Sur chaque page et chaque double page, indiquez en quelques mots ce qui serait raconté (texte) et ce que représenterait l'image. Indiquez également l'espace occupé par l'image sur la page et faites de même pour le texte.

Attention! Le but de l'exercice n'est pas de mettre à l'épreuve vos talents artistiques mais bien d'intégrer les notions abordées dans les chapitres précédents. Amusez-vous!

PARTIE 3

Les livres miroirs de l'enfance

Chapitre 9

ENQUÊTE SUR LE HÉROS

À VOS CARNETS!

Il faut l'épier. Suivre patiemment ses traces; le débusquer entre les mots. Interroger ses amis et ses ennemis. Le questionner, lui aussi. Fouiller les espaces qu'il traverse.

Qui est-il? Le héros. Un personnage plutôt secret. Nous croyons le connaître, mais il faut se méfier. Ce qu'on dit de lui n'est pas toujours la vérité. Et il ne nous dit de lui-même que ce qu'il veut bien nous raconter. Pour l'épingler, il faut mener une véritable enquête. Inspecteurs : à vos carnets!

FICHES SUR LE HÉROS

FICHE NUMÉRO 1 : CATÉGORIE

Observez bien les images des figures 1 à 6. À votre avis, lesquelles représentent un héros de livre pour enfants?

Figure 1

Figure 2

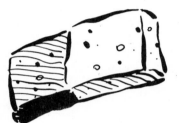

Figure 3

Figure 4

Figure 5

Figure 6

Chacune de ces images pourrait fort bien représenter le héros d'un livre pour enfants. D'ailleurs, de tels personnages existent déjà. Ne connaissez-vous pas Irma la chenille[1], Jean de la Lune[2], Caroline la gomme à effacer[3], Archibaldo le dragon[4] et Mademoiselle Gertrude la girafe[5]? Le petit garçon? Il en existe déjà quelques milliers dans les livres pour enfants.

En littérature jeunesse, le héros peut aussi bien être un enfant qu'un rayon de soleil ou une vieille bottine, et de nombreux héros sont quadrupèdes. Il faut donc d'abord situer le héros dans l'une de ces catégories : objet, concept, force de la nature, humain, animal ou créature. Le héros animal permet souvent d'aborder des thèmes particulièrement délicats de façon moins menaçante. *Au revoir, Blaireau* de Susan Varley (éditions Gallimard, 1984) est un des plus beaux albums parlant de la mort aux enfants. Il raconte la tristesse de Taupe lorsque meurt son ami Blaireau. La représentation anthropomorphique crée une certaine distance, un peu comme si tout se passait dans un autre monde. L'enfant lecteur — de texte ou d'images — reçoit et assimile les informations sans être directement interpellé dans son quotidien. Si l'album de Susan Varley racontait la tristesse de Guillaume à la mort de Philippe, son meilleur ami, la charge émotive serait très envahissante. Les héros animaux sont souvent de petites bêtes : lapins, souris, chiens, chats, oiseaux, taupes... Ces représentations de l'enfance favorisent une complicité avec le lecteur; comme lui, ces animaux sont petits dans un monde de géants et, comme lui, ils sont marginaux. « (C)'est devant la bête que l'enfant, encore retranché du monde adulte, peut reconnaître sa véritable nature et se sentir un " petit homme "[6] », écrit Isabelle Jan.

---

1. Robert Soulières. *Le Bal des chenilles*, Montréal, éditions Pierre Tisseyre, 1979.
2. Tomi Ungerer. *Jean de la Lune*, Paris, éditions L'école des loisirs, 1969.
3. Danièle D. Desautels. *Une gomme bien ordinaire*, Saint-Lambert, éditions Héritage, 1990, 125 p.
4. Vanhee-Nelson, Louise. *Archibaldo le dragon*, Montréal, éditions Paulines, 1983.
5. Pierrette Dubé. *Mademoiselle Gertrude*, Saint-Hubert, éditions du Raton Laveur, 1989.
6. Isabelle Jan. *La Littérature enfantine*, Paris, Les éditions ouvrières, 1977, p. 105.

FICHE NUMÉRO 2 : NOM

Mettez votre flair à l'épreuve. Sauriez-vous associer les noms de personnages de la colonne de gauche aux portraits à droite?

Figure 7

TITINE

ANASTHASIE

Figure 8

CASSIOPÉE

Figure 9

VINCENT GRABOTTE

Figure 10

VICTOR BELHUMEUR

Figure 11

Bravo! Demandez maintenant à des confrères inspecteurs de mettre eux aussi leur flair à l'épreuve. Que remarquez-vous? La plupart des enquêteurs font-ils les mêmes associations?

Le nom du héros est rarement le fruit du hasard. Porteur de sens, il suggère déjà un certain nombre d'attributs. Une héroïne nommée Isabelle Latendresse serait sûrement très différente d'une autre qui s'appellerait, disons, Linda Latour. L'exemple de Méli-Mélo, l'héroïne d'*Un monstre dans les céréales,* illustre bien l'importance du nom, sa fonction de révélateur. Méli-Mélo ressemble à son nom. Elle se sent toute à l'envers. Et pour cause. Elle doit passer quelques jours seule avec son père alors même que des émotions violentes, que Freud lierait sûrement au complexe d'Œdipe, la tiraillent.

Le nom du héros peut aussi bien refléter l'ensemble des caractéristiques définissant le personnage que le contredire. Imaginez une Rita Rataplan douce, timide et silencieuse. Le nom sert alors de repoussoir au personnage; le contraste entre le nom et ce que l'on découvre du personnage fait ressortir sa fragilité. Dans *Cassiopée ou l'été polonais* de Michèle Marineau (éditions Québec/Amérique, 1988), l'héroïne trouve son nom bien lourd à porter. Car le nom Cassiopée désigne une constellation et connote tout à la fois le mystère, l'évasion, la rêverie et un certain merveilleux poétique. Mais l'héroïne se sent peu d'affinités avec ce nom qui semble vouloir l'obliger à briller alors qu'elle se trouve somme toute bien ordinaire :

> « [...] je regrette tellement de ne pas être grande, mince, avec des cheveux au moins bicolores, des vêtements aux couleurs électriques et des talons hauts comme ça. [...] Au lieu de ça, j'ai une tête (et tout le reste) à m'appeler Nathalie ou Isabelle. Grandeur moyenne, grosseur moyenne, cheveux bruns, yeux bruns, lunettes, ni très jolie, ni particulièrement laide. Anonyme.[7] »

Dans ce roman, l'adolescente, Cassiopée, se cherche. La tension entre le nom et l'étiquette sémantique du personnage est donc très significative.

---

7. Michèle Marineau. *Cassiopée ou l'été polonais*, Montréal, éditions Québec/Amérique, 1988, p. 15.

FICHE NUMÉRO 3 : IDENTITÉ SEXUELLE

Examinez attentivement le personnage représenté ci-dessous. Nous ne connaissons que son nom : Claude.
Il faut déterminer son sexe. Fille ou garçon?

Figure 12

Héros ou héroïne? Pas facile, n'est-ce pas? Surtout avec le prénom Claude qui renvoie aussi bien à une fille qu'à un garçon. Et si vous appreniez que le personnage a existé aux alentours de 1930? Parions que vous en feriez un garçon : les petites filles de l'époque portaient la jupe. Mais ce personnage pourrait bien être une fillette dans le contexte, disons, des années quatre-vingt.

La représentation de l'*identité sexuelle* du personnage principal mérite d'être étudiée. Un mouvement amorcé à la fin des années soixante a permis à la littérature jeunesse de se débarrasser des stéréotypes sexistes traditionnels qui caractérisaient ses personnages. Les héros d'aujourd'hui servent encore de modèles de féminité et de masculinité, mais la définition de ces modèles a été revue et corrigée, sinon carrément inversée. Des attributs tels que la force, le dynamisme et l'audace, traditionnellement réservés aux petits garçons, sont maintenant collés à des personnages féminins, alors qu'on prête aux personnages masculins des qualités jadis destinées aux petites filles : sensibilité, vulnérabilité, timidité... Quelle que soit l'époque, l'identité sexuelle des héros pour la jeunesse n'est pas le fruit du hasard.

FICHE NUMÉRO 4 : CORPS ROMANESQUE

Vous devez maintenant dessiner le portrait-robot d'un personnage. Nom : Katarina. Âge : environ huit ans. Nationalité : espagnole. La seule information additionnelle que vous détenez est ce témoignage d'un écolier du même âge, Alexis, lors de l'arrivée de Katarina dans sa classe :

> « J'ai gardé les yeux vissés sur ma belle comète européenne. Elle a de longs cheveux noirs qui coulent comme une rivière sur ses épaules et dans son dos en faisant des vagues. Je gage qu'ils sont encore plus soyeux que les poils de Biboule, notre gros minou. Ses yeux brun chocolat brillent comme des billes. Et son sourire est aussi éclatant qu'un soleil de vacances.[8] »

À vos crayons, plumes et pinceaux!

KATARINA

Pour faire le portrait du héros, il faut se référer au texte, aux mots, à moins que le personnage ne fasse déjà l'objet d'une représentation graphique. Le héros est parfois dessiné à grands traits, en quelques phrases, dans les premières pages du roman, mais il arrive aussi qu'il soit peint à petites touches tout au long de l'œuvre. Toutefois, l'image mentale que se fabrique le lecteur dépasse toujours ce qu'on lui a dit du héros. Comparez votre portrait de Katarina avec les informations reçues. Vous lui avez probablement inventé un nez, une bouche, une silhouette, alors même que le récit était muet à ce sujet. L'avez-vous déjà dotée d'une certaine personnalité?

Le héros est un personnage de papier, mais il n'en possède pas moins un *corps romanesque*. La notion de corps romanesque est utile, que le héros soit décrit à l'aide de mots ou à l'aide d'images.

---

8. Dominique Demers. *Valentine Picotée*, Montréal, éditions La courte échelle, 1991, p. 10-11.

Ce corps romanesque ne renvoie pas seulement à la description physique du personnage : taille, couleur des yeux et des cheveux, nez aquilin ou bourbonien, etc. Le corps romanesque[9], c'est aussi le regard, l'attitude, les vêtements, les accessoires. Dans *Un hiver de tourmente*, l'héroïne nous livre une foule d'informations sur elle-même en parlant... de ses cheveux. Un peu comme Cassiopée avec son nom, mais de façon inverse, Marie-Lune est contrainte de porter une coupe banale qui la représente bien mal :

> « Moi, je rêve d'une mèche bleu électrique. Juste une, presque discrète, qui se tiendrait bravement debout sur le dessus de ma tête. Mais pas question! La petite Marie-Lune de Fernande et Léandre n'a pas le droit d'être punk. Je me contente d'une coupe légèrement étagée et terriblement ordinaire, signée Gaëtanne, l'amie de ma mère, propriétaire du Salon Charmante.[10] »

Marie-Lune est une adolescente en pleine mutation. Elle a envie de changer d'allure, d'abandonner sa vieille carapace. Dès lors, des détails comme la coiffure acquièrent une valeur symbolique. Une mèche bleue, pour Marie-Lune, c'est le rêve, la nouveauté, l'audace aussi; la coupe ordinaire, c'est l'ancrage dans le réel, le quotidien, la sagesse. La mèche bleue permet à la jeune fille de se redessiner à sa guise et de couper le cordon qui la relie à sa mère, alors qu'avec la coupe sage elle reste prisonnière du giron maternel.

Pendant longtemps, la littérature jeunesse nous a proposé une galerie de personnages désespérément beaux. Enfants modèles à la manière de la bonne petite Perrine — « intelligente », « avisée », « fine », « débrouillarde », « tenace », « silencieuse », avec « un cœur d'or » en prime — ils représentaient aussi l'idéal de beauté de leur époque. Pensez à Martine, l'héroïne dessinée par Marcel Marlier aux éditions Casterman. Elle est parfaite. Traits canoniques, taille d'un mannequin enfant, teint clair, joues roses, coiffure impeccable et poses typiquement féminines. Martine est une Barbie enfant. Un rêve, plutôt qu'un miroir. Le corps romanesque des jeunes héros des livres pour enfants et adolescents a changé. Les personnages sont moins parfaits; ils semblent plus vrais. Ils ont le droit d'avoir les mains sales et les cheveux ébouriffés. Et ils peuvent être des héros même si leur nez est un peu gros.

---

9. Pour plus de détails sur la notion de corps romanesque : Roger Kempf. *Sur le corps romanesque*, Paris, éditions du Seuil, 1968.
10. Dominique Demers. *Un hiver de tourmente*, Montréal, éditions La courte échelle, 1992, p. 12.

FICHE NUMÉRO 5 : IDENTITÉ PSYCHOLOGIQUE

Voici Vincent Grabotte :

Figure 13

    Que savez-vous de Vincent Grabotte? Il est en colère? Oui, mais est-il colérique? Peut-être a-t-il de bonnes raisons d'être en colère. Lui a-t-on volé son nouveau vélo de course rouge? Ou a-t-il simplement récolté une mauvaise note dans sa dictée?

    Comment réagirait Jiji, l'héroïne de Ginette Anfousse, si elle devait partir en classe de neige pendant trois jours avec ses copains de l'école? Le lecteur qui connaît bien le personnage méditerait un bon moment avant de répondre. Sans doute parce que Jiji est bien vivante. Son *identité psychologique* est complexe; ses réactions et ses comportements ne sont pas si facilement prévisibles. Il faut de nombreuses épithètes pour cerner l'identité psychologique de Jiji. Et tous ces adjectifs ne concourent pas au même effet, car Jiji n'est pas un personnage surdéterminé. Elle peut être à la fois craintive et très audacieuse, par exemple. L'idée d'une classe de neige l'enthousiasmerait probablement, mais ne serait-elle pas déchirée à la perspective de se séparer de Pichou, son meilleur ami? Les personnages d'Enid Blyton, par contre, sont beaucoup plus prévisibles et moins nuancés. Dans la série initiale de 21 titres, les 5 personnages n'évoluent pas. Leurs gestes, leurs réactions, leurs réflexions sont les mêmes dans le premier et dans le vingt-et-unième roman de la série. Ce sont des types. François est toujours le chef, celui qui décide; Claude est éternellement révoltée, le chien Dagobert a continuellement faim...

    L'âge du héros est important en littérature de jeunesse, car la définition même de cette littérature repose sur une différence d'âge entre l'auteur et le lecteur. Le héros sert de lien, de pont, entre un auteur adulte et un enfant lecteur. La littérature d'enfance et de jeunesse est une littérature à héros enfants ou adolescents. Il arrive, bien sûr, que le personnage principal soit un adulte mais, de façon générale, en littérature jeunesse contemporaine, l'âge du lecteur cible correspond à l'âge du héros. Le fait que, en littérature jeunesse contemporaine, l'auteur utilise presque toujours un héros enfant pour rejoindre les enfants et un héros adolescent pour communiquer avec les plus grands témoigne à la fois d'une segmentation croissante des groupes d'âge et d'une plus grande rupture entre l'enfance et l'âge adulte. Au cours des deux dernières décennies, les auteurs ont semblé croire que les personnages adultes pouvaient difficilement atteindre l'enfant lecteur.

La littérature de jeunesse s'adresse à des... jeunes. Mais leur âge varie entre quelques mois et environ seize ans. De même, les jeunes héros peuvent aussi bien avoir trois ans que treize ans. Or, les traits caractéristiques du héros ont une valeur très différente selon l'âge. Des gestes et des réactions interprétés comme courageux, intelligents, mûrs ou audacieux chez un enfant de cinq ans seront nécessairement perçus différemment si le héros a quinze ans. Dans *Valentine Picotée*, Alexis, le personnage principal, tombe éperdument amoureux de Katarina. La situation initiale serait somme toute plutôt banale si Alexis n'était pas âgé de huit ans. Pour impressionner Katarina, Alexis jeûne pendant vingt-quatre heures puis se défonce l'estomac en essayant d'avaler dix hamburgers à la cafétéria de l'école. Le jeune lecteur de *Valentine Picotée* en déduit simplement que le héros est décidément très amoureux. Mais comment réagirait-on si le héros avait le même comportement à quatorze ans?

La représentation de l'enfance n'appelle pas nécessairement un héros humain ni même un héros enfant. Le héros peut être un petit lapin entouré de sa maman lapine et de son papa lapin ou un animal de petite taille parmi des bêtes plus imposantes. Dans la série Ernest et Célestine de Gabrielle Vincent, la souris a un statut d'enfant alors même qu'on ne sait rien de son âge — elle ne vieillit d'ailleurs pas — et son compagnon le gros ours brun a un statut d'adulte. L'inverse aurait été surprenant. La représentation de l'enfance se traduit parfois simplement dans un système de personnages où le héros est petit dans un monde de grands.

FICHE NUMÉRO 6 : IDENTITÉ SOCIALE ET FAMILIALE

Figure 14

Figure 15

Figure 16

Figure 17

Tous ces personnages affirment être Vincent Grabotte. Mais trois d'entre eux mentent. Pouvez-vous identifier le véritable Vincent Grabotte? Voici quelques indices :

1. Vincent Grabotte n'est pas très riche;
2. Vincent Grabotte se sent souvent seul au monde;
3. Vincent Grabotte trouve que sa mère le couve un peu trop;
4. Vincent Grabotte n'a pas de sœur;
5. Vincent Grabotte aimerait voir son père un peu plus souvent.

En littérature d'enfance et de jeunesse, l'identité sociale du héros est vécue beaucoup à l'intérieur de cette micro-société qu'est la famille. Il convient donc de parler d'*identité sociale et familiale*. Zunik, le petit personnage de la série d'albums aux éditions La courte échelle, se définit d'abord, comme son nom l'indique, par son identité familiale : il est enfant unique. Les parents de Zunik sont séparés et Zunik vit avec son père. Vous souvenez-vous de Jacqueline et d'André, les personnages décrits dans *Les Jardiniers du hibou* de Monique Corriveau? Jacqueline, la princesse rêveuse, et André, le garçon fier et vigoureux, sont frère et sœur. Zunik est un personnage des années quatre-vingt; Jacqueline et André appartiennent aux années soixante. L'isolement du héros dans une cellule familiale éclatée est une réalité importante du corpus des années quatre-vingt.

La littérature d'enfance et de jeunesse a d'abord été inventée pour les enfants des rois, puis ceux des aristocrates et des bourgeois. De grands efforts de démocratisation ont été déployés tout au long du vingtième siècle. Les auteurs ont modifié la représentation de l'identité sociale de leurs petits héros. Ils ont inventé des personnages dont les parents appartiennent à la classe ouvrière et les ont logés dans un appartement au lieu d'une maison unifamiliale. Avant, presque tous les petits héros vivaient dans de belles maisons « vastes et ensoleillées », alors que les vrais enfants s'entassaient dans de petits logements.

Les relations parents/enfants aussi ont changé, dans les livres comme dans la société. Dans son ouvrage sur l'enfant-personnage et l'autorité dans la littérature enfantine, Marielle Durand décrivait une relation d'autorité à sens unique dans un corpus de livres pour les huit-douze ans parus avant 1970. Les parents donnaient des ordres, prenaient des décisions. « La disproportion entre la puissance de l'autorité et l'impuissance de l'enfant apparaît comme une évidence dans les livres analysés[11] », écrivait Marielle Durand. Dix ans plus tard, deux chercheurs, Zohar Shavit et Anne Scott Macleod[12], décrivaient des relations parents/enfants très différentes : absence d'autorité familiale, impuissance de l'adulte, enfants laissés à eux-mêmes.

Quel est le statut du héros dans sa famille? Quel type de relations entretient-il avec ses parents, ses frères et sœurs? Quel est le statut du héros dans la société au sein de laquelle il évolue? À l'école? Avec ses amis? Il faut s'attarder à ce qui est dit mais aussi au non-dit et replacer ces informations dans le cadre de vie d'un enfant ou d'un adolescent. Imaginez un album avec un héros de cinq ans que l'on ne verrait jamais avec ses parents. Cette absence deviendrait significative étant donné l'âge du personnage. De la même façon, il faudrait s'étonner d'un héros adolescent dont on ne connaîtrait que les parents. L'absence d'un réseau de pairs deviendrait alors significative.

11. Marielle Durand. *L'Enfant-personnage et l'Autorité dans la littérature enfantine*, Montréal, éditions Leméac, 1976, 180 p.
12. Un ouvrage fort intéressant réunit des articles de ces deux auteurs : *La Représentation de l'enfant dans la littérature d'enfance et de jeunesse*, Actes du 6e congrès de la Société internationale de recherche en littérature d'enfance et de jeunesse 1983, Munich, éditions Saur, 1985, 392 p.

FICHE NUMÉRO 7 : ATTRIBUTS EXTRAORDINAIRES

Vincent Grabotte a un frère. Et quel frère! Ce pauvre personnage a bien du mal à passer inaperçu. Eh oui!
Il a les oreilles en forme de chou-fleur...

Figure 18

Certains héros sont particulièrement marqués dans leur corps romanesque ou dans leur identité sexuelle, psychologique ou sociale. Ils possèdent des *attributs extraordinaires* : des tares ou, plus rarement, des dons. Ces marques du héros sont très fréquentes dans les contes traditionnels. Selon Marc Soriano, « le héros du conte populaire [...] handicapé à l'origine, finit par remporter la victoire sur plus puissant que lui. Or c'est justement la situation de l'enfant dans le monde des adultes ou dans celui des aînés.[13] » En littérature jeunesse, le héros, enfant ou adolescent, est souvent un marginal. Paré d'un don ou affublé d'une tare, il tente de s'intégrer — à l'aide de cet attribut extraordinaire ou malgré lui — à une société dont il se sent exclu, partiellement ou de façon plus radicale. Ce héros affligé d'une tare ou paré d'un don traduit sans doute l'image que les adultes se font de l'enfant réel : plus petit, moins puissant, moins outillé pour vivre en société que les plus grands et, en même temps, un peu magique et merveilleux...

---

13. Marc Soriano. *Guide de littérature pour la jeunesse*, Paris, éditions Flammarion, 1975, p. 154.

QU'EST-CE QU'UN HÉROS?

Pour le jeune lecteur, de texte ou d'images, le héros est « la clef du sens, le point de vue à partir duquel il doit effectuer le périple narratif [14] ». Dans les albums pour enfants comme dans les romans pour les jeunes, le récit repose presque toujours sur un personnage central à partir duquel se construit l'intrigue. L'analyse du héros installe donc le lecteur aux premières loges; de là, il peut voir et comprendre tout le récit.

Les informations sur le héros ne sont pas données d'un bloc. L'étiquette sémantique du héros — cette liste de caractéristiques qui façonnent son identité — se construit tout au long du récit. Ce que le lecteur croit comprendre du héros au premier chapitre peut s'avérer bien différent de ce qu'il finira par déduire au dernier. Le personnage lui-même a peut-être d'ailleurs beaucoup changé. Dans de nombreux récits, le héros participe à une quête initiatique. Il subit des épreuves dont il émergera transformé, grandi.

L'auteur n'a que des mots pour donner vie à son héros. Pour faire vivre son personnage, il peut le décrire — grand, beau, petit, gros, gentil, détestable... — ou lui prêter des actions. On peut lire (DESCRIPTION) : « Vincent Grabotte est terriblement colérique. Il a un sale caractère. » Ou encore (ACTION) : « Vincent Grabotte n'a pas aimé son sandwich. Il le lance à terre et le piétine vivement en criant. » Les gestes du héros peuvent soutenir, souligner, appuyer les descriptions du personnage, mais ils peuvent aussi les contredire. Pour un effet d'ironie, l'auteur pourrait écrire que Vincent Grabotte est un ange puis lui faire piétiner son sandwich.

Une foule d'informations puisées dans des lieux différents nous permettent de préciser l'identité du héros. Il faut voir ce que le narrateur dit du héros et ce que le héros nous dit de lui-même. Que disent de lui ses amis et ses ennemis? Ce que dit le héros des autres personnages nous renseigne aussi sur lui-même. On peut interroger l'espace. Vincent Grabotte est-il plus heureux seul dans sa chambre ou entouré d'amis? Enfin, il faut analyser les actions du héros, les gestes qu'il fait, approfondir la quête qu'il poursuit et étudier comment il la mène.

L'enquête sur le héros amène le lecteur à le situer dans un

14. Daniel Blampain. *La Littérature de jeunesse pour un autre usage*, Belgique, éditions Fernand Nathan/éditions Labor, 1979, p. 45.

système de personnages qui, comme nous l'avons vu, se structure en axe d'oppositions autour de noyaux d'adjuvants et d'opposants. Une foule de questions méritent d'être posées. Où le héros adolescent puise-t-il son encouragement? Dans sa famille? Dans son groupe d'amis? À moins qu'il ne se sente seul au monde? Qui aide le héros enfant? Ses parents? Ses amis? Ou d'étranges créatures venues d'une autre planète? Un héros enfant impuissant, isolé, qui ne peut trouver d'assistance qu'auprès d'individus marginaux traduit une représentation de l'enfance beaucoup plus désolante qu'un héros qui peut compter sur son entourage immédiat.

Le *programme narratif* du héros, ce cheminement qui l'amène, d'une situation initiale à un dénouement final, à obtenir ou non l'objet de sa quête, sert aussi à révéler le personnage. Pour connaître la quête du héros et suivre son déroulement, il faut cerner un manque, un désir ou un besoin, qui sert de moteur au personnage, le pousse à avancer d'une page ou d'un chapitre à l'autre. Que veut le héros plus que tout au monde? Qu'est-ce qui mobilise son énergie? La quête du héros peut être révélée dès la première page ou beaucoup plus tard dans le récit et cette quête principale peut engendrer des quêtes secondaires. Ce que Ti-Jean désire plus que tout au monde peut être la main de la princesse, mais pour l'obtenir il doit s'attaquer à des quêtes secondaires ou intermédiaires : tuer le dragon ou arracher un cheveu à l'ogre. Comment le héros mène-t-il sa quête? Est-il persévérant? audacieux? astucieux? courageux? Se laisse-t-il parfois décourager? À moins qu'il ne soit victime d'un entourage agressif ou de circonstances imprévisibles qui rendent cette quête impossible?

Dans les albums, l'image mérite d'être interrogée aussi soigneusement que le texte. C'est elle, souvent, bien plus que le texte, qui sert à révéler le personnage principal. L'image ne trace pas seulement le portrait physique du personnage; elle le situe dans un espace, en relation avec des êtres et des choses, et elle nous livre — en quelques traits seulement bien souvent — son statut, ses états d'âme, voire même sa vision du monde. Comparez le personnage de Simon (voir l'illustration numéro 24) avec l'héroïne de l'illustration numéro 09. Sans même connaître l'histoire, et à partir d'une seule image, sauriez-vous deviner quelques caractéristiques de ces personnages fort différents? Il y a, bien sûr, dans ces représentations graphiques, des indices sur l'âge des héros, leur sexe, leur apparence physique, mais ne sentez-vous pas que la fillette est plus exubérante, plus active, plus entourée, plus intégrée à une société que Simon qu'on devine seul, rêveur, un peu marginal peut-être...

À première vue, le héros d'un récit est facile à identifier. C'est le personnage globalement principal. Il peut, bien sûr, être remplacé par un groupe de personnages. C'est le cas, par exemple, des détectives amateurs de la série du Club des cinq d'Enid Blyton et de la série Notdog de Sylvie Desrosiers. Dans certaines œuvres, par contre, l'identification du héros est plus problématique. Dans *Peux-tu attraper Joséphine?*, un album de Stéphane Poulin (éditions Livres Toundra, 1987), Joséphine, la chatte du petit Daniel, se glisse dans le sac d'école de son maître qui l'y découvre une fois arrivé à l'école. Il la cache dans son pupitre, mais elle s'échappe. Le pauvre Daniel se lance alors dans une folle poursuite, de la bibliothèque au gymnase en passant par... les toilettes des filles. Chaque fois qu'il semble près de son but, la chatte bondit et s'échappe ou se cache. Qui est le héros de cet album? Le petit Daniel ou sa chatte? Ou les deux? La série porte le nom de la chatte, mais Daniel est le narrateur...

Qui est le héros? Ce qui compte n'est pas tant de trancher la question que de comprendre la spécificité de ce personnage vedette. La définition suivante peut nous aider à mieux cerner le héros :

> « Le personnage qui reçoit la teinte émotionnelle la plus vive et la plus marquée s'appelle le héros. Le héros est le personnage suivi par le lecteur avec la plus grande attention. Le héros provoque la compassion, la sympathie, la joie et le chagrin du lecteur.[15] »

Cette définition est particulièrement utile en littérature jeunesse car elle s'appuie sur le lecteur. Le héros est ce personnage qui touche le plus l'enfant lecteur; qui l'interpelle, le captive, l'émeut et, bien sûr, force l'identification. Pour saisir l'« effet héros » dans un livre pour enfants, il faut avoir un regard d'enfant. Aux yeux d'un enfant, est-ce le chat ou son maître qui reçoit la teinte émotionnelle la plus vive et la plus marquée dans *Peux-tu attraper Joséphine?* À qui l'enfant lecteur s'identifiera-t-il? Parions que Daniel, le petit garçon, l'emportera. Les enfants s'inquiéteront avec lui des frasques de Joséphine et courront en sa compagnie pour attraper la coquine. Les images de Stéphane Poulin sont d'ailleurs contruites dans cette perspective. Elles invitent l'enfant lecteur à débusquer la chatte espiègle dans les différents décors représentés dans l'illustration.

Le héros n'est pas seulement une clé de l'œuvre. Dans ce vaste champ peuplé de jeunes personnages que constitue la littérature

---

15. B. Tomachevski. *Théorie de la littérature*, Paris, éditions du Seuil, 1965, p. 295.

d'enfance et de jeunesse, le héros sert de support à une représentation de l'enfance. Il incarne les souvenirs nostalgiques comme
les rêves et les aspirations des adultes d'une société donnée face à
l'enfance. À ces visions d'enfance passées et futures se mêle la
perception qu'ont ces mêmes adultes de l'enfant réel, actuel. Le
livre jeunesse est une œuvre à part entière, didactique, ludique et
esthétique, mais aussi un témoignage social unique et d'une grande
richesse. Les sociétés se définissent largement par leur relation avec
l'enfance et, à celui qui sait l'interroger, l'enfant héros livre une
foule de secrets sur la société qui l'a vu naître.

Capsules

● L'écrivain *François Gravel* aime bien ne pas donner de nom au héros dans ses livres pour enfants. À son avis, cette technique favorise l'identification du jeune lecteur au personnage principal. Un jour, lors d'une rencontre auteur/lecteurs dans une école primaire, il a voulu vérifier cette hypothèse. Il a demandé aux enfants s'ils connaissaient le nom du héros de son dernier livre. Plusieurs élèves ont levé la main. Un peu surpris malgré tout, François Gravel a voulu connaître ce nom mystérieux que les élèves avaient collé au personnage. Avez-vous deviné? Philippe croyait que le héros s'appelait... Philippe et Guillaume offusqué répondait qu'au contraire le nom du héros était... Guillaume!

● Qui est le héros des livres dont vous êtes le héros? À première vue, la réponse est simple : il s'agit du lecteur. Mais n'est-ce pas un leurre? Le lecteur entre ici dans la peau d'un personnage déjà défini dans le texte. Les livres dont vous êtes le héros proposent différents scénarios au lecteur. Le héros sera plus ou moins courageux selon qu'il décide d'affronter le monstre à sept têtes ou de s'enfuir, mais il s'agit là d'un simple choix entre plusieurs scénarios présentés dans le même livre. Dans d'autres collections ou types de livres, le lecteur joue de façon beaucoup plus évidente ce rôle de héros. On peut penser, par exemple, à certains livres animés. Prenons l'album Combien y a-t-il de petites bêtes dans la boîte? *(David A. Carter, éditions Albin Michel, 1987).* Chaque double page est construite de la même façon. À gauche, une question : combien y a-t-il de petites bêtes dans la boîte rouge? La page de droite présente une boîte rouge dont un panneau s'abaisse pour révéler une drôle de petite bête. Même scénario à la page suivante, sauf qu'il s'agit d'une boîte à pois bleus contenant deux insectes. Cet album animé sert aussi à enseigner les chiffres. Qui est le héros de cet album? N'est-ce pas l'enfant lecteur? Celui à qui on pose la question : combien y a-t-il de petites bêtes dans la boîte? Sa quête est claire : compter les petites bêtes et, du coup, élucider le mystère des chiffres, de un à dix. Le héros est-il courageux? persévérant? espiègle? distrait? C'est à chaque enfant lecteur de le décider...

Ponctuation

LE CORPS IMAGINAIRE

● Le lecteur aussi participe à la caractérisation du personnage : il lui ajoute des attributs, lui dessine un corps romanesque. C'est vrai des enfants comme des plus grands. Lisez un conte à un enfant sans lui présenter les illustrations puis proposez-lui de dessiner ou simplement de décrire le corps romanesque d'un des personnages. Comparez ensuite cette description orale ou graphique avec les informations dans le texte. L'enfant a-t-il dessiné de longs cheveux blonds à la princesse parce qu'elle est ainsi décrite dans le texte ou l'a-t-il inventé? Son dessin est-il très différent de la représentation proposée par l'illustrateur? Les contes conviennent bien à cet exercice, car les personnages y sont peu décrits, ce qui laisse la porte ouverte à une foule d'interprétations possibles. On peut aussi jouer le jeu avec des adolescents. À la fin de la lecture d'un roman, et sans les avoir prévenus avant la lecture, demandez-leur de décrire le corps romanesque d'un personnage de leur choix. Comparez ensuite ces informations avec ce qui est écrit dans le roman. En groupe, l'exercice est particulièrement fascinant, car les uns et les autres ajoutent ou omettent des détails très différents.

Chapitre 10

MOINS INNOCENTS QU'ON PENSE

INVENTION

Devinette : quelle invention de la fin du dix-septième siècle a entraîné la naissance et le développement de livres écrits spécifiquement à l'intention des enfants?

Réponse : l'enfance! Il fallait inventer l'enfance avant de créer une littérature spécifiquement destinée aux enfants. L'enfance n'a pas toujours existé. Le concept d'enfance, tel que nous l'entendons communément dans nos sociétés modernes, soit celui d'un petit être qualitativement différent de l'adulte avec des besoins propres auxquels ce dernier doit savoir répondre, n'est apparu très clairement qu'au dix-huitième siècle. Dans son ouvrage sur l'évolution du concept d'enfance, l'historien Philippe Ariès écrit :

> « Dans la société médiévale, que nous prenons pour point de départ, le sentiment de l'enfance n'existait pas; cela ne signifie pas que les enfants étaient négligés, abandonnés, ou méprisés. Le sentiment de l'enfance ne se confond pas avec l'affection des enfants : il correspond à une conscience de la particularité enfantine, cette particularité qui distingue essentiellement l'enfant de l'adulte même jeune.[1] »

---

1. Philippe Ariès. *L'Enfant et la Vie familiale sous l'Ancien Régime*, Paris, éditions du Seuil, 1973, p. 177.

Ariès décrit plus loin l'émergence du sentiment d'enfance et l'isolement de ce groupe d'âge en catégorie distincte : « On admet désormais que l'enfant n'est pas mûr pour la vie, qu'il faut le soumettre à un régime spécial, à une quarantaine, avant de le laisser rejoindre les adultes.[2] »

ENFANCE ET REFLETS D'ENFANCE

Rappelons d'abord quelques faits : la littérature jeunesse propose à des enfants réels, lecteurs de textes ou d'images, ou des deux, des enfants de papiers, héros de récits. Or, ces petits personnages incarnent des représentations d'un certain concept d'enfance tel qu'il est perçu par les adultes d'une société donnée et ils ne reflètent pas toujours fidèlement les enfants réels auxquels ils sont destinés. Les jeunes personnages des livres fonctionnent à la manière de miroirs déformants. Ils ne proposent pas des portraits fidèles de l'enfant réel, comme les images sur pellicule photographique, mais une représentation altérée reflétant les valeurs d'une société adulte telles que celle-ci les exprime dans sa relation à l'enfance. L'idée même d'enfance étant si importante dans la définition même d'une littérature pour la jeunesse, il n'est guère étonnant que cette littérature soit née en même temps que le concept d'enfance.

Depuis ses origines, la littérature jeunesse reflète l'évolution de la notion d'enfance dans nos sociétés. À la fin du dix-septième siècle, alors que l'enfance était encore peu différenciée de l'âge adulte, Charles Perrault offrait des scènes particulièrement cruelles aux enfants et plus d'un siècle après *Les Contes de ma mère l'Oye*, soit pendant une bonne partie du dix-neuvième siècle, les illustrateurs de livres pour enfants ne songent pas encore à développer un langage graphique adapté aux enfants. Au vingtième siècle, par contre, non seulement l'enfance est très différenciée de l'âge adulte mais les enfants d'âges différents constituent des groupes d'âge clairement définis et délimités auxquels on offre des collections de livres bien distinctes, riches d'images, de héros et d'histoires conçus spécifiquement pour ce groupe d'âge.

Le personnage enfant n'est pas exclusif à la littérature jeunesse. Depuis le dix-huitième siècle, l'enfance est un thème important en

---

2. *Ibid.*, p. 313.

littérature. La richesse des représentations, dans les œuvres destinées à la jeunesse, tient à ce qu'elles participent à un discours *sur* et *à* l'enfance. Le discours sur l'enfance s'élabore à partir d'un voyage, souvent nostalgique, au pays d'une enfance révolue, celle de l'auteur. L'auteur adulte confronte ou juxtapose cette vision issue du passé à celle du présent, c'est-à-dire à ce faisceau de rêves et d'aspirations que partagent les adultes d'une même société au sujet de l'enfance à une époque donnée. Cette double démarche où s'entremêlent le présent et le passé, l'individuel et le collectif gouverne les représentations de l'enfance dans toute littérature, mais un troisième processus intervient dans le cas des représentations spécifiquement destinées au jeune public. La vision de l'auteur adulte s'enrichit alors d'une réflexion sur l'enfance réelle, alors même qu'il s'adresse à un lecteur virtuel d'un autre âge et perçu comme appartenant à un monde autre. Ce désir de communication, plus ou moins affirmé selon les époques, avec l'enfant réel donne lieu à des représentations aussi différentes que précieuses et constitue un des grands moteurs de l'édition pour la jeunesse :

> « La littérature enfantine sera finalement, à travers un langage puisé dans l'univers de l'enfance, cet " effort, toujours recommencé, des adultes, pour communiquer avec ces martiens, des grands inconnus de nos civilisations : les enfants. " [3] »

Le personnage enfant des livres pour la jeunesse constitue donc le point de rencontre de trois grandes démarches concurrentes entreprises par un auteur adulte et que l'on pourrait schématiser comme suit :

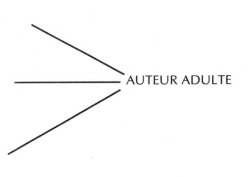

discours sur l'enfance
à partir d'un retour à l'enfance
révolue de l'auteur adulte

discours sur l'enfance
à partir du concept d'enfance
tel que le définit la société
adulte de l'époque ————— AUTEUR ADULTE

discours à l'enfance
à partir de la perception
de l'auteur adulte des
enfants réels de son époque

---

3. Ganna Ottevaere-van Praag. *La Littérature pour la jeunesse en Europe occidentale (1750-1925)*, Berne, éditions Peter Lang, 1987, p. 433. Ganna Ottevaere-van Praag cite Marc Soriano dans un article paru dans *Le Monde* du 20 décembre 1974, p. 20.

L'ÉVOLUTION DE LA NOTION D'ENFANCE :
DU MOYEN-ÂGE À AUJOURD'HUI

Au Moyen-Âge, l'enfance n'existait pas. Adultes et enfants fréquentaient les mêmes lieux, assistaient aux mêmes fêtes, travaillaient et s'amusaient côte à côte. Les enfants adoptaient une foule de comportements qui feraient frémir les pédagogues et les psychologues de notre siècle. À six ans, ils avaient tout vu et tout entendu. Ils dormaient avec les adultes et participaient même, de gré ou pas, à certaines pratiques sexuelles. Ni statut ni habit ne distinguaient l'enfance : ceux qui ne mouraient pas dans leurs langes abandonnaient le maillot pour porter les mêmes vêtements que les adultes de leur classe sociale. Le taux de mortalité infantile était très élevé et l'on jugeait insensé de s'attacher à ces petites choses alors que leurs chances de survie étaient si minces.

Le premier manuel de pédiatrie, *Le Livre des enfants* de Thomas Phaire, a paru en Angleterre en 1544, moins d'un siècle après la naissance de l'imprimerie, marquant ainsi les premiers balbutiements d'un concept d'enfance. Peu à peu, le terme « enfance » renverra à une catégorie de personnes qui ont des goûts, des préoccupations, des capacités et des besoins différents de ceux de l'adulte.

La notion même d'enfance est liée à celle du secret, des interdits. Pour inventer l'enfance, il fallait décider que certains comportements seraient réservés aux adultes et qu'il fallait taire certaines réalités aux enfants. À partir de la fin du seizième siècle, un début de pudeur, chez les catholiques comme les protestants, incite les éducateurs à censurer les lectures des enfants. Il ne s'agit pas d'écrire pour les enfants mais bien de réduire l'éventail des lectures possibles. Une notion essentielle s'impose progressivement tout au long du dix-septième siècle : les petits de l'homme ont besoin d'être protégés. À la fin du siècle, le philosophe John Locke dénoncera les adultes *vicious* qui initient les enfants à des pratiques sexuelles en leur laissant des infections en guise de souvenir.

Au début du dix-septième siècle, chrétiens et puritains se rejoignaient dans une même conception de l'enfance, petit être inférieur à l'adulte, irrationnel et corrompu par le péché universel. En 1693, John Locke donne une impulsion nouvelle au concept d'enfance en publiant *Some Thoughts Concerning Education*. Locke conseille à ses contemporains de laisser les enfants être des enfants. Il faut les éloigner du mal mais sans les empêcher de s'amuser. Ils ne sont pas inférieurs; ils sont différents. En 1762, Jean-Jacques Rousseau publie *L'Émile*. Pour Rousseau, l'enfant est fondamentalement bon; il n'y a pas de perversité originelle dans le cœur humain : « Tout est bien sortant des mains de l'Auteur des choses; tout dégénère entre les mains de l'homme.[4] » Du mépris et de l'ignorance de l'enfance, on est passé à sa glorification. Rousseau défend la supériorité de l'enfance, sa sagesse innée et fondamentale.

L'idée d'une enfance innocente et pure inspira plusieurs romanciers et poètes. « Tête sacrée! Enfant aux cheveux blonds! Bel ange à l'auréole d'or[5] », s'exclamait Victor Hugo en 1830. L'enfance devient un symbole, un mythe. L'enfant innocent, opprimé et vertueux, s'oppose à une société adulte souillée, injuste et brutale. L'enfant symbolise le rêve, le merveilleux; l'adulte symbolise la réalité, la banalité. Cette pensée mythique nourrit les représentations de l'enfance sans toutefois traduire la réalité. Alors que les poètes du dix-neuvième siècle faisaient l'éloge de l'enfance, l'urbanisation et l'industrialisation avaient des conséquences désastreuses pour des millions d'enfants. En France, une loi datée de 1841 stipule que dans certaines manufactures, usines et ateliers on ne doit pas embaucher des enfants de moins de huit ans et on ne doit pas faire travailler les autres plus de huit heures par jour. Dans l'Angleterre de Dickens, à la même époque, les enfants travaillent souvent plus de dix heures par jour dans les filatures de coton.

Le vingtième siècle redessine l'enfance en soulignant plus que jamais sa nature différente. Le développement de la psychanalyse, de la pédiatrie et de la psychopédagogie entraîne une meilleure connaissance de l'enfant réel. La famille avait pris de l'importance au dix-neuvième siècle, arrachant, avec l'école, l'enfant à la société. La multiplication des institutions — maternelles, garderies, associations sportives ou de loisirs — contribue à isoler davantage l'enfance. Aux institutions s'ajoutent une foule de produits nouveaux spécifiquement conçus pour les enfants : jeux, jouets, vêtements, meubles, films, émissions de télévision, musique, théâtre et, bien sûr, littérature. Au cours des années soixante, quelque 6 000 livres pour enfants sont publiés annuellement en langue anglaise. L'industrie de l'enfance constitue bientôt un marché de taille colossale.

L'adolescence est une invention du vingtième siècle. En 1904, le psychologue américain G. Stanley Hall faisait paraître une

---

4. Cité dans : Peter Coveney. *The Image of Childhood. The Individual and Society : a Study of the Theme in English Literature*, Harmondsworth, Penguin Books, 1967, p. 41.
5. Victor Hugo. *Lorsque l'enfant paraît.*

première bible en deux volumes sur le sujet : *Adolescence*. Encouragés par une industrie qui leur suggère mille façons de souligner leur appartenance à un groupe de pairs, les adolescents se sont progressivement isolés eux-mêmes des adultes. Ils firent rapidement l'objet du même type d'enfermement que les plus jeunes, vivant de plus en plus en groupes de pairs alors que leurs contacts avec des adultes avaient lieu dans le cadre précis d'institutions diverses.

Depuis le début des années soixante, plusieurs psychologues, sociologues, anthropologues et journalistes remarquent une disparition progressive de l'écran de protection tenant les jeunes à l'écart de certaines connaissances du monde de l'adulte. Neil Postman croit que « l'idée d'enfance est en train de disparaître à une vitesse ahurissante[6] ». Un sentiment de pudeur était à l'origine de l'isolement de l'enfance, mais l'invention de la télévision empêcherait maintenant les adultes de contrôler l'accès à l'information des enfants. Un enfant de six ans ne peut lire Henry Miller, mais il a accès à tous les films et aux bulletins de nouvelles du petit écran. Les institutions de l'enfance, des garderies à l'école, encouragent l'enfant à se développer le plus rapidement possible. Les vêtements des enfants ressemblent de plus en plus à ceux des adultes : les jeans Levi's, les chemisiers Esprit et les chaussures Nike sont les mêmes pour enfants et pour adultes. L'entrée massive des femmes sur le marché du travail et l'accroissement phénoménal du nombre de divorces ont aussi contribué à diminuer l'écran de protection entre l'enfant et le monde.

À mesure que la présence des parents diminue, à partir des années soixante, les médias — périodiques, films, disques, livres, télévision — comblent rapidement le vide et proposent aux enfants une vision du monde qui n'a rien d'innocente. Le *Mad Magazine*, lancé au cours des années soixante à l'intention des adolescents, a donné le ton avec ses satires des adultes. En littérature pour la jeunesse, la volonté de ne plus taire certaines vérités a favorisé l'émergence d'un nouveau genre appelé le *problem novel*. On y discute ouvertement d'homosexualité et de suicide, de drogue et de prostitution. La littérature redevient moralisatrice mais d'une manière bien différente. Au lieu d'indiquer le droit chemin aux enfants par l'intermédiaire des personnages, les auteurs décrivent tous les pièges possibles en espérant que, ainsi avertis, les jeunes sauront les contourner. Certains romans semblent vouloir inoculer au jeune tous les maux de la société moderne dans une démarche immunisante :

---

6. Neil Postman. *Il n'y a plus d'enfance*, Paris, éditions Insep, 1983, p. 11.

« La nouvelle génération agit selon la certitude que les enfants doivent être exposés très tôt à l'expérience adulte pour qu'ils puissent survivre dans un monde de plus en plus compliqué et incontrôlable. L'âge de la protection est terminé. Une époque préparatoire est amorcée.[7] »

Plusieurs statistiques, par exemple concernant la hausse des cas d'abus et de négligence envers les enfants, semblent vouloir confirmer l'apparition d'un nouveau Moyen-Âge, mais nous possédons des connaissances sur la spécificité de l'enfance que la société médiévale n'avait pas. La fin du millénaire est surtout caractérisée par un enfermement de l'enfance avec la multiplication des lieux et institutions qui lui sont consacrés. Plus que jamais coupé de l'adulte, l'enfant s'isole davantage, à l'intérieur même de l'enfance, dans ces catégories d'âge de plus en plus étroites et étanches qui structurent les lieux et institutions de l'enfance. Les livres ne s'adressent plus aux enfants mais aux deux à trois ans, aux six à huit ans ou aux douze à quatorze ans. En attendant de disparaître, si tel est son sort, l'enfance se referme sur elle-même.

ÉVOLUTION DES REPRÉSENTATIONS DE L'ENFANCE

Au fil des siècles, la littérature d'enfance et de jeunesse reflète l'évolution de la notion d'enfance. Dans l'Angleterre puritaine du dix-septième siècle, les *Good Godly Books* présentaient de petits héros luttant contre le diable, le péché, les tentations. L'enfant a d'abord été perçu comme une pâte à modeler, ce qui a engendré plusieurs générations de petits héros prétextes à des leçons d'éducation et d'instruction. Ces jeunes personnages étaient très peu développés d'un point de vue psychologique : ils étaient nés pour obéir.

Les représentations du dix-neuvième siècle sont plus élaborées mais peu nuancées parce qu'elles sont profondément marquées par la nostalgie. Un classique de l'époque, *Le Petit Lord Fauntleroy* de Frances Hodgson Burnett, paru en 1885, représente bien la tendance idéalisatrice de l'époque. Le petit lord est un ange blond et bouclé aux grands yeux bleus brillants d'innocence. Le courant romantique a engendré de nombreux jeunes héros nobles et purs, victimes d'une société dure et incompréhensive. Rémi, l'enfant des rues de *Sans famille* d'Hector Malot, paru en 1878, illustre bien ce type de représentations.

---

7. Marie Winn. *Enfants sans enfance*, Boucherville, éditions de Mortagne, 1985, p. 19.

Avant le vingtième siècle, la littérature d'enfance et de jeunesse a proposé bien peu de jeunes personnages véritablement individualisés, mis à part quelques héros d'œuvres parues dans la deuxième moitié du dix-neuvième siècle qui devinrent, à juste titre, des classiques de l'enfance : les Tom Sawyer et Huckleberry Finn de Mark Twain; Jo, l'héroïne des *Quatre filles du Dr March* de Louisa May Alcott; le jeune Jim Hawkins, vedette de *L'Île au trésor* de Robert Louis Stevenson; le Pinocchio de Carlo Collodi et la petite Sophie de la célèbre comtesse de Ségur. Si ces héros ont tant ravi les enfants de leur époque et réussissent encore à charmer ceux d'aujourd'hui, c'est sans doute parce qu'ils traduisent non seulement un discours *sur* l'enfance mais aussi un discours *à* l'enfance. Les auteurs de ces œuvres ne tentaient pas seulement de définir et de circonscrire l'enfance : ils voulaient rejoindre des enfants bien réels.

Des héros de la littérature enfantine du dix-huitième siècle et de la première moitié du dix-neuvième siècle, Isabelle Jan écrit : « Il leur manque même la condition première de l'existence : une identité[8] ». À partir de la fin du dix-neuvième siècle, des psychologues et des pédagogues s'efforcent de mieux définir la spécificité de l'enfance, et la littérature jeunesse propose peu à peu des petits personnages plus fouillés d'un point de vue psychologique, plus près de l'enfant réel : moins dociles, résignés et passifs; plus imparfaits, indépendants et inventifs.

La véritable révolution des petits héros a lieu après 1960. Finie la sujétion aveugle; les jeunes personnages s'amusent, s'affirment et contestent l'autorité des adultes. Une nouvelle tendance se dessine : les enfants peuvent même dominer les adultes. C'est l'incontournable jeu du pendule : après l'enfant souillé, l'enfant pur; après l'enfant fantoche, l'enfant tout-puissant. Aux côtés de jeunes héros débrouillards, affirmés et, somme toute, plutôt responsables, on trouve des adultes dépassés par les événements, vulnérables et, le plus souvent, incompétents. La morale traditionnelle est parfois inversée : les adultes ont tort et les enfants ont raison. L'enfant personnage semble outillé pour réussir sa vie à condition d'obéir à son intuition d'enfant et de ne pas perdre cette sagesse qui le caractérise en adoptant les schèmes de pensée de l'adulte.

Marie-José Chombart de Lauwe a mené une vaste recherche sur l'évolution des représentations de l'enfant dans la littérature

8. Isabelle Jan. *La Littérature enfantine*, Paris, Les éditions ouvrières, 1977, p. 109.

d'enfance et de jeunesse. Elle conclut :

> « Deux lignes de force se dessinent. L'une exprime une nouvelle image de l'enfant de plus en plus proche de l'adulte, échappant à la sujétion. Certains petits héros dominent même les adultes, les sauvent ou les ridiculisent. Le statut réel des âges est inversé [...] L'autre exprime un nouveau rapport entre les sexes, les filles devenant plus ou moins les égales des garçons.[9] »

La représentation d'un enfant tout-puissant, détenteur de vérité et lieu d'investissement des valeurs fondamentales que l'adulte aurait égarées, va de pair avec une représentation de l'adulte peu flatteuse. Anne Scott Macleod[10] remarque qu'il y a peu d'adultes sympathiques en qui les enfants peuvent avoir confiance dans la littérature jeunesse des dernières décennies et les rares adultes équilibrés y sont rarement les parents des jeunes héros. Au bonheur d'être enfant on a substitué la difficulté de grandir, et l'échec parental est un thème fréquent. Non seulement la cellule familiale n'est-elle plus source de sécurité et de réconfort, mais elle apparaît souvent comme la cause des problèmes des enfants.

UN CAS AMUSANT : LES PETITES PESTES

L'évolution d'un type bien particulier de personnage enfant, la petite peste, met en lumière de façon intéressante ce lien entre la notion d'enfance dans une société donnée et les représentations offertes dans la littérature jeunesse. « Affreux jojo », « petit monstre » ou « petite peste », tous ces termes renvoient à une même réalité : un enfant qui se laisse guider par le principe du plaisir sans tenir compte des normes imposées par la société des adultes. Ces petits héros existent depuis le dix-huitième siècle mais, d'hier à aujourd'hui, ils ont donné lieu à des représentations fort différentes.

Les récits d'avertissement du dix-huitième et du dix-neuvième siècle proposaient souvent des petits héros désobéissants, mais les

---

9. Marie-José Chombart de Lauwe. «La représentation de l'enfant dans la littérature d'enfance et de jeunesse», dans *La Représentation de l'enfant dans la littérature d'enfance et de jeunesse*, Actes du 6ᵉ congrès de la Société internationale de recherche en littérature d'enfance et de jeunesse 1983, Munich, éditions Saur, 1985, p. 18.
10. Voir Anne S. Macleod. «The child in american literature for children the 1930's and now», dans *La Représentation de l'enfant dans la littérature d'enfance et de jeunesse*, Actes du 6ᵉ congrès de la Société internationale de recherche en littérature d'enfance et de jeunesse 1983, Munich, éditions Saur, 1985, p. 79-86.

frasques de ces premières petites pestes étaient bien peu terribles comparées à celles des héros désobéissants des dernières décennies. Ces récits insistaient sur la punition, le comportement déviant étant décrit assez sommairement. Dans un article fort intéressant sur les petites pestes *(naughty child)*, Malte Dahrendorf [11] cite quelques trames narratives de l'époque qui illustrent l'exemplarité des punitions. Un enfant qui aime trop le sucre se trompe, mange du poison et meurt; un écervelé, courant à tous vents, tombe au fond d'un ravin. Et voilà!

En 1845, Heinrich Hoffman publie le premier album en images à l'intention des enfants âgés de trois à six ans : *Der Struwwelpeter (Pierre l'Ébouriffé)*. L'album de H. Hoffman contient neuf histoires brèves. Chacune d'elles présente un comportement considéré comme inacceptable — sucer son pouce, jouer avec le feu, tripoter sa nourriture pendant le repas, etc. — et en montre les conséquences désastreuses. Un exemple? L'enfant qui suce son pouce se fait couper les doigts! Malgré le sadisme des punitions, l'album de Hoffman est étrangement plus complice de l'enfance que les récits de ses prédécesseurs. Hoffman insiste sur le plaisir de ses petites pestes et utilise l'humour pour désamorcer la leçon de morale. Le plaisir de sucer son pouce ou d'être dans la lune est évident, voire même contagieux. Selon Marc Soriano, « l'humour glacé du texte rimé et la désinvolture des illustrations désamorcent l'apparent moralisme de l'œuvre et le transforment en classique de la contestation [12] ».

En 1857, Sophie Rostopchine, devenue comtesse de Ségur, publie *Les Malheurs de Sophie*. Il s'agit encore une fois de leçons de morale et, coup sur coup, Sophie l'étourdie est sévèrement punie. Lorsqu'elle découvre sa fille en train de découper une abeille en petits morceaux, Mme de Réan la punit en l'obligeant à porter à son cou les morceaux d'abeille enfilés dans un ruban jusqu'à ce qu'ils tombent en poussière. Sadisme? Sans doute. Mais seulement à la toute fin de chacun des épisodes des malheurs de Sophie. La comtesse a surtout mis son talent au service des enfants en décrivant avec force minutie et sympathie chacune des étourderies de Sophie.

Carlo Collodi pousse un peu plus loin encore cette complicité

---

11. Malte Dahrendorf. « The "naughty child" in past and contemporary children's literature », dans *La Représentation de l'enfant dans la littérature d'enfance et de jeunesse*, Actes du 6e congrès de la Société internationale de recherche en littérature d'enfance et de jeunesse 1983, Munich, éditions Saur, 1985, p. 43-57.

12. Marc Soriano. *Guide de littérature pour la jeunesse*, Paris, éditions Flammarion, 1975, p. 313.

avec l'enfance dans *Pinocchio*, paru en 1881. Cette longue quête initiatique d'une marionnette aspirant à devenir un être humain illustre le cheminement des enfants vers la raison, la socialisation et, donc, vers le monde des adultes. Mais *Pinocchio* raconte surtout le plaisir d'un enfant rebelle qui n'a pas du tout envie d'écouter les sages conseils des grands. Aller à l'école? Apprendre un métier? Travailler? « De tous les métiers du monde, il n'en est qu'un qui me convienne vraiment, déclare Pinocchio. Celui de manger, boire, dormir, s'amuser, et mener, du matin au soir, la vie d'un vagabond. » À la toute fin, Pinocchio s'assagit, mais le dénouement n'efface pas tout le bonheur précédemment décrit. À la même époque, Mark Twain ose décrire des espiègleries qui ne sont pas toujours punies dans *Les Aventures de Tom Sawyer* (1876) et *Les Aventures de Huckleberry Finn* (1885). Twain décide que c'est normal et sain d'être au moins un peu tannant lorsqu'on est enfant.

Peu à peu, les espiègleries dament le pion aux punitions. De l'éloge de la sagesse on passera, au vingtième siècle, à l'éloge du plaisir. En 1945, Astrid Lindgren publie *Pippi Langstrumpf (Fifi Brindacier)*. Son héroïne se moque éperdument de toutes les normes et conventions sociales. De la politesse et des bonnes manières, la chère Fifi n'a que faire. Elle est indépendante, impertinente, imprévisible et royalement mal attifée. Lindgren ne se contente pas de tolérer les comportements déviants : elle en fait l'éloge.

Les petites pestes se sont multipliées au cours des dernières décennies : *Max et les Maximonstres* de Maurice Sendak, *Pire que Pierre* de James Stevenson, *L'Histoire de Juju la tornade* de Simon James, *La Sœur de Robert* de Marie-Louise Gay, *La Colère d'Arthur* d'Hiawyn Oram, *Je boude* de Ginette Anfousse ou *Le Dodo* de Robert Munsch participent à un même mouvement d'éloge des plaisirs de l'enfance au détriment des valeurs des adultes. Les albums du Canadien Robert Munsch sont particulièrement éloquents et représentent bien cette métamorphose des petites pestes. Bon an, mal an, Munsch vend quelque trois millions d'albums pour enfants. Ses livres sont traduits dans une dizaine de langues. Les héros de ses albums sont espiègles, ingénieux, audacieux, tenaces et délicieusement impertinents. Les adultes autour d'eux sont ridicules, bornés, maladroits, incompétents et immatures. Le récit mise sur les espiègleries du héros en insistant sur le ridicule des adultes victimes. À la fin de l'histoire, l'enfant triomphe et l'adulte rend piteusement les armes. Un exemple? Dans *Le Dodo,* le petit Simon chante à tue-tête dans son lit au lieu de dormir. Sa mère, son père, ses frères et sœurs et finalement, en désespoir de cause, les gendarmes tentent de lui prescrire le silence avec des avertissements sévères. Chaque fois, Simon fait mine d'accepter mais continue de plus belle. À la fin, rien ne va plus, tous ceux qui voulaient en imposer à Simon s'engueulent à grands cris alors que Simon, content du divertissement, s'endort enfin paisiblement.

CONCLUSION?

Les représentations de l'enfance en littérature jeunesse s'élaborent à partir d'un triple parcours de l'auteur adulte construisant un discours sur et à l'enfance : (1) discours sur l'enfance à partir d'un retour à l'enfance révolue, (2) discours sur l'enfance à partir du concept d'enfance tel que le définit la société adulte de l'époque et (3) discours à l'enfance à partir de la perception de l'auteur adulte des enfants réels de son époque. En retraçant l'évolution des représentations de l'enfance, nous remarquons que chaque époque privilégie l'un de ces trois discours. Au cours des dix-septième et dix-huitième siècles, les représentations de l'enfance naissaient surtout d'une vision adulte de ce que devait être l'enfance (sagesse, obéissance, maîtrise des pulsions...) et insistaient donc sur le discours sur l'enfance à partir du concept d'enfance tel que le définissait la société de l'époque (2). Le dix-neuvième siècle a été marqué par une vision nostalgique et idéalisatrice de l'enfance qui se construisait surtout à partir d'un retour vers le passé, vers l'enfance révolue (1). Quant au vingtième siècle, il innove en misant sur le discours à l'enfance, élaboré à partir d'une réflexion sur les enfants réels de cette époque (3). Vouée à l'édification aux dix-septième et dix-huitième siècles, la littérature jeunesse a ensuite représenté un moyen d'évasion et constitue aujourd'hui un objet de distraction. La littérature jeunesse est ainsi devenue un lieu complice de l'enfance où le plaisir est roi.

Capsules

● *LLolyd de Mause* (The History of Childhood, *New York, éditions Harper and Row, 1975, 450 p.) trace un sombre portrait de l'existence des enfants avant le dix-septième siècle. Ainsi, l'infanticide et la sodomisation des petits étaient très répandus dans l'Antiquité. Au cours du Moyen-Âge, les mauvais traitements sont très courants et les actes de négligence assez sévères pour entraîner la mort. Au treizième siècle, une première loi tente de limiter les « abus » des parents. En gros, un parent pouvait battre son enfant jusqu'à ce qu'il saigne sans se faire importuner par les autorités publiques, mais si l'enfant mourait, le parent était reconnu coupable!*

● *Connaissez-vous* Le Fossé des générations *(Paris, éditions Denoël/Gonthier, 1978, 185 p.), un des ouvrages de la célèbre anthropologue Margaret Mead? La lecture que fait Mead des relations parents-enfants depuis 1960 ressemble étrangement à la situation décrite dans de nombreux albums et romans pour les jeunes. Mead croit que le traditionnel fossé des générations s'est transformé en un « Grand Canyon », un véritable gouffre. Pourquoi? À son avis, les jeunes n'ont qu'à ouvrir les yeux pour voir que leurs aînés « tâtonnent » et « s'acquittent maladroitement et souvent sans succès des tâches que leur imposent les nouvelles conditions de vie ». « Les jeunes ignorent ce qu'il faudrait faire, mais ils sentent qu'il existe certainement un meilleur moyen de le faire », conclut-elle (p. 89).*

Pour en savoir plus

●   *sur la naissance et l'évolution du concept d'enfance :*

Philippe Ariès. *L'Enfant et la Vie familiale sous l'Ancien Régime*, Paris, éditions du Seuil, 1973, 316 p.

●   *sur les représentations de l'enfance en littérature d'enfance et de jeunesse :*

Marie-José Chombart de Lauwe et Claude Bellan. *Enfants de l'image. Enfants personnages de médias/Enfants réels*, Paris, éditions Payot, 1979, 290 p.

●   *sur les représentations de l'enfance en littérature générale :*

Marie-José Chombart de Lauwe. *Un monde autre : l'enfance. De ses représentations à son mythe*, Paris, éditions Payot, 1979, 451 p.

●   *sur l'hypothèse d'une disparition progressive de l'enfance :*

Neil Postman. *Il n'y a plus d'enfance*, Paris, éditions Insep , 1983, 261 p.
Marie Winn. *Enfants sans enfance*, Boucherville, éditions de Mortagne, 1985, 234 p.

Ponctuation

LES ENFANTS DU SIÈCLE

Imaginez que ces personnages sont tirés d'un livre pour enfants et tentez de déterminer à quel siècle ce livre appartiendrait : au début du dix-huitième, à la fin du dix-neuvième ou au vingtième siècle?

1) Enfant espiègle, l'air fier et heureux, en train de jeter une araignée dans la tasse de café de son professeur.

2) Enfant repentant admettant sa faute — un vêtement déchiré — à son parent. Il semble attendre — et craindre — sa punition.

3) Enfant angélique et exemplaire, regard innocent, cheveux bouclés.

RÉPONSES :

1) vingtième siècle;
2) début du dix-huitième siècle;
3) fin du dix-neuvième siècle.

Chapitre 11

JIJI AU PAYS DE PICHOU

GINETTE ANFOUSSE

C'était au début des années soixante-dix. Ginette Anfousse dessinait sagement des affiches et des décors pour Radio-Québec. Sa petite fille, Marisol, cinq ans, adorait porter des robes aux couleurs vives et, surtout, un grand chapeau à large bord. Pour s'amuser et faire plaisir à sa fille, Ginette Anfousse s'est mise à dessiner des fillettes nommées Jiji et coiffées d'immenses chapeaux. « J'ai fait beaucoup d'esquisses, dit-elle. Marisol et son amie Pascale les ont examinées et elles ont choisi la Jiji qu'elles préféraient. C'était une petite rouquine à l'air espiègle. »

Les dessins se sont multipliés et, un jour, Jiji a voulu parler. Alors, Ginette Anfousse a écrit une première histoire avec Jiji : *La Cachette*[1]. « Au début, il n'y avait que des images. Puis, j'ai accroché des mots. L'histoire de ma vie, c'est que les mots ont toujours voulu dépasser les images[2] », dit Ginette Anfousse. C'est vrai! Après quelques fournées de Jiji qui valent à Ginette Anfousse le prix du Conseil des Arts pour le texte et les illustrations de *La Chicane* et de *La Varicelle*, Ginette Anfousse écrit deux contes pour les plus

---

1. La série Jiji et Pichou est numérotée et *Mon ami Pichou* porte le numéro 1 mais *La Cachette* fut le premier album créé. *Mon ami Pichou* sert à présenter les deux personnages vedettes et annonce ainsi le début d'une série.
2. Extrait d'une entrevue : Dominique Demers. «Ginette Anfousse — Il fallait une nouvelle héroïne et Rosalie est née», dans *Le Devoir*, le 11 avril 1987, D-1 et D-7.

grands : *Un loup pour Rose* et *Une nuit au pays des malices*, parus chez Leméac. Cette fois, c'est l'auteure qui remporte le prix du Conseil des Arts. Devenue romancière avec la série Rosalie, pour les neuf à douze ans, Ginette Anfousse remportera le prix Québec-Wallonie-Bruxelles et le prix du livre M. Christie. En 1987 lui sera remis le prix Fleury-Mesplet, décerné au meilleur auteur de littérature jeunesse de la décennie.

Les deux premiers albums de la série Jiji et Pichou, *Mon ami Pichou* et *La Cachette*, ont paru en 1976 aux éditions Le Tamanoir, qui deviendront La courte échelle. Quinze ans plus tard, la série comprenait douze titres et représentait un quart de million d'exemplaires vendus : un record au Québec! Le succès de Jiji fut tel que Ginette Anfousse a dû mettre sur pied une manufacture de personnages : une douzaine d'artisans ont fabriqué des dizaines de milliers de Jiji et de Pichou en chiffon. Quatre années se sont écoulées entre le dixème album, *Je boude*, et le onzième, *Devine?* Les héros sériels font parfois semblant de mourir pour mieux ressusciter et Jiji n'a probablement pas encore dit son dernier mot.

En vingt ans, Jiji a vieilli d'environ un an. Elle a fêté ses cinq ans et fait son entrée à l'école. Jiji est une héroïne sérielle dans la plus pure tradition : elle ne grandit pas. Mais Marisol, la fille de Ginette Anfousse, a grandi normalement pendant tout ce temps. Pour créer un nouveau double à sa fille devenue préadolescente, Ginette Anfousse a inventé Rosalie. Comme la rouquine à chapeau, Rosalie est exubérante, curieuse, espiègle, gaffeuse, généreuse... À l'instar de Jiji, Rosalie est un personnage réaliste avec des accents fantastiques. Jiji n'a-t-elle pas pour compagnon un « bébé-tamanoir-mangeur-de-fourmis-pour-vrai »? Quant à Rosalie, elle ne pouvait se contenter d'une famille banale : elle a sept mères[3]! Et, comme Jiji, Rosalie a ses admirateurs : en trois ans, Ginette Anfousse a vendu 80 000 exemplaires des premiers titres de la série Rosalie.

En douze titres, Jiji n'a peut-être pas beaucoup vieilli, mais les images qu'elle habite ont changé. Comparez *La Cachette* à *La Grande Aventure*, le douzième titre de la série. Quels changements remarquez-vous dans la composition des images et la représentation graphique du petit personnage? La première Jiji incarnait magnifiquement les nouveaux héros des années soixante-dix, une époque charnière dans l'histoire des représentations de l'enfance. Les dernières versions de Jiji reflètent l'évolution de ces

---

3. Rosalie se dit « orfeline ». Ses parents sont décédés dans un accident d'avion et les sept sœurs de son père l'ont adoptée.

représentations au cours des années quatre-vingt de même que les grandes tendances de l'illustration pour enfants. Avez-vous remarqué que Jiji est plus que jamais espiègle, garçonnière, audacieuse et affirmée? Que l'image est moins sobre, plus meublée de détails? L'enfant lecteur ne la reçoit plus d'un coup : il doit la grignoter tranquillement...

LA CACHETTE

La Cachette est le premier album de Ginette Anfousse. *Mon ami Pichou*, paru aussi en 1976, a été conçu après. Mais si nous avons décidé de nous attarder plus particulièrement à *La Cachette*, c'est aussi parce que cet album est unique. L'aviez-vous remarqué? Sauriez-vous expliquer ce qui distingue *La Cachette* des autres titres de la série comme de la plupart des albums offerts aux tout-petits?

L'ENFANT LECTEUR... PERSONNAGE

À première vue, l'album *La Cachette* met en scène deux personnages : Jiji et Pichou, son bébé-tamanoir-mangeur-de-fourmis-pour-vrai. Mais un troisième personnage s'impose rapidement : l'enfant lecteur[4]. Jiji, l'héroïne-narratrice, s'adresse à lui dès la première page. « Coucou![5-6] », lance-t-elle joyeusement. L'enfant lecteur est encore plus directement sollicité à la page 4 lorsque Jiji l'invite : « Je me demande qui pourrait jouer avec moi?... Hé! toi, tu voudrais? » Les exclamations triomphales de Jiji à la page suivante suggèrent une réponse affirmative de l'enfant lecteur.

L'album *La Cachette* repose presque entièrement sur cette participation simulée — et stimulante — de l'enfant lecteur. Jiji l'invite à explorer chacune des pages comme chacune des pièces de la maison. Elle le questionne, l'interpelle et, peut-être surtout, lui cède la parole comme la scène. Entre le « Compte jusqu'à dix, je vais me cacher! » de la page 6 et le « Je suis prêêête! » de la page

---

4. Le terme « enfant lecteur » renvoie aussi bien à un lecteur d'images qui se fait raconter l'histoire qu'à un lecteur autonome.
5. *La Cachette* n'est pas paginé. À nos fins d'analyse, nous avons désigné les pages à l'aide de numéros, de 1 à 19, en commençant à la première image.
6. Ginette Anfousse. *La Cachette*, Montréal, éditions La courte échelle, 1976, p. 1.

suivante, il y a un vide, un blanc, que l'enfant lecteur peut combler en comptant effectivement de un à dix. Et entre le « Là, je suis peut-être SOUS la table? » de la page 9 et l'exclamation victorieuse de la page suivante — « Tu t'es trompé, je ne suis pas SOUS la table! » — l'enfant lecteur est censé fouiller l'image, jouant ainsi à la cachette avec Jiji.

Le récit *La Cachette* peut être divisé en trois grandes séquences : 1) Jiji invite l'enfant lecteur à jouer (pages 1 à 5); 2) Jiji et l'enfant lecteur jouent à la cachette (pages 6 à 18); 3) Jiji confirme son lien d'amitié avec l'enfant lecteur (page 19). Cette dernière et brève séquence est très importante, comme nous le verrons en discutant du programme narratif de l'héroïne et plus particulièrement de sa quête. L'histoire de cet album tient en quelques lignes : Jiji s'ennuie; elle invite l'enfant lecteur à jouer à la cachette avec elle. Ils jouent et Jiji est heureuse. C'est tout! Le rythme accéléré du récit — une ou deux pages par lieu exploré — donne une allure très enfantine à l'album. N'est-ce pas ainsi qu'on joue à la cachette à cinq ou six ans? Les cachettes sont évidentes et l'exploration des lieux est rapide. *La Cachette* reflète ainsi une temporalité proche de l'enfance.

Chacune des illustrations de l'album *La Cachette* occupe l'espace d'une simple page, mais plusieurs images peuvent être regroupées. Les pages 2 à 4 présentent des plans de plus en plus rapprochés de Jiji; les pages 6 et 7 se font écho et la page 17 présente en gros plan un détail de la page 16. Ces groupes d'images correspondent à des moments clés dans la relation entre Jiji et l'enfant lecteur : invitation (pages 2 à 4), début du jeu (pages 6 et 7) et fin du jeu (pages 16 et 17). Pendant le jeu, les lieux interdits — la cave et la chambre des parents — font l'objet d'une seule image, alors que les lieux explorés — cuisine, salon, salle de bain, chambre de Jiji — sont représentés deux fois. La première représentation sert d'incitation : « Là, je suis peut-être SOUS la table? » La deuxième permet à l'enfant lecteur d'investir les lieux pour chercher une Jiji heureuse de s'exclamer : « Tu t'es trompé, je ne suis pas SOUS la table! »

Le jeu lui-même se déroule en trois temps : le début du jeu (compter jusqu'à dix), le jeu proprement dit (l'exploration des pièces où Jiji n'est pas cachée) et la fin du jeu (la découverte de Jiji). Les pages 5 et 18, qui précèdent et suivent le jeu de cachette, ont valeur de célébration. Jiji, triomphante, célèbre l'acceptation du jeu par l'enfant lecteur (page 5) et leurs retrouvailles lorsqu'elle sort de sa cachette (page 18). La première et la dernière image de l'album remplissent des fonctions précises : la salutation (page 1) et la confirmation de l'amitié (page 19).

La structure du récit en images dans l'album *La Cachette* peut être schématisée comme suit :

■		■ ■ ■	■
1	salutation	invitation	célébration
	page 1	pages 2 à 4	page 5

	■ ■	■ ■ ■ ■ ■ ■ ■ ■	■ ■	■
2	début du jeu	JEU	fin du jeu	célébration
	pages 6 et 7	pages 8 à 15	pages 16 et 17	page 18

■	
3	confirmation
	page 19

Dans *La Cachette*, le texte sert de révélateur à l'image. Il permet de réduire la polysémie, de dissiper l'ambiguïté, de lier les images entre elles. Le texte raconte, alors que l'image représente. Mais l'image a parfois une fonction de relais dans *La Cachette* : elle fait avancer le récit. À la page 6, Jiji invite l'enfant lecteur à compter, mais elle ne peut le faire pour lui. Or, tout le texte de l'album correspond aux paroles de Jiji; il aurait d'ailleurs pu être inséré dans des bulles. Les images des pages 6 et 7 viennent donc prendre le relais du texte. De nombreux petits lecteurs d'images utilisent les cubes décorés de chiffres de ces pages pour compter effectivement jusqu'à dix. De même, à la page 16, l'image n'est pas accompagnée de texte, car c'est au tour de l'enfant lecteur de prendre la parole. Racontez l'album à un enfant d'âge préscolaire. Vous verrez qu'aux pages 16 et 17 il explore l'image et, lorsqu'il devine la cachette de Jiji grâce à la queue de Pichou dépassant de la garde-robe, il s'écrie : « Elle est là! », « C'est Pichou! » ou « Je le sais! »... Aux pages 6 et 7 comme aux pages 16 et 17, l'image a une fonction plus narrative; elle prend le relais du texte et incite l'enfant lecteur à raconter avec elle, à décrire ce qu'il voit.

SACRÉE JIJI!

L'identité de Jiji se construit tout au long du récit *La Cachette* mais aussi au fil de chacun des albums de la série. Alors que l'étiquette sémantique de certains héros sériels est donnée d'emblée dans le premier titre de la série et ne subit pas d'approfondissement dans les titres subséquents, Jiji nous révèle différentes facettes de sa personnalité à chacune de ses aventures. Elle est tout à la fois batailleuse (*La Chicane*), imaginative (*La Grande Aventure*), vulnérable (*L'Hiver ou le Bonhomme Sept Heures*), tendre (*La Fête*), terrible (*Je boude*)... Mais par-delà les sautes d'humeur et les envolées de Jiji, les enfants découvrent, chaque fois, une fillette drôle, espiègle, spontanée, audacieuse, affirmée et débordante d'énergie. À première vue, *La Cachette* livre peu d'informations sur Jiji mais, en y regardant de plus près, on découvre l'essence même du petit personnage.

Le dynamisme de l'héroïne est évident dès la première page. L'image nous la montre en mouvement. Jiji semble avoir été croquée sur le vif, dans une photographie mal cadrée : cheveux au vent, une épaule dans l'image, l'autre ailleurs. Le texte tient dans cette exclamation sonnante : « Coucou! » Qui est cette drôle de rouquine coiffée d'un immense chapeau? Jiji? Le nom de l'héroïne n'est pas mentionné dans l'album. Il faut lire *Mon ami Pichou*, paru en même temps, pour découvrir le prénom de la fillette en robe à pois. « Jiji » est un diminutif de Ginette, le prénom de l'auteure, mais c'est peut-être surtout un prénom passe-partout, fréquent, familier. Et, justement, l'héroïne veut établir, très rapidement, un lien d'intimité avec l'enfant lecteur.

La robe à pois connote la féminité de Jiji, mais celle-ci est-elle une fillette bien vivante, en chair et en os, ou une poupée? Jiji appartient au monde des humains — elle court, parle, marche, habite une maison, a une maman — mais elle garde un pied dans celui des objets. Elle ressemble à une poupée alors même que son animal jouet, Pichou, est très expressif pour un tamanoir en peluche. Jiji se veut l'amie des enfants. Or, à cinq ans, le meilleur ami peut aussi bien être le petit voisin qu'une poupée de chiffon. La pensée animiste des enfants se reflète ainsi dans la représentation graphique de l'héroïne et dans les relations que celle-ci entretient avec les autres personnages. Du premier au douzième album, Jiji évolue. Elle vieillit d'un an et sa représentation se fait plus réaliste. L'univers en aplat, sans perspective et sobre, des premiers albums cède la place à un monde en trois dimensions beaucoup plus dense où Jiji semble désormais résolument humaine.

Lors de sa première apparition en 1976, Jiji a joyeusement ébranlé les représentations traditionnelles des jeunes personnages féminins. Après plusieurs décennies d'héroïnes sages, réservées, patientes et soumises, Jiji étonnait par son exubérance, sa détermination et sa vivacité, des caractéristiques qui la définissent bien depuis la parution de *Mon ami Pichou* et *La Cachette*. D'un album à l'autre, Jiji devient de plus en plus affirmée, débrouillarde, autonome et audacieuse. Elle troquera d'ailleurs sa robe à pois contre un pantalon mais sans jamais abandonner son chapeau. L'identité sexuelle de Jiji ne prédétermine pas son champ d'action. Ses réactions ne sont pas celles d'une petite fille typique mais bien d'une Jiji tout à fait originale. Dans *La Chicane*, Jiji ne se gêne pas pour tordre le menton de Cloclo Tremblay, lui tirer les cheveux, lui mordre l'oreille et lui faire un œil poché. Plutôt garçonnière dans la plupart de ses aventures, Jiji est plus féminine dans *L'École* et *La Fête*. Elle change d'ailleurs son chapeau rouge pour un chapeau rose. Elle semble aussi plus douce, plus cajoleuse, dans ces deux albums. Mais la phase rose ne dure pas. Après *La Fête*, Jiji remet un pantalon et, plus espiègle que jamais, elle nous livre *La Petite Sœur*, *Je boude*, *Devine?* et *La Grande Aventure*.

Jiji n'est pas seulement une enfant : on la dirait dessinée par un enfant. Dans *La Cachette*, sa représentation graphique renvoie aussi bien à une poupée qu'à un être vivant, ce qui accentue le lien entre l'héroïne et son fidèle compagnon, le Pichou tamanoir. Rondeur, absence de détails, traits esquissés sommairement, absence de perspective et « erreurs » de proportions contribuent à rendre Jiji à la fois vivante et irréelle. Les cheveux roux et les taches de son éparpillées sur ses joues font du petit personnage une héroïne singulière, différente, et connotent l'espièglerie. Les rouquines sont rares et elles ont la réputation d'être dégourdies.

Jiji est un peu l'anti-Martine. À l'heure où Jiji est née, la littérature jeunesse québécoise tentait courageusement de renaître de ses cendres. La production de livres était passée de 49 en 1960 à 7 en 1971. Depuis quelques années déjà, les libraires bourraient leurs étagères de livres pour enfants venus d'ailleurs. Les Martine de Marcel Marlier, publiés en Belgique aux éditions Casterman, se vendaient ici à coups de 15 000 exemplaires[7]. Cette Martine est une petite fille idéalement jolie, une sorte de poupée Barbie d'une dizaine d'années. Terriblement féminine, Martine ressemble à sa maman et se distingue clairement des petits garçons de son entourage. Contrairement à Martine, Jiji n'est pas idéalement jolie et elle n'est pas toujours parfaitement mise. Potelée, joyeuse, expressive, elle est plus enfantine que féminine.

Chacun des albums de la série Jiji et Pichou approfondit une facette de l'identité psychologique du personnage. *La Cachette* étant la première aventure de Jiji, faut-il s'attendre à y découvrir une

---

7. Source : Paule Daveluy et Guy Boulizon. *Création culturelle pour la jeunesse et identité québécoise*, Montréal, éditions Leméac et Communication-Jeunesse, 1973, p. 27.

caractéristique particulièrement importante du personnage? Dans *La Cachette*, Jiji nous livre rapidement des informations sur elle-même. Après le « Coucou! » de la première page, elle dit : « Je suis seule aujourd'hui. » Cette révélation oriente le récit dans *La Cachette*, mais elle donne aussi le ton à la série. Jiji est seule et elle n'aime pas ça. Pichou est là, bien sûr, et Jiji l'adore, mais il est différent de Jiji et des autres enfants : il ne sait pas jouer à la cachette. À sa façon très efficace, Jiji dit aux enfants qu'elle est comme eux, qu'elle a besoin d'eux. Jiji veut un ami et ce sera l'enfant lecteur. *La Cachette* se présente comme un rite d'initiation au terme duquel l'amitié est scellée. Dans les titres qui suivront, Jiji pourra tout confier à son nouvel ami.

Un lien étroit unit Jiji aux enfants lecteurs : le jeu. Lorsque Jiji a envie de jouer à la cachette, il s'agit d'un désir très intense : « Je voudrais tellement jouer à la cachette![8] » L'illustration de la page suivante est éloquente. Jiji vient de découvrir que l'enfant lecteur accepterait peut-être de jouer avec elle. Elle affiche un sourire immense, de grands yeux bien ronds. Ses mains jointes prient l'enfant lecteur, et l'intensité du geste dit bien l'ardeur joyeuse du personnage. Des cœurs s'envolent derrière le chapeau de Jiji : la relation d'amitié est déjà amorcée! La promesse du plaisir (jouer à la cachette) est un gage amplement suffisant.

L'identité familiale de Jiji n'est pas très explicitée. *La Cachette* nous révèle que Jiji a une mère. De cette relation, Jiji ne nous livre qu'une interdiction : inutile de la chercher dans la « chambre de maman »[9], elle n'a pas la permission de jouer dans ce lieu. Toutes les pièces de la maison semblent lui être ouvertes... sauf une. Fait amusant, malgré cette interdiction, l'enfant lecteur explore, bien sûr, cette chambre de maman reproduite dans l'image. Et, en fouillant l'image, il découvre le papa de Jiji : une grande photo de mariage, bien en vue, décore le mur. Trois autres photos sont affichées au-dessus du lit; elles représentent une femme, un homme et... une Jiji! Jiji n'est donc pas tombée du ciel : elle a bel et bien un papa et une maman.

Jiji parle peu de sa famille. Le lecteur l'imagine enfant unique, ce qui est confirmé dans *La Petite Sœur*, le neuvième titre de la série. Dès la première page de cet album, Jiji nous dit ce qu'elle pense de son statut : « Je pense que la vie, bien, ce n'est pas juste! Cloclo Tremblay, lui, il a TOUT et moi, presque RIEN.[10] » Ce « TOUT », c'est, bien

---

8. Ginette Anfousse. *La Cachette*, Montréal, éditions La courte échelle, 1976, p. 3.
9. *Ibid.*, p. 11.
10. Ginette Anfousse. *La Petite Sœur*, Montréal, éditions La courte échelle, 1986, p. 1.

sûr, une petite sœur. Avec ses photos accrochées au mur, la première image de *La Petite Sœur* rappelle la page 11 de l'album *La Cachette* représentant la « chambre de maman ». Jiji est dessinée seule avec Pichou et quelques fourmis dans une pièce étrangement vide. Au mur, cinq photos : Jiji, Pichou et quatre fourmis. La « famille » de Jiji?

Les parents de Jiji ne sont jamais montrés dans l'image. Jiji fait parfois allusion à leur existence, mais on ne les voit pas. À peine devine-t-on leurs pieds dans une image de *Je boude*. Les rares allusions aux parents sont d'ailleurs plutôt négatives. À l'interdiction de jouer dans la chambre de maman, dans *La Cachette*, s'ajoute une punition dans *Je boude*. Dans chacun des albums de la série, Jiji doit en quelque sorte surmonter une épreuve : l'ennui (*La Cachette*), la peur (*L'Hiver ou le Bonhomme Sept Heures*), la chicane (*La Chicane*), le premier jour d'école (*L'École*)... Or, il est important de noter que Jiji s'en tire toujours seule, sans l'aide d'un adulte. Chacun des titres de la série présente des situations chargées d'émotions et Jiji y apprend seule à résoudre ses problèmes.

L'absence des parents dans l'univers de Jiji n'a pas la même valeur que s'il s'agissait d'une héroïne de roman pour adolescents. Jiji a quatre ou cinq ans, selon l'album. Or, à cet âge, les enfants sont continuellement entourés d'adultes, parents ou gardiens. Dans l'univers de Jiji, pourtant, les adultes semblent interdits. Au fil des albums, Jiji nous présente plusieurs de ses amis : Cloclo Tremblay, Sophie, Philippe, Julie, Yannie... Elle parle d'eux et l'image nous les révèle. Deux adultes sont illustrés dans *L'École* : le directeur d'école et le professeur. Chacun d'eux occupe même toute une page. Mais ces personnages adultes ne sont pas réels; ils peuplent l'imagination débordante de Jiji en attendant le premier jour d'école. Cette absence des adultes dans la série Jiji et Pichou participe, comme nous le verrons, à un système de représentation où l'enfance se referme sur l'enfance en s'opposant à un monde autre : celui des adultes.

Le personnage de Jiji n'aurait pas la même valeur si la fillette avait pour ami, complice et confident un ourson en peluche. Les tamanoirs jouets sont plutôt rares! Tout ce que vit Jiji appartient à des lieux communs de l'enfance. Bien que chargées d'émotions, ces situations sont très concrètes, quotidiennes. L'univers de Jiji est réaliste mais pas banal. Avec son bébé-tamanoir-mangeur-de-fourmis-pour-vrai, Jiji affiche joyeusement son droit à la différence et son goût pour la fantaisie. Elle n'est pas une jolie-gentille-petite-fille-modèle mais... une Jiji! « Jiji était tellement terre à terre; je voulais, à son côté, un personnage plus dérangeant, explique

Ginette Anfousse. Je me souvenais d'une photo de Salvador Dali se baladant avec un tamanoir en laisse. C'était drôle. Tout le monde dit que les tamanoirs sont laids. C'est faux! Je les trouve même très esthétiques. On dirait qu'ils ont été inventés. Un peu comme les licornes... Mais ils existent. C'est formidable![11] »

Dans *La Cachette*, le système de personnages réunit Jiji, Pichou et l'enfant lecteur devenu personnage puisqu'il joue à la cachette avec Jiji. L'absence d'adultes, et plus particulièrement des parents, est assez flagrante dans cet album, car Jiji nous fait visiter les différentes pièces de sa maison. Or, dans cette maison, il semble bien n'y avoir qu'elle et son bébé-tamanoir-mangeur-de-fourmis-pour-vrai. La solitude de Jiji est très importante, de l'avis même de l'héroïne. Sa première confidence à l'enfant lecteur n'est-elle pas : « Je suis toute seule aujourd'hui[12] »? Jiji ne dit pas que cette situation l'attriste, mais l'image le démontre clairement. La page 2 nous présente une Jiji désœuvrée, écrasée au sol, la mine défaite.

L'amitié nouvelle entre Jiji et l'enfant lecteur lui permet de briser sa solitude, mais la série d'images illustrant les différentes pièces de la maison où Jiji n'est pas cachée souligne l'isolement du petit personnage. La cave est noire, la cuisine, la chambre de maman, le salon et la salle de bain sont vides. Une seule pièce semble bien peuplée : la chambre de Jiji. Le sol est jonché d'objets amis : poupées, toutous et jouets. C'est d'ailleurs dans cette pièce que Jiji choisit de se cacher. C'est là que l'enfant lecteur retrouvera Jiji et Pichou. Encore une fois, le monde de l'enfance se referme sur lui-même.

Jiji exprime l'objet de sa quête dès le début de *La Cachette* : elle veut un ami. Elle n'attend pas qu'un compagnon de jeu lui tombe du ciel; elle prend l'affaire en main : « Je me demande qui pourrait jouer avec moi?[13] » L'héroïne fixe l'enfant lecteur de ses grands yeux ronds : « Hé! toi, tu voudrais?[14] » À la page suivante, Jiji, ravie, élève son Pichou à bout de bras dans un geste de triomphe. Le texte sous l'image — « Tu veux? Tu veux?[15] » — a la valeur d'un « Bravo! », car pour Jiji l'affaire est maintenant réglée : elle a un compagnon et le jeu peut commencer.

À la page 18, lorsque Jiji est finalement découverte, elle

---

11. Extrait d'une entrevue: Dominique Demers. « Ginette Anfousse — Il fallait une nouvelle héroïne et Rosalie est née », dans *Le Devoir*, le 11 avril 1987, D-1 et D-7.

12. Ginette Anfousse. *La Cachette*, Montréal, éditions La courte échelle, 1976, p. 2.

13. *Ibid.*, p. 4.

14. *Ibid.*

15. *Ibid.*, p. 5.

s'exclame joyeusement : « Youpi! J'étais bien là... avec Pichou. » Le plaisir de Jiji peut étonner. Elle vient d'être débusquée; son compagnon de jeu a donc gagné. Mais ce bonheur de Jiji confirme la quête profonde de l'héroïne : elle veut un ami. Son aventure avec l'enfant lecteur a permis de resserrer le lien entre eux. La promesse d'amitié est devenue réalité. *La Cachette* est plus qu'un jeu. L'album aurait un sens différent si l'aventure se terminait à la page 18. Mais la page suivante, dont l'image est reprise sur la couverture, a valeur de pacte : « J'aime beaucoup jouer avec toi! » dit Jiji. L'héroïne et l'enfant lecteur sont désormais amis. La série peut continuer.

UN MONDE AUTRE

La Cachette a profondément marqué l'histoire de la littérature jeunesse québécoise. Depuis ses débuts, cette dernière était caractérisée par l'importance du discours sur l'enfance. Ainsi, les livres proposaient surtout des héros modèles et leur aventure nous révélait ce que l'enfance devait être. Avec Jiji, le ton a brusquement changé. Il y avait eu, bien sûr, d'autres petits héros énergiques et autonomes avant Jiji, mais l'influence de l'héroïne de Ginette Anfousse fut telle qu'une génération de jeunes personnages semble partager avec elle un lien de parenté. La série d'albums mise sur un discours à l'enfance bien plus que sur l'enfance. Jiji s'adresse aux enfants; elle se veut leur complice. Elle évoque bien plus leurs rêves, leurs craintes et leurs aspirations qu'un état d'enfance idéal conçu par des adultes.

Jiji incarne une enfant plutôt heureuse et très vivante. Ce dynamisme trouve un écho dans la représentation de l'enfant lecteur, personnage lui aussi, actif, participant. Mais il s'agit d'une vision d'enfance heureuse dans un monde exclusif dont l'adulte est absent. L'univers profondément enfantin de Jiji se referme sur lui-même. Tout ce qui entoure Jiji appartient à l'enfance. L'héroïne est à la fois enfant et poupée, et son fidèle compagnon est un jouet. Si l'enfant lecteur devient ami et complice, c'est parce qu'il partage avec Jiji un état d'enfance caractérisé par la quête du plaisir à travers le jeu. *La Cachette* livre un regard d'enfance sur l'enfance aussi bien dans le programme narratif que dans la représentation graphique ou temporelle.

Jiji doit surmonter des épreuves, combler des manques. Les solutions se trouvent toujours au pays de l'enfance. À la solitude de Jiji, Pichou oppose sa présence fidèle et l'enfant lecteur, sa participation au jeu. Les adultes sont caractérisés par le silence et l'absence lorsqu'ils ne viennent pas s'opposer au programme narratif de l'héroïne en imposant contraintes et interdictions. L'enfance est marquée par la recherche du plaisir, mais cette disposition fondamentalement joyeuse est assombrie par un certain isolement, une solitude à laquelle contribue l'absence des adultes et, surtout, des parents. La glorification de l'amitié dans l'album *La Cachette* révèle un désir profond de briser cet isolement.

La littérature d'enfance et de jeunesse est un lieu de rencontre de deux univers, deux micro-sociétés qui, au fil des siècles, s'opposent, se renient, se heurtent, s'ignorent. D'une part, l'enfance : les enfants à qui sont destinées les œuvres et les enfants héros peuplant ces récits. De l'autre, l'âge adulte : l'adulte personnage comme l'adulte créateur de cette littérature. Dans *La Cachette*, les ponts semblent coupés; les deux univers ne se rencontrent pas. L'enfance se referme sur elle-même dans un monde autre auquel l'adulte ne participe pas. La dimension fantaisiste de Jiji contribue à l'isoler davantage des adultes en resserrant ses liens avec l'enfance.

Avant Jiji, l'enfance s'opposait à l'âge adulte dans une littérature jeunesse où les enfants apprenaient à intégrer les normes de socialisation mises de l'avant par les adultes. Les personnages se définissaient ainsi par leur adhésion plus ou moins grande à cet idéal défini par l'adulte. L'enfance était marquée par le plaisir et l'âge adulte par la sagesse, mais l'enfant apprenait, par le biais de personnages exemplaires et de programmes narratifs édifiants, à renoncer au plaisir pour endosser les valeurs proposées par l'adulte. Au royaume de Jiji, les deux univers s'opposent encore, car l'adulte représente des interdictions et des contrariétés, mais, le plus souvent, l'enfance et l'âge adulte sont trop isolés pour s'opposer. *La Cachette* n'est pas une parenthèse dans la vie de Jiji; cet isolement, cette absence de l'adulte ponctuée de quelques apparitions contraignantes se retrouvent dans les autres albums de la série.

Aviez-vous remarqué? Le livre *La Cachette* contient à peine plus d'une vingtaine de phrases. Pourtant, nous en avons discuté pendant une douzaine de pages. Et tout n'a pas été dit. Construit d'un texte et d'images, l'album pour enfants constitue un langage riche, dense et unique. Qui a dit qu'une image vaut bien mille mots? Il n'est donc pas étonnant que ces petits livres, où l'image, en plus de raconter, entretient de mystérieux dialogues avec le texte, méritent d'être longuement et soigneusement interrogés...

Capsules

● *Marisol, la fille de Ginette Anfousse, a servi de modèle à sa mère pour la création de Jiji, mais Ginette Anfousse a aussi servi de modèle à sa fille... à son insu. Marisol était étudiante en graphisme à l'époque où sa mère lui a fait lire le manuscrit de son premier roman :* Les Catastrophes de Rosalie. *Inspirée par cette Rosalie, Marisol a dessiné un jeune personnage à l'image de sa mère. « Une sorte de vengeance! » déclare en riant Ginette Anfousse. L'éditeur de La courte échelle, Bertrand Gauthier, n'avait pas deviné la parenté entre l'auteure et l'illustratrice lorsqu'une certaine Marisol Sarrasin a signé son premier contrat. Marisol utilise le nom de son père...*

● *C'est avec* L'Hiver ou le Bonhomme Sept Heures, *la ténébreuse légende revue et corrigée par Jiji, que Ginette Anfousse a véritablement découvert le plaisir d'écrire. Ce titre, le sixième de la série, marque un point tournant dans le cheminement de l'auteure-illustratrice. Le texte y est plus important et la relation texte-images est modifiée. « C'est en écrivant* L'Hiver ou le Bonhomme Sept Heures *que j'ai décidé de m'attaquer à un premier roman, raconte Ginette Anfousse. J'ai découvert qu'on pouvait faire peur juste avec des mots, créer des atmosphères avec du rythme, des répétitions, des silences.[16] »*

● *Ginette Anfousse a développé une technique d'écriture aussi originale qu'amusante. « J'adore me retrouver dans le pétrin, dit-elle. Je travaille sans plan. Je me mets les deux pieds dans les plats et je m'amuse à m'en sortir. » À l'origine de* Rosalie s'en va-t-en guerre, *il n'y avait que quelques mots issus de nulle part et griffonnés à la hâte :* Mardi, Léopold, mon chat, a disparu. Le lendemain, dans la cour de l'école, Marco Tifo, pour rire, a accusé Piam Low de l'avoir mangé. *« J'ai passé des mois à chercher le chat Léopold, dit Ginette. J'étais rendue aux trois quarts du livre et, tous les matins, je m'installais encore devant l'ordinateur en me demandant : où est Léopold?[17] »*

● *Jiji est dessinée avec des crayons de couleur. « Les premières Jiji ont été coloriées avec des crayons allemands qui coûtaient une fortune, dit Ginette Anfousse. Mais, depuis, j'ai trouvé de merveilleux crayons à quelques sous en Guadeloupe. » Dans les derniers Jiji, l'illustratrice mêle le crayon et l'aquarelle.*

---

16. Extrait d'une entrevue : Dominique Demers. « Qui donc a mis au monde Jiji et Rosalie? », dans *Châtelaine*, avril 1991, p. 160-162.
17. *Ibid.*

Pour en savoir plus

● Tous les titres de la série Jiji et Pichou ont été publiés aux éditions La courte échelle :

numéro 1 : *Mon ami Pichou*
numéro 2 : *La Cachette*
numéro 3 : *La Chicane*
numéro 4 : *La Varicelle*
numéro 5 : *Le Savon*
numéro 6 : *L'Hiver ou le Bonhomme Sept Heures*
numéro 7 : *L'École*
numéro 8 : *La Fête*
numéro 9 : *La Petite Sœur*
numéro 10 : *Je boude*
numéro 11 : *Devine?*
numéro 12 : *La Grande Aventure*
numéro 13 : *Le Père Noël*

Ponctuation

PETIT GUIDE POUR MIEUX LIRE UN ALBUM

● Après l'avoir lu une première fois pour le pur plaisir, explorez un album plus attentivement en vous attardant à divers aspects de la dualité de son discours, texte et image. Chaque fois, demandez-vous : pourquoi? Quel effet voulait-on atteindre en choisissant tel format? Pourquoi certaines images sont-elles sur une page simple alors que d'autres occupent une double page? Les lieux de questionnement sont multiples. Voici quelques suggestions...

○ Qui signe l'album? Un auteur et un illustrateur ou un auteur-illustrateur?

○ Dans quel pays l'album a-t-il vu le jour? Le texte a-t-il été traduit? S'agit-il d'une première édition?

○ Le format est-il étonnant? Très grand ou très petit? La couverture est-elle souple ou rigide? Les pages sont-elles nombreuses? Le texte est-il particulièrement long?

○ Comment se répartit la séquence d'images? Chaque page est-elle illustrée? Les images s'étalent-elles sur des pages simples ou des doubles pages?

○ Quelle technique privilégie l'illustrateur? Les crayons de couleur? L'aquarelle? L'encre? Le pastel? La gouache? Le collage?

○ Quel espace occupe le texte? Cet espace est-il le même à chaque page?

○ De façon générale, l'image répète-t-elle le texte ou propose-t-elle une relecture?

○ Quelle semble être la fonction principale de l'image? Celle du texte? (Pour mieux déterminer leur fonction respective, lisez l'image sans le texte et vice-versa). En quels termes qualifieriez-vous la relation texte/images?

○ Les images se lisent-elles rapidement ou exigent-elles une observation plus patiente? En explorant plus longuement chaque image, découvrez-vous de nombreux détails, de nouvelles informations?

○ Qu'est-ce qui caractérise ces images? Qu'est-ce qui vous amuse, vous émeut, vous étonne? Est-ce là une caractéristique importante de l'illustrateur? Ce qui le distingue le mieux?

○ Quelle est la force de cet album? Sentez-vous que le texte rend justice à l'image et vice-versa?

Chapitre 12

FRANÇOIS GOUGEON, LE DERNIER DES RAISINS

RAYMOND PLANTE

Avant d'écrire *Le Dernier des raisins*, Raymond Plante avait participé à des centaines d'émissions de télévision à titre de concepteur, de scripteur, d'idéateur ou de recherchiste. Il avait aussi signé un roman pour adultes et deux livres pour enfants : *Monsieur Genou* (Prix belgo-québécois 1982) et *La Machine à beauté* (prix de l'Association canadienne d'éducation de langue française [ACELF] 1982). C'est dans une école secondaire de Lorrainville, au Témiscamingue, qu'est née l'idée du roman *Le Dernier des raisins*. Un jeune de cinquième secondaire avait lancé à Raymond Plante : « Moi, j'aime lire, mais j'ai un problème. Je ne me reconnais pas dans les livres venus de France, et dans les romans québécois il n'y a jamais d'adolescents. » « Ça m'a frappé parce qu'il avait raison, dit Raymond Plante. Alors j'ai décidé d'écrire un roman pour adolescents avec des adolescents. Pour créer mes personnages, je me suis inspiré des jeunes que je rencontre dans les écoles secondaires, des amis de ma fille qui était adolescente à l'époque et... de mon adolescence. À force de côtoyer les jeunes, j'en étais venu à croire qu'il y avait de grandes constantes d'une génération à l'autre. Les adolescents des années quatre-vingt ressemblaient à l'adolescent que j'avais été : les mêmes craintes, le même manque d'assurance, le même désir d'aimer et cette peur terrible de ne pas être aimé en retour. »

Pour se raconter, Raymond Plante a souvent recours à ses personnages. À Julien, par exemple, le héros du roman *Le Roi de rien* : *En vérité, Julien est le roi de rien et ne demande pas mieux que de le rester. Il trouverait ennuyeux de défendre une couronne ou de dominer un royaume quelconque. Il préfère toucher à tout et passer inaperçu.* (extrait du roman *Le Roi de rien*, éditions La courte échelle). Raymond Plante explique : « Je pense que cet extrait me ressemble un peu. Je suis toujours à la recherche de nouveaux défis. Je ne veux pas recommencer constamment la même chose. Je cherche l'aventure, les chemins différents. Pour moi, c'est à la fois un jeu, une façon de vivre. C'est aussi une façon de découvrir le monde en même temps que des parties de moi-même qui me sont inconnues. Je souhaite que cette aventure ne s'arrête jamais, que je saurai toujours ouvrir toutes les fenêtres de ma tête.[1] »

LE DERNIER DES RAISINS

Ce roman a profondément marqué la littérature jeunesse québécoise. Depuis sa parution en 1986, de nombreux personnages ressemblant à François Gougeon, et autant de doubles féminins, peuplent joyeusement la littérature jeunesse québécoise. *Le Dernier des raisins* a reçu le prix du Conseil des Arts du Canada, catégorie texte pour la jeunesse en 1986, et un certificat d'honneur de l'IBBY (International Board on Books for Young People). Il a aussi obtenu la cote d'amour des adolescents eux-mêmes : une première place au palmarès de 1988 du concours de la Livromanie de Communication-Jeunesse. Depuis, *Le Dernier des raisins* est devenu un best-seller (plusieurs dizaines de milliers d'exemplaires vendus) et il a été traduit en six langues.

« Le ton! Le style! Le héros! » À la parution du roman *Le Dernier des raisins*, ces trois facettes de l'œuvre ont retenu l'attention des critiques. Il y avait quelque chose de neuf, d'étonnant et de séduisant dans le ton intimiste, l'écriture enlevée et, surtout, les couleurs de ce héros si différent des personnages héroïques, magnifiques et exemplaires de la littérature jeunesse traditionnelle. L'analyse littéraire du roman *Le Dernier des raisins* devrait nous

---

1. Extrait de «Raymond Plante écrivain», fiche du dossier «Créateurs et créatrices de livres québécois pour la jeunesse», présenté par Communication-Jeunesse.

permettre d'approfondir ces impressions de lecture et d'en saisir les mécanismes. En fréquentant ainsi un roman, le lecteur parvient à une vision plus riche, plus complexe, souvent différente d'une première lecture, voire même contradictoire. Les livres ressemblent aux gens : les premières impressions sont parfois trompeuses et dépasser les apparences exige des contacts répétés. L'analyse littéraire met parfois à jour des secrets que les livres semblent hésiter à révéler...

LE TON DE LA CONFIDENCE

« Une mouche! J'ai avalé une mouche.[2] » C'est en ces termes que François Gougeon, l'adolescent héros et narrateur du *Dernier des raisins* entre en contact avec le lecteur. Point de préambule : François Gougeon se livre lui-même, à la première personne, en s'adressant au narrataire comme s'il le connaissait depuis des lunes. Et ce qu'il lui raconte témoigne bien de cette intimité. Il n'y a rien de glorieux dans le fait d'avaler une mouche. On ne raconte pas pareil incident à un parfait inconnu.

Dans *Le Dernier des raisins*, la narration tend à installer et à soutenir ce ton de confidence. Il y a une volonté d'abolir toute distance entre le narrateur et le narrataire ou lecteur virtuel. Le narrateur y parvient en confiant une foule de détails drôles, étranges, intimes. Non seulement François Gougeon explique-t-il qu'il vient d'avaler une mouche, mais il ajoute encore, toujours généreux de détails : « je l'ai sentie s'écraser dans ma gorge[3] ». Le héros nous livre aussi les fantasmes amoureux dont il est la proie en multipliant, encore une fois, les détails. Ainsi, François Gougeon ne rêve pas simplement d'une fille qui lui tomberait miraculeusement dans les bras. Il rêve d'une fille qui, en lui tombant dans les bras, n'oublierait pas de dégrafer son soutien-gorge[4], une opération qui, visiblement, angoisse énormément le héros.

L'intimité progresse au fil des pages. Au début du roman, François Gougeon explique qu'il vient d'avaler une mouche. Au beau milieu du livre, il va plus loin en racontant qu'il éprouve de la gêne à se promener nu dans un vestiaire de gymnase[5] et, à la toute fin, il nous confiera plusieurs détails cocasses sur ses premiers ébats amoureux[6].

2. Raymond Plante. *Le Dernier des raisins*, Montréal, éditions Boréal, 1991, p. 9.
3. *Ibid.*, p. 9.
4. *Ibid.*, p. 34.
5. *Ibid.*, p. 75.
6. *Ibid.*, p. 148.

Non seulement remarque-t-on une certaine progression dans la nature des confidences, mais la relation de complicité entre le héros et le lecteur est soutenue, tout au long du roman, par les nombreuses révélations du premier sur ses états d'âme, ses peurs et ses rêves.

François Gougeon entretient une relation intime, complice, chaleureuse, avec le lecteur, alors même que les liens qui l'unissent à ses parents semblent pourris. Les choix de narration illustrent bien cette situation. François Gougeon s'adresse directement au lecteur avec une grande facilité et beaucoup de naturel, mais ses dialogues avec les adultes, et plus particulièrement avec ses parents, sont rares et fragmentaires. Ainsi, François Gougeon nous résume son long duel verbal avec sa mère à propos des revues pornographiques, mais il ne nous le livre pas.

> « Montée sur ses grands chevaux, ma mère n'arrivait plus à articuler tout ce qu'elle pensait. Les mots se bousculaient dans sa bouche, les idées cherchaient la sortie, se piétinaient. Moi, mon âme, mon corps, mon esprit, nous prenions toutes les formes de l'apocalypse. J'étais un funambule au-dessus des flammes de l'enfer qui léchaient le fil sur lequel j'évoluais maladroitement [...][7] »

Tout est vu, entendu et rapporté par l'adolescent. Le discours du héros narrateur ne semble pas pouvoir partager l'espace du récit avec celui des parents; François Gougeon ne cède pas la parole à son père ni à sa mère. Ces choix de narration annoncent et accentuent l'isolement du héros, en rupture avec ses parents.

La littérature pour adolescents dont fait partie *Le Dernier des raisins* est une littérature à adolescent héros, écrite par des adultes. Dans *Le Dernier des raisins*, l'auteur adulte semble vouloir disparaître derrière le héros adolescent, empruntant sa vision, son regard, son ton, pour mieux créer un climat de complicité avec le jeune lecteur. La création littéraire pour la jeunesse représente un triple discours de l'auteur adulte : 1) discours sur l'adolescence à partir d'un retour à l'adolescence révolue, (2) discours sur l'adolescence à partir d'une vision sociale de l'adolescence et (3) discours à l'adolescence à partir de la perception de l'auteur adulte des adolescents réels de son époque. Le roman de Raymond Plante, *Le Dernier des raisins*, semble privilégier la troisième option : le discours à un adolescent réel. Cet adolescent, lecteur virtuel, est pris à témoin et sollicité comme confident. Le narrateur lui adresse des clins d'oeil, parle son langage.

7. *Ibid.*, p. 80-81.

Cette polarisation du discours n'exclut pas l'orientation temporaire vers d'autres options. L'importance accordée au personnage du curé, à qui le héros confesse ses pratiques solitaires, semble un peu anachronique dans ce roman-portrait des années quatre-vingt. Il y a là un glissement du discours à l'adolescence enraciné dans le présent à un discours plus passéiste, fruit d'un retour de l'auteur à son adolescence. D'autres épisodes témoignent plutôt d'un glissement vers la deuxième option, ce discours sur l'adolescence nourri d'une vision sociale et contemporaine de l'adolescence. Dans ces cas, le ton du narrateur est plus près de l'âge adulte que de l'adolescence. L'auteur adulte ne parvient plus à se camoufler derrière le héros narrateur adolescent; il se trahit en voulant livrer un message, une vision, une vérité. Ainsi, dans l'épisode du conflit entre la mère et le fils à propos des revues pornographiques, l'analyse psychologique assez fine des motivations de l'adolescent et la condamnation à peine voilée de l'incompréhension maternelle révèlent bien plus un regard d'adulte, nourri de distance et d'analyse, qu'une vision typiquement adolescente. De même, les nombreuses références à des œuvres musicales ou littéraires — le *Requiem* de Mozart ou les contes de Maupassant, par exemple — traduisent un certain regard sur l'adolescence actuelle. Implicitement, l'auteur semble dire que les adolescents auraient avantage à découvrir ces œuvres enrichissantes. Mais ces dérogations à la règle tacite du discours à l'adolescent ne font que souligner l'omniprésence de ce dernier discours.

LE STYLE ENLEVÉ

Le premier paragraphe du roman est assez court, mais il n'en contient pas moins 14 phrases bien sonnantes. Cette technique souvent utilisée confère au roman un rythme de vidéoclip, rapide, syncopé. Les phrases ne semblent pas avoir été longuement ciselées (bien qu'un tel effet nécessite une grande maîtrise stylistique). Le lecteur a l'impression que François Gougeon lui raconte ses aventures et ses états d'âme tout à trac, en un seul souffle. Ce style très oral contribue à installer le héros comme le lecteur au cœur de l'adolescence, sans concessions à l'adulte et à ses normes d'écriture et de communication.

Le Dernier des raisins est aussi caractérisé par un style humoristique assez original. François Gougeon tombe éperdument amoureux d'une fille aux « yeux bleus, grands comme des piscines[8] ». Assailli par un tourbillon d'émotions, le héros nous confie qu'il a le « cœur cabossé » et « la cervelle en bouillon de poulet[9] ». L'humour tient souvent à cette façon très adolescente de dire en créant de nouvelles images. Il y a là un pied de nez aux métaphores toutes faites, une volonté de refuser les conventions adultes, une nécessité d'inventer une façon autre, adolescente, de décrire et de raconter. Si l'auteur avait voulu ne rien bousculer, il aurait comparé les grands yeux bleus d'Anik Vincent à un lac et il nous aurait décrit la cervelle ramollie et le cœur brisé de son prétendant, François Gougeon.

L'humour repose souvent sur des lieux de l'adolescence — expériences, préoccupations et habitudes — dans lesquels le jeune lecteur se reconnaît. François Gougeon prend plaisir à expliquer les surnoms donnés aux enseignants, une pratique typique des élèves de polyvalentes : « Ainsi, en physique, Mme Dupras a tellement l'art de nous mélanger que je l'ai surnommée Blender[10] ». De façon générale, la caricature des adultes sert de moteur à l'humour. Lorsque la mère de Caroline Corbeil découvre sa fille et ses copains devant un film pornographique alors qu'ils devaient visionner un film d'épouvante, sa réaction est ainsi ridiculisée : « Elle a hurlé comme si la tête d'un monstre venait d'apparaître dans la fenêtre de la cave[11] ». L'adolescence est un temps de ferveur, d'intensité, d'excès, et le style de Raymond Plante mise beaucoup sur l'hyperbole, la surenchère : « Soudain, j'ai découvert que Caroline Corbeil avait des seins. Je n'avais jamais remarqué la chose. Ils étaient en train de me perforer l'estomac[12] », raconte François Gougeon.

François Gougeon se moque souvent de lui-même : « Anik m'a effleuré le mollet du bout du pied. Je n'osais pas la regarder. C'était un grand moment de complicité.[13] » Véritable clin d'œil au jeune lecteur, le ton ironique soutient et stimule la connivence héros/lecteur. D'autres clins d'œil adressés au lecteur reposent plutôt sur le partage d'un secret. Le chapitre six se termine par cette phrase : « C'est cœur atout! » Le cœur atout fait ici référence à la partie de cartes des adultes mais aussi, le lecteur le comprend bien, à l'état d'âme du héros. L'allusion a donc valeur de code secret et resserre les liens entre le héros et le lecteur.

---

8. *Ibid.*, p. 16.
9. *Ibid.*, p. 28.
10. *Ibid.*, p. 46.
11. *Ibid.*, p. 86.
12. *Ibid.*, p. 68.
13. *Ibid.*, p. 56.

Qu'il s'agisse du rythme, des métaphores humoristiques inédites ou des clins d'œil ironiques, le style, dans *Le Dernier des raisins*, contribue à affermir les liens entre le héros et le lecteur en les installant au cœur de l'adolescence, bien isolés du monde des adultes.

UN HÉROS BIEN RAISIN

François Gougeon est terriblement imparfait. De là le titre et ce surnom de « raisin ». « J'étais raisin. Je me sentais raisin. Le dernier des raisins![14] » affirme François Gougeon, complètement chaviré par un simple « salut » d'Anik Vincent. Être raisin, c'est être gauche, gaffeur, « débile[15] » même, nous dira François Gougeon. Ceux qui ne sont pas raisins glissent dans la vie adolescente sans faux pas; les autres se cognent et tombent.

Le nom même, « François Gougeon », est assez neutre mais moins que celui de « Luc Robert » constitué de deux prénoms, ce qui renforce la familiarité, l'effet monsieur-tout-le-monde adolescent. Luc, l'ami de François, se fond d'ailleurs plus facilement que ce dernier dans la cohue adolescente du roman, alors que François affiche plus ou moins heureusement ses nombreuses différences.

François Gougeon se qualifie de raisin mais d'autres le surnomment « Woody ». Cette étiquette révèle plusieurs caractéristiques du héros. Il a un rire étrange, très reconnaissable, de là l'allusion à Woody le pic, le célèbre pic-bois d'un dessin animé. Le gros nez du héros motive davantage l'allusion à l'oiseau, mais François Gougeon admet connaître un autre Woody : Woody Allen, réalisateur et comédien qui a joué des rôles d'homme angoissé, torturé, un peu paria, toujours marginal.

François Gougeon est affublé d'une tare, un gros nez, « une mailloche pas possible[16] » qui le distingue désespérément et nuit à ses aspirations de prince charmant. C'est aussi un « intellectuel-à-lunettes » amoureux de la plus jolie fille de la polyvalente. Cet intellectualisme lui apparaît comme une tare supplémentaire. « C'est connu : tout le monde déteste les brillants qui répondent aux questions du prof avant les autres.[17] » Et ce n'est pas tout. Il aime Bach et Beethoven alors que tous les copains préfèrent Michael Jackson. Le corps romanesque du héros comme son éti-

---

14. *Ibid.*, p. 18.
15. *Ibid.*, p. 18.
16. *Ibid.*, p. 27.
17. *Ibid.*, p. 30.

quette sémantique, cet ensemble de caractéristiques façonnant son identité, font de François Gougeon un marginal, un adolescent hors normes. Or, l'adolescence a ses codes, ses normes, et l'intégration au groupe de pairs exige, nous le verrons, l'adhésion à ces règles tacites.

Les lunettes du héros, comme son gros nez, prennent beaucoup d'importance dans le contexte d'une société d'adolescents où l'apparence est capitale. « (On) me traite d'intellectuel surtout à cause de mes lunettes et de mon physique », explique François Gougeon. Ce sont les signes extérieurs qui définissent les individus. L'identité, le statut, l'intégration au groupe en dépendent. Luc se sent très important parce qu'il porte un anneau à l'oreille. Et Anik Vincent accroche le regard de François avec un corps romanesque marqué par l'extravagance. François Gougeon est d'abord attiré par les jambes de la belle Anik mais il n'est pas question de galbe; l'audace vestimentaire semble ici plus éloquente que la sensualité du corps.

> « Ce sont ses jambes que j'ai remarquées en premier... ses jambes parce que... parce qu'elle portait deux *runningshoes* de couleurs différentes. Un mauve avec des contours roses et l'autre carreauté.[18] »

François Gougeon rêve de séduire la belle Anik Vincent. Mais il a pour rival Patrick Ferland : beau, sportif et riche. Patrick est l'incarnation même de l'idéal adolescent, ce qui amène François Gougeon à s'interroger : « Un intellectuel-à-lunettes a-t-il autant de chances de séduire une fille qu'un playboy-à-raquette?[19] »

Le choix des déguisements à l'occasion d'un party d'Halloween sert de révélateur de l'identité psychologique des principaux personnages et de leur statut dans le groupe de pairs. Patrick Ferland optera pour Superman alors que Luc, qui, comme nous le verrons, joue le rôle de mentor de François, se déguisera en gourou ou en moine tibétain. Caroline Corbeil, moins dégourdie que la belle Anik, choisit un costume de Chaperon rouge. Quant à François Gougeon, il se déguise en clochard. N'est-il pas marginal? Et, à force de rêver à Anik Vincent et de subir la présence éclatante de son rival, ne finit-il pas par se sentir bien pauvre?

François Gougeon n'est pas un héros ordinaire. C'est plutôt un antihéros, l'envers de Patrick Ferland, le héros glorieux. Le dernier

---

18. *Ibid.*, p. 15.
19. *Ibid.*, p. 23.

des raisins est un personnage taré, imparfait; un héros vulnérable, fait de forces et de faiblesses, occupé à survivre dans un monde souvent difficile, déchiré entre le désir de s'assumer, avec ses limites et ses différences, et celui de briller, un peu à la manière de Patrick Ferland, en se conformant à l'idéal adolescent défini par ses pairs.

Si François Gougeon est parfois perçu comme un héros ordinaire, c'est qu'il n'a rien d'un Superman adolescent. Mais l'adolescent type, ordinaire, n'est pas un intellectuel-à-lunettes adorant Mozart. Et même s'il se déguise en clochard, François Gougeon a un côté héroïque, incorruptible et glorieux. Il a le courage de ses convictions. Il aurait pu accuser un copain d'avoir acheté les numéros de *Hustler, Playboy* et *Penthouse*. Mais il admet « héroïquement[20] » sa culpabilité. François Gougeon ressemble parfois à un chevalier au cœur pur parmi les barbares. C'est d'ailleurs l'image qu'il nous propose de lui-même lorsqu'il vole au secours d'Anik, opprimée par le cher Patrick Ferland, aussi goujat que beau : « Comme un chevalier servant de la vieille tradition, je me suis entendu répliquer [...][21] »

SEUL AU MONDE

Le ton humoristique du roman *Le Dernier des raisins* atténue quelque peu le drame de l'adolescence qui s'y joue. L'analyse du système de personnages révèle un jeune en rupture avec les adultes de son entourage et inquiet quant à son identité parmi ses pairs. François Gougeon se sent souvent seul au monde.

Entre le héros et ses parents, rien ne va plus : absence de communication, incompréhension, adhésion à des valeurs différentes. Mais cette situation conflictuelle assez typique de l'adolescence se double de mépris. François Gougeon juge sa mère peu séduisante, superficielle et trop attachée à l'argent et aux apparences. Il méprise encore plus son père, dont il nous dit :

> « Il est parfait. Il ressemble à sa mère. Il ne boit pas, ne fume pas. La perfection! Il aimerait bien que je lui ressemble... mais, tout compte fait, j'aime mieux être de la race de grand-père.[22] »

Pour bien comprendre le peu d'estime que ressent le héros à l'égard de son père, il faut savoir que ce grand-père que préfère

---

20. *Ibid.*, p. 80.
21. *Ibid.*, p. 139.
22. *Ibid.*, p. 27.

François Gougeon est un embaumeur alcoolique à qui le petit-fils doit son gros nez. Le vieil Omer Gougeon est décrit comme « le plus haïssable des bons vivants », un peu délinquant, ouvert aux désirs et aspirations de François, dont il se fait parfois complice. Quant à son père, François nous le présente comme un être mou, peu courageux, engoncé dans le notariat, une profession ennuyeuse. Lâche, calculateur, morne, il tente de se faire élire maire, mais son fils croit fermement qu'il ne mérite pas la confiance de ses concitoyens. François Gougeon est issu d'une famille respectable, aisée, qui défend farouchement l'ordre établi et se conforme aux normes sociales. « À la messe de minuit, nous sommes toujours dans les premiers bancs[23] », résume le héros.

À Bon-Pasteur-des-Laurentides, « ce grand et stupide village où rien ne se passe[24] », François Gougeon côtoie d'autres adultes aussi peu admirables que ses parents. De Transpirator, son professeur de maths, le héros nous dit : « Il est fier de me prendre en défaut. Les profs de son espèce ont parfois peur des élèves trop brillants [...][25] ». Le dernier des raisins n'est guère plus indulgent à l'endroit du curé du village :

> « Parfois, je me demande si Gilles Fortin ne se fout pas de Dieu... pour lui, ce n'est qu'une bonne raison pour potiner avec tout un chacun. S'il ne jacassait pas dans la vie, il ne saurait pas quoi faire de ses dix doigts et il serait certainement entré dans la pègre.[26] »

À première vue, François Gougeon est quand même chanceux : n'a-t-il pas au moins un meilleur ami? Mais une analyse plus attentive des relations entre les deux personnages révèle un François Gougeon souvent abandonné et incompris par Luc Robert, avec qui il partage en définitive peu d'intérêts et de valeurs. François Gougeon hésite d'ailleurs à se confier à Luc. Alors même que le héros ne pense qu'à Anik Vincent depuis des jours, Luc lui lance : « Toi, on dirait que tu penses jamais à ça, les filles.[27] » François Gougeon n'approuve pas toujours la conduite de Luc, mais il craint de le lui dire : « Je m'en ferais un ennemi mortel et il n'est pas mauvais de conserver ses amis... surtout en période de crise.[28] » Luc Robert est un peu la bouée à

---

23. *Ibid.*, p. 89.
24. *Ibid.*, p. 26.
25. *Ibid.*, p. 43.
26. *Ibid.*, p. 111.
27. *Ibid.*, p. 50.
28. *Ibid.*, p. 78.

laquelle se cramponne François Gougeon pour être moins seul. Bien intégré au groupe de jeunes de la polyvalente, Luc constitue un lien entre cette meute d'adolescents et le héros.

« Les vautours ont eu beau jeu[29] », explique François Gougeon en racontant les moqueries de ses pairs lors de son arrivée à l'école en moto avec un casque de football. Le groupe de jeunes jouit d'un pouvoir immense. C'est lui qui définit les comportements acceptables, ce qui est bien et ce qui ne l'est pas. La menace du ridicule pèse lourd et pour y échapper les jeunes ont avantage à se conformer. Le groupe agit comme un écran, une barrière entre François et Anik. Le dernier des raisins aimerait bien avouer son amour à la belle Anik, mais il n'y parvient pas.

> « Il y avait toujours les autres autour de nous. Jamais moyen d'être seuls, d'échanger trois ou quatre phrases à l'abri des oreilles indiscrètes. Évidemment, je n'aurais pas parlé de mon amour à Luc. Des plans pour qu'il répète la chose. De quoi j'aurais eu l'air, moi?[30] »

François Gougeon est déchiré entre le désir d'être accepté par ses pairs, d'avoir sa place au sein du groupe, et celui d'afficher et d'assumer son individualité, sa différence.

En marge de la meute d'adolescents, en rupture avec ses parents et le troupeau d'adultes du village, François Gougeon rêve d'une île, un lieu privilégié sans trouble-fête, sans ennemis, où il n'aurait pas à se défendre, où il pourrait simplement être lui-même... avec Anik Vincent. Une île sans professeur de maths, sans amis, sans parents. Il ne se contenterait pas d'y séjourner : il choisirait d'y vivre, ignorant les secouristes, un peu comme le Robinson de Michel Tournier[31]. Quand, de temps à autre, un bateau passerait, il ferait semblant de ne pas le voir. Pour François Gougeon, l'île est le lieu de fuite par excellence; une façon merveilleuse d'abolir les tensions en s'isolant franchement. C'est peut-être aussi pour lui la seule façon de conserver l'amour d'Anik Vincent si jamais il réussit à toucher son cœur. « La mer et ses vagues élimineraient les profs, l'école, les copains et copines et surtout le grand Patrick Ferland.[32] »

---

29. *Ibid.*, p. 12.
30. *Ibid.*, p. 41.
31. Voir Michel Tournier. *Vendredi ou la vie sauvage*, Paris, éditions Flammarion, 1981, 210 p.
32. Raymond Plante. *Ibid.*, p. 45.

STRUCTURE ÉCLATÉE ET QUÊTE ÉTONNANTE

Si le ton, le style et les couleurs du héros du roman *Le Dernier des raisins* retiennent d'abord l'attention lors d'une première lecture, la structure du récit et la quête du héros recèlent des clés essentielles à la compréhension de l'œuvre.

« Dans la cohue de septembre, moi François Gougeon, j'ai décidé de tout mettre en œuvre pour séduire Anik Vincent.[33] » Cet aveu du héros semble constituer un énoncé clair de sa quête. Mais Anik Vincent est-elle vraiment l'objet de la quête du héros? François Gougeon est-il vraiment éperdument amoureux d'Anik Vincent? Il ne connaît d'elle que ses *runningshoes* de couleurs différentes, son sourire de publicité de dentifrice, ses yeux grands comme des piscines et ses cheveux tricolores. Anik Vincent est le double de son *chum*, Patrick Ferland, l'étoile féminine du groupe de jeunes, l'incarnation de l'idéal adolescent et... l'antithèse de François Gougeon.

François le taré est aimé de Caroline Corbeil, une autre tarée « (la) plus laide des plus laides[34] » qui partage une foule d'intérêts, dont le goût de la littérature, avec le dernier des raisins. Mais François Gougeon rêve de conquérir la belle Anik Vincent comme on rêve aux princesses et aux princes charmants. La structure du roman *Le Dernier des raisins* n'est d'ailleurs pas sans rappeler celle des contes de fées. Cendrillon la souillon épouse un prince charmant et François le taré séduit la princesse Anik.

François Gougeon aime-t-il vraiment Anik Vincent ou a-t-il simplement besoin de se convaincre qu'il peut séduire la plus belle fille de la polyvalente? Anik Vincent est-elle une âme sœur ou une sorte de trophée dans cette course jalonnée d'épreuves que constitue l'adolescence? Dans les contes traditionnels, le héros devait traverser des rivières, trancher des têtes et dénicher des trésors pour mériter la main d'une princesse. Dans *Le Dernier des raisins*, François Gougeon participe à une série d'épreuves initiatiques qui lui permettront d'accéder, non pas à l'âme sœur, mais à la glorification par le groupe des pairs. Luc lui sert de mentor, de guide, de gourou; il le devance dans la course et franchit les obstacles avant lui. En parlant de Luc et de sa copine, François dira : « Je crois qu'ils en étaient au stade des grandes caresses, celles qui n'en finissent plus. Moi, j'étais loin au bas de l'échelle.[35] »

---

33. *Ibid.*, p. 23.
34. *Ibid.*, p. 33.
35. *Ibid.*, p. 105.

Le roman n'est pas construit autour d'une quête amoureuse. La structure du récit révèle plutôt une adjonction de lieux de l'adolescence : coup de foudre, permis de conduire, initiation à la drogue et à la pornographie, premier baiser, premiers attouchements... Anik Vincent est surtout le symbole de l'accomplissement du rite initiatique. La médaille d'or. Un trophée inouï pour François Gougeon, qui craignait tant de ne même pas terminer la course. Le dernier des raisins se demande s'il réussira un jour à embrasser enfin une fille. « L'entrée de la polyvalente était devenue un terrain de french kiss, ça se mangeait dans le stationnement, avant de se quitter devant l'autobus scolaire... dans les corridors aussi. » La crainte de ne jamais atteindre l'étape du *french kiss* dans cette course qu'est l'adolescence angoisse tellement François Gougeon qu'il s'exclame : « Que quelqu'un me donne la mononucléose en m'embrassant et je ne me plaindrai pas.[36] » Le « quelqu'un » de ce vœu est éloquent. François Gougeon veut surtout réussir l'épreuve; le choix du partenaire est secondaire.

Comme dans les contes de fées où tout finit pour le mieux dans le meilleur des mondes, François Gougeon parvient à séduire Anik Vincent sans renier sa différence, sans se noyer dans l'anonymat du groupe des pairs. Il réussit à émouvoir Anik en se livrant sans détours ni déguisements lors d'un numéro d'improvisation. Pourtant, le héros lui-même avait cru qu'il faudrait une transformation magique pour gagner le cœur d'Anik : « Selon certaines sources, un peu d'hypnose permet au pire des crapauds de faire fondre les plus belles filles du monde. »

Le conte Cendrillon se termine par un mariage, mais l'histoire de François Gougeon se poursuit dans *Des hot-dogs sous le soleil*, où la belle Anik abandonne le pauvre raisin, qui se rabat sur Caroline Corbeil. Il y avait quelque chose de féerique dans l'idylle entre Anik Vincent et François Gougeon; le retour à la réalité est brutal dans *Des hot-dogs sous le soleil*. François Gougeon n'a peut-être pas véritablement conquis Anik Vincent, mais il s'est peut-être surtout conquis lui-même. Il a découvert qu'il n'avait pas à se travestir, qu'il pouvait oser être différent, marginal, imparfait aussi. « Appelle-moi Woody, ça me dérange pas[37] », propose-t-il à Andréa, l'amie de Luc, à la fin du roman.

---

36. *Ibid.*, p. 103.
37. *Ibid.*, p. 121.

Capsule

« *François Gougeon n'est pas un simple héros miroir de l'adolescent type, dit Raymond Plante. Combien d'adolescents écoutent Bach et Mozart? Si l'adolescent lecteur se reconnaît dans le personnage du dernier des raisins, ce n'est pas parce que François Gougeon porte un jean et souffre d'acné mais parce que, comme tant d'adolescents, il cherche sa place dans un groupe et rêve d'être accepté pour ce qu'il est. J'avais envie de dire aux adolescents que la vie n'est pas toujours drôle. Il y a du bon et du mauvais. L'important, c'est d'être soi-même. Apprendre à s'aimer et oser être différent.* Le Dernier des raisins *est un roman d'humour et d'amour. Mais il ne s'agit pas seulement d'amour romantique. François Gougeon apprend peut-être surtout à s'aimer. Je crois que le succès du* Dernier des raisins *tient beaucoup à cela. C'est rassurant de se faire dire qu'on peut, qu'on devrait, être soi-même.* »

Pour en savoir plus

● *sur l'aventure de François Gougeon au pays de l'adolescence :*

Raymond Plante. *Des hot-dogs sous le soleil,* Montréal, éditions Boréal, 1991, coll. Boréal Inter, 152 p. (édition précédente : éditions Québec/Amérique, 1987).

Raymond Plante. *Y a-t-il un raisin dans cet avion?* Montréal, éditions Boréal, 1991, coll. Boréal Inter, 151 p. (édition précédente : éditions Québec/Amérique, 1988).

Raymond Plante. *Le raisin devient banane,* Montréal, éditions Boréal, 1989, coll. Boréal Inter, 152 p.

Ponctuation

LA FILLE EN CUIR

Raymond Plante a aussi créé un personnage féminin pour adolescents dans *La Fille en cuir* (Montréal, éditions Boréal, 1993, coll. Boréal Inter, 218 p.).

Faites-vous plaisir : lisez-le!

QUELQUES SUGGESTIONS DE LECTURE

A. ALBUMS

AHLBERG, Janet et Allan. *Le Gentil Facteur ou lettres à des gens célèbres*, Paris, éditions Albin Michel Jeunesse.

ANFOUSSE, Ginette. *La Cachette*, Montréal, éditions La courte échelle.

BARRETT, Judi. *Il ne faut pas habiller les animaux*, illustré par Ron Barrett, Paris, éditions L'école des loisirs.

BICHONNIER, Henriette. *Le Monstre poilu*, illustré par Pef, Paris, éditions Gallimard.

ECO, Umberto. *Les Gnomes de Gnou*, illustré par Eugenio Carmi, Paris, éditions Grasset-Jeunesse.

CARRIER, Roch. *Le Chandail de hockey*, illustré par Sheldon Cohen, Montréal, éditions Livres Toundra.

CLÉMENT, Claude. *Le Luthier de Venise*, illustré par Frédéric Clément, Paris, éditions L'école des loisirs.

COLE, Babette. *Le Problème avec ma mère*, Paris, éditions du Seuil.

COUSINS, Lucy. *Mimi va nager*, Rennes, éditions Ouest-France.

CREWS, Donald. *En l'air*, Paris, éditions L'école des loisirs.

DELESSERT, Étienne. *Chanson d'hiver*, Paris, éditions Gallimard.

DESPUTEAUX, Hélène. *Les Petits Mots*, Montréal, éditions Chouette.

FÉLIX, Monique. *Histoire d'une petite souris qui était enfermée dans un livre*, Paris, éditions Gallimard.

FROISSART, Bénédicte. *Les Fantaisies de l'Oncle Henri*, illustré par Pierre Pratt, Toronto, éditions Annick Press.

GAGNON, Cécile. *Bonjour l'arbre*, illustré par Darcia Labrosse, Saint-Hubert, éditions du Raton Laveur.

GAUTHIER, Bertrand. *Zunik dans le dragon*, illustré par Daniel Sylvestre, Montréal, éditions La courte échelle.

GAY, Marie-Louise. *Magie d'un jour de pluie*, Montréal, éditions Héritage.

GRIMM, Jacob et Wilhelm. *Le Prince grenouille*, illustré par Binette Schroeder, Mönchaltorf, éditions Nord-Sud.

HEINE, Helme. *Samedi au paradis*, Paris, éditions Gallimard.

JENNINGS, Sharon. *Jérémie et Mme Ming*, illustré par Mireille Levert, Toronto, éditions Annick Press.

JOLIN, Dominique. *C'est pas juste!*, Saint-Hubert, éditions du Raton Laveur.

PZ28L56P47 • LIONNI, Leo. *Petit Bleu et Petit Jaune*, Paris, éditions L'école des loisirs. 1970 . 42 pages .

LUPPENS, Michel. *Mais que font les fées avec toutes ces dents?*, illustré par Philippe Béha, Saint-Hubert, éditions du Raton Laveur.

MENOTTI, Gian Carlo. *Amahl et les Visiteurs de la nuit*, illustré par Michèle Lemieux, Paris, éditions Centurion.

MULLER, Robin. *Friponi, fripono, fodge*, illustré par Suzanne Duranceau, Toronto, éditions Scholastic.

MUNSCH, Robert. *Le Dodo*, illustré par Michael Martchenko, Montréal, éditions La courte échelle.

PZ23N34C55 NADJA. *Chien Bleu*, Paris, éditions L'école des loisirs. 1989 (36 pages)

◉ PARÉ, Roger. *L'Alphabet*, Montréal, éditions La courte échelle.

PEF, *La belle lisse poire du prince de Motordu*, Paris, éditions Gallimard.

PLACE, François. *Les Derniers Géants*, Tournai, éditions Casterman.

PONTI, Claude. *L'Album d'Adèle*, Paris, éditions Gallimard.

POULIN, Stéphane. *Peux-tu attraper Joséphine?* Montréal, éditions Livres Toundra.

ROSS, Tony. *Attends que je t'attrape!*, Paris, éditions Gallimard.

SENDAK, Maurice. *Max et les Maximonstres*, Paris, éditions L'école des loisirs.

SHELDON, DYAN. *Le Chant des baleines*, illustré par Gary Blythe, Paris, éditions L'école des loisirs.

SOLOTAREFF, Grégoire. *Mon petit lapin est amoureux*, Paris, éditions L'école des loisirs.

◖ STEVENSON, JAMES. *Un jour affreux*, Paris, éditions L'école des loisirs.

TIBO, Gilles. *Simon ou les flocons de neige*, Montréal, éditions Livres Toundra.

UTTON, Peter. *La Main de la sorcière*, Paris, éditions L'école des loisirs.

VAN ALLSBURG, Chris. *Les Mystères de Harris Burdick*, Paris, éditions L'école des loisirs.

VARLEY, Susan. *Au revoir, blaireau*, Paris, éditions Gallimard.

VINCENT, Gabrielle. *Ernest et Célestine chez le photographe*, Paris, éditions Duculot.

WILLIS, Jeanne. *Le Long Manteau bleu*, illustré par Susan Varley, Paris, éditions Gallimard.

B. ROMANS

ANFOUSSE, Ginette. *Les Catastrophes de Rosalie*, Montréal, éditions La courte échelle.

BABBITT, Natalie. *Les Yeux de l'amaryllis*, Paris, éditions Gallimard.

BEAUCHEMIN, Yves. *Antoine et Alfred*, Montréal, éditions Québec/Amérique.

BEAUCHESNE, Yves et David SCHINKEL. *Le Don*, Montréal, éditions Pierre Tisseyre.

BELL, William. *Shan Da et la Cité interdite*, Montréal, éditions Pierre Tisseyre.

BELLINGHAM, Brenda. *Les princesses ne portent pas de jeans*, Toronto, éditions Scholastic.

BORTON DE TREVINO, Elizabeth. *Je suis Juan de Pareja*, Paris, éditions L'école des loisirs.

BOSSE, Malcom J. *Les 79 carrés*, Paris, éditions Flammarion.

BROUILLET, Chrystine. *Un jeu dangereux*, Montréal, éditions La courte échelle.

CLERMONT, Marie-Andrée. *Flash sur un destin*, Montréal, éditions Pierre Tisseyre.

CORMIER , Robert. *La Guerre des chocolats*, Paris, éditions L'école des loisirs.

CÔTÉ, Denis. *L'Arrivée des Inactifs*, Montréal, éditions La courte échelle.

DAHL, Roald. *Mathilda*, Paris, éditions Gallimard.

DEMERS, Dominique. *Les grands sapins ne meurent pas*,

Montréal, éditions Québec/Amérique.

DONNER, Chris. *Trois minutes de soleil en plus*, Paris, éditions Gallimard.

DOYLE, Brian. *Je t'attends à Peggy's Cove*, Montréal, éditions Pierre Tisseyre.

DUCHESNE, Christiane. *La Vraie Histoire du chien de Clara Vic*, Montréal, éditions Québec/Amérique.

FERDJOUKH, Malika. *Arthur et les Filles*, illustré par Gérard Goldman, Paris, éditions Syros.

FINE, Anne. *L'Amoureux de ma mère*, Paris, éditions L'école des loisirs.

FISHER STAPLES, Susan. *Shabanu*, Paris, éditions Gallimard.

GAGNON, Cécile. *Châteaux de sable*, Montréal, éditions Pierre Tisseyre.

GAUTHIER, Gilles. *Le Gros Problème du petit Marcus*, Montréal, éditions La courte échelle.

GRAVEL, François. *Zamboni*, Montréal, éditions Boréal.

GRENIER, Christian. *Les Autos-sauvages*, Paris, éditions Gallimard.

GRIMAUD, Michel. *Le Paradis des autres*, Paris, éditions de L'Amitié.

GUTMAN, Claude. *La Maison vide*, Paris, éditions Gallimard.

HALVERSON, Marilyn. *Comme un cheval sauvage*, Montréal, éditions Pierre Tisseyre.

HÉBERT, Marie-Francine. *Un monstre dans les céréales*, Montréal, éditions La courte échelle.

HOFFMAN, Mary. *La Fille de Dracula*, Paris, éditions Nathan.

HUGHES, Monica. *Mike, chasseur des ténèbres*, Montréal, éditions Pierre Tisseyre.

HUMBERT, Hubert. *La Nuit du voleur*, Paris, éditions Syros.

JACKSON, Steve et Ian LIVINGSTONE. *Le Sorcier de la Montagne de Feu*, Paris, éditions Gallimard.

JULIEN, Susanne. *Enfants de la rébellion*, Montréal, éditions Pierre Tisseyre.

LUNN, Janet. *Une ombre dans la baie*, Montréal, éditions Pierre Tisseyre.

MARINEAU, Michèle. *La Route de Chlifa*, Montréal, éditions Québec/Amérique.

MARTEL, Suzanne. *Surréal 3000*, Montréal, éditions Héritage.

MATIVAT, Marie-Andrée et Daniel. *Le Lutin du téléphone*, Montréal, éditions Héritage.

MONTGOMERY, Lucy Maud. *Émilie de la Nouvelle Lune*, Montréal, éditions Pierre Tisseyre.

MORGENSTERN, Susie. *Un jour mon prince grattera*, Paris, éditions L'école des loisirs.

MOSCONI, Patrick. *J'ai tué mon prof!*, Paris, éditions Syros.

MURAIL, Marie-Aude. *Le Chien des mers*, Paris, éditions L'école des loisirs.

NOSTLINGER, Christine. *On m'appelle Tamanoir*, Paris, éditions L'école des loisirs.

O'DELL, Scott. *Complainte de la lune basse*, Paris, éditions Flammarion.

O'HEARN, Audrey. *Moi et Luc*, Montréal, éditions Pierre Tisseyre.

PAPINEAU, Lucie. *La Dompteuse de rêves*, Montréal, éditions Boréal.

PECK, Robert-Newton. *Vie et mort d'un cochon*, Paris, éditions Flammarion.

PENNAC, Daniel. *Kamo — L'agence Babel*, Paris, éditions Gallimard.

PLANTE, Raymond. *Le Dernier des raisins*, Montréal, éditions Boréal.

PLANTE, Raymond. *La Fille en cuir*, Montréal, éditions Boréal.

RENAUD, Bernadette. *Bach et Bottine*, Montréal, éditions Québec/Amérique.

RICHARDS, Judith. *Après la tempête*, Paris, éditions L'école des loisirs

RODARI, Giani. *La Tarte volante*, Paris, éditions Hachette.

SERNINE, Daniel. *Les Envoûtements*, Montréal, éditions Paulines.

SERNINE, Daniel. *Ludovic*, Montréal, éditions Pierre Tisseyre.

SOULIÈRES, Robert. *Casse-tête chinois*, Montréal, éditions Pierre Tisseyre.

TOURNIER, Michel. *Vendredi ou la vie sauvage*, Paris, éditions Flammarion.

VOIGT, Cynthia. *Le Héron bleu*, Paris, éditions Flammarion.

YOURCENAR, Marguerite. *Comment Wang-Fô fut sauvé*, Paris, éditions Gallimard.

C. DOCUMENTAIRES

1 seulement (handwritten)

des collections vedettes...

aux éditions Bayard :
— Musée en herbe
aux éditions Casterman :
— Les carnets de route de Tintin
aux éditions Ecole Active :
— Clin d'œil
— Bibliothèque en images
— Parlons-en
aux éditions Épigones :
— La ferme fantastique
aux éditions Flammarion :
— La bibliothèque de l'univers
aux éditions Gallimard :
— Mes premières découvertes
— Les chemins de la découverte
— Les yeux de la découverte   *: Monnaie du monde* (handwritten)
— Les racines du savoir   *737. 409* (handwritten)
                                  c 928 m (handwritten)
aux éditions Hachette :
— Le tour de la question
aux éditions Héritage :
— Nos richesses
aux éditions Michel Quintin :
— Ciné-faune
— Mots et animaux
— Pellicule, photographe animalier
— Ça grouille autour de moi
aux éditions du Seuil :
— Gros Plan
— Explorateurs en herbe
— Atlas Jeunesse
aux éditions Skira :
— Un dimanche avec...
aux éditions Time/Life :
— Les enfants découvrent

BIBLIOGRAPHIE

BEAUCHESNE, Yves. *Animer la lecture*, Montréal, éditions Asted, 1985, 306 p.

BETTELHEIM, Bruno. *Psychanalyse des contes de fées*, Paris, éditions Robert Laffont, 1976, 576 p.

BLAMPAIN, Daniel. *La Littérature de jeunesse pour un autre usage*, Paris, éditions Fernand Nathan/Labor, 1979, 135 p.

CARADEC, François. *Histoire de la littérature enfantine en France*. Paris, éditions Albin Michel, 1977, 271 p.

CAUSSE, Rolande. *Guide des meilleurs livres pour enfants*, Paris, éditions Calmann-Lévy, 1986, 270 p.

CAUSSE, Rolande. « L'enfant lecteur — Tout pour faire aimer les livres », revue *Autrement*, n° 97, mars 1988, 201 p.

CHOMBART DE LAUWE, Marie-José. *Un monde autre: l'enfance. De ses représentations à son mythe*, Paris, éditions Payot, 1979, 451 p.

CHOMBART DE LAUWE et Claude BELLAN. *Enfants de l'image : enfants personnages des médias/enfants réels*, Paris, éditions Payot, 1979, 290 p.

DANSET-LÉGER, Jacqueline. *L'Enfant et les Images dans la littérature enfantine*, Bruxelles, éditions Pierre Mardaga, 250 p.

DAVELUY, Paule et Guy BOULIZON. *Création culturelle pour la jeunesse et identité québécoise*, Montréal, éditions Leméac, 1973, 188 p.

DEMERS, Dominique. *La Bibliothèque des enfants*, Montréal, éditions Le Jour, 1990, 237 p.

DERARD, Marie-Françoise. *Pour approcher la littérature de jeunesse*, Bruxelles, éditions Ciaco, 1990, 227 p.

DURAND, Marion et Gérard BERTRAND. *L'Image dans le livre pour enfants*, Paris, éditions L'école des loisirs, 1975, 220 p.

EGOFF, Sheila et Judith SALTMAN. *The New Republic of Childhood*, Toronto, éditions Oxford University Press, 1990, 378 p.

ESCARPIT, Denise. *La Littérature d'enfance et de jeunesse — États des lieux*, Paris, éditions Hachette Jeunesse, 1988, 270 p.

ESCARPIT, Denise (éd.). *La Représentation de l'enfant dans la littérature d'enfance et de jeunesse*, Actes du 6ᵉ congrès de la Société internationale de recherche en littérature d'enfance et de jeunesse 1983, Munich, éditions Saur, 1985, 392 p.

ESCARPIT, Denise. *L'Enfant, l'Image et le Récit*. Paris, éditions Mouton, 1977, 155 p.

FANO, Daniel. *Biblio junior*, Bruxelles, éditions Le cri, 1993, 262 p.

GAC, Paule. *Le Pays merveilleux. Les contes ont une histoire*, France, éditions Lieu commun, 1986, 260 p.

Guide de lectures de La joie par les livres, Paris, éditions du Centre National du Livre pour Enfants, 1991, 179 p.

HELD, Jacqueline. *L'Imaginaire au pouvoir : les enfants et la littérature fantastique*, Paris, Les éditions ouvrières, 1977, 245 p.

HELD, Jacqueline. *Guide des livres pour enfants et adolescents*, Paris, éditions Hachette, 1987, 261 p.

Images à la page/Une histoire de l'image dans les livres pour enfants, Paris, éditions Gallimard, 1984, 128 p.

JAN, Isabelle. *La Littérature enfantine*, Paris, Les éditions ouvrières, 1977, 191 p.

JAN, Isabelle. *Les Livres pour la jeunesse un enjeu pour l'avenir*, Paris, éditions Sorbier, 1988, 212 p.

JEAN, Georges. *Le Pouvoir des contes*, Tournai, éditions Casterman, 1981, 239 p.

La littérature jeunesse I Présence francophone, Presses de l'Université de Sherbrooke, nᵒ 38, 1991, 144 p.

La littérature jeunesse II Présence francophone, Presses de l'Université de Sherbrooke, nᵒ 39, 1991, 144 p.

Lire et aimer lire au secondaire, Gouvernement du Québec, ministère de l'Éducation, 1988 (édition refondue en 1994).

LEMIEUX, Louise. *Pleins feux sur la littérature de jeunesse au Canada français*, Montréal, éditions Leméac, 1972, 337 p.

LURIE, Alison. *Ne le dites pas aux grands*, Paris, éditions Rivages, 1991, 253 p.

OTTEVAERE-VAN PRAAG, Ganna. *La Littérature pour la jeunesse en Europe occidentale (1750-1925)*, Berne, éditions Peter Lang, 1987, 493 p.

PARMEGIANI, Claude-Anne. *Les Petits Français illustrés 1860-1940*, Paris, éditions du Cercle de la librairie, 1989, 303 p.

PEJU, Pierre. *La petite fille dans la forêt des contes*, Paris, éditions Robert Laffont, 1981, 293 p.

PERROT, Jean. *Du jeu, des enfants et des livres*, Paris, éditions du Cercle de la librairie, 1987, 348 p.

POSLANIEC, Christian. *Donner le goût de lire*, Paris, éditions du Sorbier, 1990, 237 p.

POTVIN, Claude. *La Littérature de jeunesse au Canada français*, Moncton, éditions CRP, 1972, 110 p.

RODARI, Gianni. *Grammaire de l'imagination*, Paris, éditions Messidor, 1990, 251 p.

SAGOT, Gildas. *Jeux de rôle : tout savoir sur les jeux et les livres dont vous êtes le héros*, Paris, éditions Gallimard, 1986, 161 p.

SARRASIN, Francine. *La Griffe québécoise*, Montréal, Communication-Jeunesse/Musée de la civilisation, 1991, 63 p.

SORIANO, Marc. *Guide de littérature pour la jeunesse*, Paris, éditions Flammarion, 1975, 568 p.

TÉTREAULT, Raymond (éd.). *Le Livre dans la vie de l'enfant*, Actes du colloque du 2 juin au 4 juin 1977, Presses de l'Université de Sherbrooke, 1978, 195 p.

THALER, Danièle. *Était-il une fois? Littérature de jeunesse: Panorama de la critique: (France-Canada)*, Toronto, éditions Paratexte, 1989, 1100 p.

TRIGON, Jean de. *Histoire de la littérature enfantine de ma mère l'Oye au roi Babar*, Paris, Hachette, 1950, 245 p.

01 —   Menotti, Gian Carlo. *Amahl et les Visiteurs de la nuit,* illustré par Michèle Lemieux, Paris, éditions Centurion, 1986.

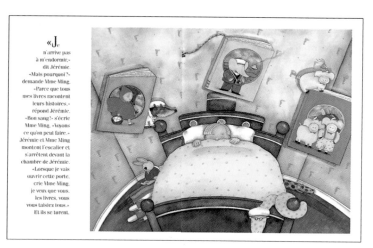

«Je n'arrive pas à m'endormir,» dit Jérémie. «Mais pourquoi?» demande Mme Ming. «Parce que tous mes livres racontent leurs histoires,» répond Jérémie. «Bon sang!» s'écrie Mme Ming, «voyons ce qu'on peut faire.» Jérémie et Mme Ming montent l'escalier et s'arrêtent devant la chambre de Jérémie. «Lorsque je vais ouvrir cette porte, crie Mme Ming, je veux que vous, les livres, vous vous taisiez tous.» Et ils se turent.

02 — Jennings, Sharon. *Jérémie et Mme Ming,* illustré par Mireille Levert, Toronto, éditions Annick Press, 1990.

Ramina, bomina, wô,
Le mouton glisse sur le plateau.
La p'tite aiguille est sur le cinq,
Le loup arrive *bedingue bedink!*
Ramina, bomina, wô.

03 — Muller, Robin. *Friponi, fripono, fodge,* illustré par Suzanne Duranceau, Toronto, éditions Scholastic, 1992.

04 — A

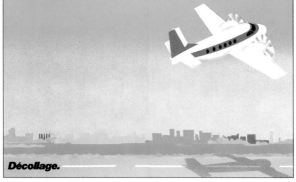

04 — B

04 — A et B   Crews, Donald. *En l'air,* illustré par Donald Crews, Paris, éditions L'école des loisirs, 1987.

05 — Ponti, Claude. *L'Album d'Adèle,* illustré par Claude Ponti, Paris, éditions Gallimard, 1986.

06 — Anfousse, Ginette. *La Cachette,* illustré par Ginette Anfousse, Montréal, éditions La courte échelle, 1978.

07 — Gagnon, Cécile. *Bonjour l'arbre,* illustré par Darcia Labrosse, Longueuil, éditions du Raton Laveur, 1985.

08 — Delessert, Étienne. *Chanson d'hiver,* illustré par Étienne Delessert, Paris, éditions Gallimard, 1988.

09 — Jolin, Dominique. *C'est pas juste!,* illustré par Dominique Jolin, Saint-Hubert, éditions du Raton Laveur, 1992.

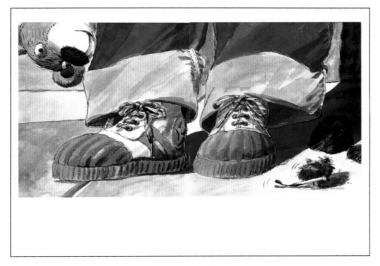

10 —   Ross, Tony. *Attends que je t'attrape!,*
illustré par Tony Ross, Paris, éditions Gallimard, 1984.

11 —   Cole, Babette. *Le Problème avec
ma mère,* illustré par Babette Cole, Paris,
éditions du Seuil, 1983.

Qq

Qui a volé les **quatre quenouilles**
de la reine?

12 —   Paré, Roger. *L'Alphabet,* illustré
par Roger Paré, Montréal, éditions La
courte échelle, 1985.

Le lendemain, comme la princesse était en train de déjeuner dans sa belle assiette en or avec le roi et tous les gens de la cour, on entendit un drôle de plic ploc.
Quelque chose montait l'escalier de marbre. Puis on frappa à la porte et une voix dit : « Fille du roi, toi la plus jeune princesse, ouvre-moi... »
La princesse se leva de table pour voir qui pouvait bien se trouver là.
Une fois la porte ouverte, elle aperçut la grenouille et la referma aussitôt pour revenir à sa place à table. Elle avait très peur.

13 — Grimm , Jacob et Wilhelm. *Le Prince grenouille*, illustré par Binette Schroeder, Mönchaltof, éditions Nord-Sud, 1989.

Il leur offrit le paradis.

14 — Heine, Helme. *Samedi au paradis,* illustré par Helme Heine, Paris, éditions Gallimard, 1985.

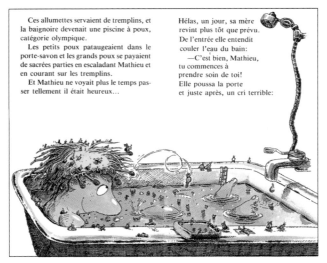

Ces allumettes servaient de tremplins, et la baignoire devenait une piscine à poux, catégorie olympique.

Les petits poux pataugeaient dans le porte-savon et les grands poux se payaient de sacrées parties en escaladant Mathieu et en courant sur les tremplins.

Et Mathieu ne voyait plus le temps passer tellement il était heureux…

Hélas, un jour, sa mère revint plus tôt que prévu. De l'entrée elle entendit couler l'eau du bain:
—C'est bien, Mathieu, tu commences à prendre soin de toi! Elle poussa la porte et juste après, un cri terrible:

15 — Pef. *Rendez-moi mes poux,* illustré par Pef, Paris, éditions Gallimard, 1984.

16 — Poulin, Stéphane. *Peux-tu attraper Joséphine?*, illustré par Stéphane Poulin, Montréal, éditions Livres Toundra, 1987.

17 — Sendak, Maurice. *Max et les Maximonstres,* illustré par Maurice Sendak, Paris, éditions L'école des loisirs, 1988.

18— Munsch, Robert. *Le Dodo,* illustré par Michael Martchenko, Montréal, éditions La courte échelle, 1986.

19 — Gauthier, Bertrand. *Zunik dans le dragon,* illustré par Daniel Sylvestre, Montréal, éditions La courte échelle, 1991.

20 — Barrett, Judi. *Il ne faut pas habiller les animaux,* illustré par Ron Barrett, Paris, éditions L'école des loisirs, 1971.

21 — Félix, Monique. *Histoire d'une petit souris qui était enfermée dans un livre*, illustré par Monique Félix, Paris, éditions Gallimard, 1980.

De la salle de jeux jusqu'au salon,
Ils font le tour de la maison.

Mais quand Zoé grimpe sur le fauteuil,
Papa arrive en un clin d'oeil.

22 — Gay, Marie-Louise. *Magie d'un jour de pluie*, illustré par Marie-Louise Gay, Saint-Lambert, éditions Héritage, 1986.

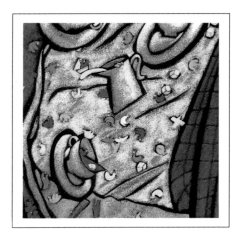

24 — Tibo, Gilles. *Simon et les flocons de neige,* illustré par Gilles Tibo, Montréal, éditions Livres Toundra, 1988.

23 — Froissart, Bénédicte. *Les Fantaisies de l'oncle Henri,* illustré par Pierre Pratt, Toronto, éditions Annick Press, 1990.

À moins qu'elles n'utilisent les plus longues pour se déguiser le soir de l'Halloween...

25 — Luppens, Michel. *Mais que font les fées avec toutes ces dents?,* illustré par Philippe Béha, Saint-Hubert, éditions du Raton Laveur, 1989.

26 — Vincent, Gabrielle. *Ernest et Célestine chez le photographe,* illustré par Gabrielle Vincent, Paris, éditions Duculot, 1982.

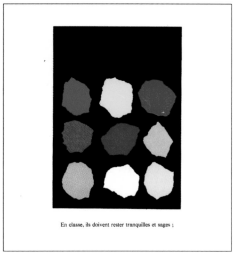

En classe, ils doivent rester tranquilles et sages ;

27 — Lionni, Léo. *Petit-Bleu et Petit-Jaune,* illustré par Léo Lionni, Paris, éditions L'école des loisirs, 1992.

Chut..... caillou se cache

28 — Desputeaux, Hélène. *Les Petits Mots,* illustré par Hélène Desputeaux, Montréal, éditions Chouette, 1992.